Barbara Langmaack/Michael Braune-Krickau

Wie die Gruppe laufen lernt

Barbara Langmaack
Michael Braune-Krickau

Wie die Gruppe laufen lernt

Anregungen zum Planen und Leiten
von Gruppen

Ein praktisches Lehrbuch

7., vollständig überarbeitete Auflage

BELTZ PVU

Anschrift der Autoren:
Barbara Langmaack
An der Alster 39
20099 Hamburg

Dipl.-Wirtschafts-Ing. Michael Braune-Krickau
Säntisstr. 26
CH-8820 Wädenswil

7., vollständig überarbeitete Auflage 2000

1. Auflage 1985 Beltz Verlag, Weinheim – Basel
2. Auflage 1987 Psychologie Verlags Union, München – Weinheim
3. Auflage 1989 Psychologie Verlags Union, München – Weinheim
4. Auflage 1993 Psychologie Verlags Union, Weinheim
5. Auflage 1995 Psychologie Verlags Union, Weinheim
6. Auflage 1998 Psychologie Verlags Union, Weinheim

http://www.beltz.de

Lektorat: Karin Ohms
Herstellung: Jutta Benedum
Umschlaggestaltung: Federico Luci, Köln
Umschlagbild: Bavaria-Bildagentur, München
Satz, Druck und Bindung: Druckhaus „Thomas Müntzer“, Bad Langensalza
Printed in Germany

ISBN 3-621-27452-9 ND 3-04-06

Inhalt

Vorwort zur 7. Auflage

Prozesse und Überlegungen, die im Leitungsalltag routinemäßig, schnell und mitunter wenig reflektiert ablaufen, haben wir in der hier vorliegenden Neuauflage unseres Buches «Wie die Gruppe laufen lernt» bewusst verlangsamt und in ihre einzelnen Phasen auseinandergezogen. Diese Verlangsamung ermöglicht es, die vielfältigen Facetten in Ruhe anzuschauen und mit anwendungsorientierten Hinweisen zu verbinden.

Dabei stand die Zielsetzung im Mittelpunkt, das Handwerkszeug für das Leiten von Gruppen und die dazugehörenden theoretischen Überlegungen wirkungsvoll mit den unterschiedlichen Ansprüchen an das Lernen und Arbeiten in Gruppen zu verbinden. Aus dieser Sichtweise ergibt sich die Anordnung der Kapitel und ihrer Inhalte als Weg durch das Buch – und als Weg von der ersten Idee oder Anfrage bis hin zu dem Punkt, an dem die Teilnehmenden die Gruppe wieder verlassen. Natürlich berührt in der Praxis nicht jede Lerngruppe und ihre Vorbereitung jede der hier beschriebenen Wegmarkierungen. In der Gesamtheit werden sie uns jedoch immer wieder begegnen.

Ein «Rastplatz» in der Mitte der Texte (Kapitel 6, Arbeitspapiere zum Verständnis von Gruppen- und Leitungsprozessen) will die Leserinnen und Leser auffordern, die für das Leiten und Lernen in Gruppen wichtigen Themen und Theorien wiederzuentdecken, neue Aspekte hinzuzufügen oder sie als Anregung zu sehen, um sich an anderer Stelle Kenntnisse und Vertiefung zu holen. Diese Arbeitspapiere sind auch über das Leiten von Gruppen hinaus zur Erweiterung der sozialen Kompetenz dienlich, wie wir sie z.B. im Führungsalltag bei der Gesprächsführung und Konfliktlösung benötigen.

Wir verknüpfen das Konzept der Themenzentrierten Interaktion (Kapitel 6.1) mit einer Sicht vom Menschen, die ein Zusammenwirken von Seele, Leib und Geist als Einheit annimmt und den Menschen als ein soziales Wesen, bezogen auf seine Umwelt, sieht. Die Wirkung eines Instrumentes oder einer Theorie hängt nicht zuletzt von den Einstellungen der Nutzer ab, von ihren Beziehungen zu und ihren Wertschätzungen für Menschen und Dinge. Dies ist ein wichtiger Kompass für das Arbeiten mit Menschen in Gruppen, das über seine Wissensvermittlung hinaus den Menschen in seinem Wachstum unterstützen will.

Die erste Fassung dieses Buches erschien vor mehr als zehn Jahren. Dass es jedes Jahr einen erfreulich großen Kreis von neuen Lesern erreichte, war ein großer Ansporn, nach dieser langen Zeit gründlich «über die Bücher» zu gehen und es auf seine Lesbarkeit und Gültigkeit hin zu überprüfen und mit den in der Zwischenzeit gemachten Erfahrungen zu ergänzen. Die Überarbeitung bewirkte mehr als nur ein kosmetisches «facelifting» (aber auch das!) – es bewirkte eine deutlich spürbare inhaltliche Erweiterung an vielen einzelnen Stellen, mit besonderen Schwerpunkten im Einführungskapitel, in den Arbeitspapieren des sechsten Kapitels und in dem neu gefassten Kapitel 7 zur Prozessgestaltung.

Barbara Langmaack, Michael Braune-Krickau

1 Einstieg

Wissen hat keinen ärgeren Feind
als das Wissenwollen, als das Lernen.
H. Hesse

1.1 Kann Robinson lernen?

Mancher Leser und manche Leserin[1] werden sich an den Abenteuerroman «Robinson Crusoe» von D. Defoe aus ihrer Jugendzeit erinnern: Robinson wird als Schiffbrüchiger auf eine einsame Insel fernab der Zivilisation verschlagen und lebt dort lange Zeit allein, ehe er auf Menschen trifft.

Wenn es um Lernen in Gruppen geht, dann mag der Rückgriff auf Robinson zunächst seltsam erscheinen. Schließlich lebte er allein auf «seiner» Insel – keine Gruppe weit und breit. Die Frage nach seinem Lernen kann trotzdem nur mit ja beantwortet werden – zwar allein, aber intensiv, um sich auf seiner Insel einzurichten und überleben zu können. Er musste praktische Fähigkeiten erwerben, um eine Hütte zu bauen, Nahrung zu beschaffen und diese zu verarbeiten. Er musste lernen, die Natur zu beobachten und daraus Rückschlüsse für ein «richtiges» Verhalten zu ziehen, das ihm half, seine Lebensgrundlagen jetzt und in Zukunft zu sichern.

Sein Lernen folgte (vermutlich) nicht einem allgemeinen Bildungsideal, sondern seinem Interesse, in einer ihm fremden Welt mit vielerlei Problemen und Hindernissen zurecht zu kommen und dabei ein Leben zu führen, in welchem die Zufriedenheit den Unmut überwog. Erst die Hindernisse und Probleme machten sein Lernen notwendig – und gaben ihm zugleich einen Sinn. In jedem Fall war er mehr oder minder direkt betroffen – sein Lernen hatte direkten Bezug zu seinem Leben.

Freilich war es auch diese seine Insel, die sein Lernen mitbestimmte. Auf anderen, anders ausgestatteten Inseln hätte Robinson anderes lernen müssen. Vielleicht wäre sogar das, was er auf seiner Insel gelernt hatte, auf der anderen nutzlos oder hinderlich. Wer wollte sich schon mit Schiffbau beschäftigen, wenn er nie am Ufer des Meeres stand?

1 Wir sind uns bewusst, dass die in diesem Buch benutzten Begriffe wie Leiter oder Teilnehmer grammatikalisch gesehen maskulin sind. Wir verwenden sie hier als neutrale Begriffe, die eine Funktion und nicht eine Person meinen. Wir verwenden sie daher für Frauen und Männer. Es hat sich zudem auch in unseren Erfahrungen bestätigt, dass mit der maskulinen Wortform eher die neutrale Funktion verstanden wird, während mit der femininen Wortform rasch die Frau in der Rolle der Leiterin oder Teilnehmerin assoziiert wird und nicht die Funktion allein. Wir wollen den Lesern und Leserinnen und uns selbst jedoch auch die Komplizierung des Lesens (bzw. Schreibens) durch Formen wie «Leiter und Leiterin» oder der bzw. die «LeiterIn» ersparen.

Dieser Rückgriff auf Robinson soll einige Aspekte des Lernens von Individuen verdeutlichen, die generell für das Lernen in Gruppen Bedeutung haben:

- Lernen beginnt, wenn wir – eigene oder fremde – Probleme und Bedürfnisse wahrnehmen, für die wir noch keine Lösung haben.
- Lernen geschieht, wenn wir eine neue Rolle im Beruf oder im Privatleben übernehmen und somit Neues ausprobieren müssen.
- Lernen wird angestoßen, wenn sich Ort oder Umfeld verändern.
- Rasches Feedback beschleunigt das Lernen: Robinson erlebt sehr direkt die Konsequenzen seines Handelns.
- Robinsons Insel ist im Grunde die Insel, die er vor seinem inneren Auge hat. Es gibt nicht die Insel, sondern immer nur die Bilder davon in unseren Vorstellungen. Bilder, die durch konkrete Erfahrung und durch unsere ergänzenden Phantasien entstehen und sich verfestigen. Freitag, Robinsons späterer Inselgefährte, hat eine andere Insel «im Kopf», weil er sie aus anderen Erfahrungen «konstruiert». Erst wenn Robinsons und Freitags Bilder von der Insel – und natürlich auch die Bilder der beiden voneinander – sich einigermaßen entsprechen, werden sie auch zu abgestimmten Handlungen kommen können.
- Die Verantwortung für das eigene Lernen kann einem niemand abnehmen.
- Wirksames Lernen (im Gegensatz zur Anhäufung von Wissen) ist umsetzungsorientiert: Es hat Bedeutung für unser Tun und Lassen im Alltag. Die Anstrengung des Lernens gewinnt ihren Sinn und ihre Attraktivität durch die Bedeutung, die es für unsere Lebensgestaltung hat. Dort, wo der einzelne diese Bedeutung nicht herstellen kann, versiegt die Motivation zum Lernen rasch.
- Lernen und Lernerfordernisse stehen in einem wechselseitigen Zusammenhang mit der jeweiligen Umwelt, auch wenn diese noch so menschenleer ist. Robinsons Insel bestimmt mit, welches Lernen und welche Themen wichtig sind. Er kann auf Dauer nicht an ihren natürlichen Gegebenheiten «vorbeilernen». Sein Lernen verändert zugleich die Insel – sei es faktisch durch den Bau einer Hütte, sei es mental, weil Robinson die Insel differenzierter wahrzunehmen lernt und sie ihm so weniger fremd und damit auch weniger schwierig erscheint. Was fremd war, wird vertraut, schwieriges Beginnen wird durch selbstverständliches Tun abgelöst.
- Damit versiegt auch ein wichtiger Impuls zum Lernen. Er versiegt, wenn der Spannungsbogen aus Neugier und Notwendigkeit verlöscht. Warum

Neues lernen, wenn alles gut läuft? Konstruktive Unzufriedenheit gibt neue Lernimpulse.

- Jeder lernt als Individuum vieles allein und autonom wie Robinson, vor allem auf der fachlichen bzw. sachlichen Ebene – aus Lehrbüchern, durch Beobachtung und Nachahmung, durch Ausprobieren oder durch andere Menschen, die uns als «sprechende Lehrbücher» etwas beibringen wollen.

Auch Lernverhalten wird gelernt

Jeder hat sich auf seinem Lebensweg ein eigenes Lernverhalten angeeignet, das durch Anteile beeinflusst wird, die bereits in der Kindheit erworben wurden. Das Neugierverhalten des Kindes, etwas zu «begreifen», steht frühzeitig in einem Spannungsfeld von Grenzen und Geboten auf der einen und Ermutigungen und Anregungen auf der anderen Seite. Die Art des Lernens in der Schule mit ihren zum Teil vor- und fremdbestimmten Lerninhalten zeigt ähnliche Spannungsfelder auf. Meist entscheiden andere, was richtig und wichtig ist als Lernstoff und Lernart. Verständlicherweise kann der Spielraum nicht beliebig sein, aber er wird zum Teil schon zu früh eingezäunt. Sachlernen und der Lehrplan dominieren dabei so, dass die emotionale und soziale Seite des Lernens (und Lebens) eher als störend empfunden wird.

Die Reduzierung der Verantwortung für das eigene Lernen, verbunden mit der eher zufälligen Abspaltung der emotionalen von den intellektuellen Bedürfnissen in der Lern- und Arbeitswelt führt zu Unmündigkeit und zu fehlender Lust am Lernen. Verstärkt wird dieses Gefühl, wenn der Sinn und die Bedeutung des Lernens für die eigene Zukunft ungeklärt bleibt.

Die Fähigkeit und Motivation zum individuellen, autonomen Lernen ist eine wichtige Voraussetzung für das Lernen des Einzelnen in Gruppen. Diese Fähigkeit und Motivation zu stärken ist eines der Ziele des teilnehmerorientierten Gruppenlernens, das diesem Buch zugrunde liegt.

1.2 Robinson blieb nicht allein

In der Regel gibt es zwei «Störenfriede», die das oben erwähnte Gleichgewicht des Nicht-mehr-Lernens erschüttern:

Veränderungen in der (im weiteren Sinne verstandenen) ökologischen und sozialen Umwelt und andere Menschen, sobald sie mit uns in Beziehung treten wie Freitag mit Robinson.

Sie erinnern sich: Eines Tages taucht Freitag auf, dieser gerettete Wilde, der Robinsons Gehilfe und Schüler wurde. Freitag bringt neben seinem andersartigen «Know how» und seinen Erfahrungen vor allem eine neue Dimension in das Lernen von Robinson: die sozialpsychologische Dimension, die durch die Aufnahme von Beziehungen zwischen Menschen entsteht. Robinson (und Freitag natürlich auch) ist mit neuen Fragen konfrontiert wie z.B.:

- Wie mache ich mich Freitag verständlich?
- Wie und über was kann ich mit ihm kommunizieren?
- Wie grenzen wir uns ab, was teilen wir gemeinsam?
- Welche Rolle spielen Macht, Status, Prestige?
- Wer bin ich in unserer Beziehung: Was ist mein Status, Rolle, Identität?
- Wie gehe ich mit Andersartigkeit und Meinungsverschiedenheiten um?
- Kann ich ihm vertrauen? Wie kann ich Vertrauen schaffen?
- Was kann ich von ihm lernen und er von mir?
- Was können wir gemeinsam besser, was sollte jeder selbst allein tun?

Beziehungsgestaltung. Diese Fragen stehen oft nur halbbewusst im Hintergrund der Beziehungsgestaltung, nur ein Teil davon wird bewusst durchdacht und offengelegt und besprochen. Manche Antworten kommen auch ganz selbstverständlich z.B. für Robinson aus seinen Werte- und Wertigkeitsvorstellungen: Für ihn ist es klar, dass er der Herr und Lehrer und Freitag der Gehilfe und Schüler ist. Und für Freitag ist das zunächst auch «keine Frage».

In Gruppen, die neu zusammenkommen, stehen die obigen oder ähnliche Fragen im Raum oder liegen unter dem Teppich. Sie ziehen Aufmerksamkeit und Energie auf sich, solange sie nicht «befriedigend» gelöst sind – und sie werden es immer wieder tun, insbesondere, wenn die Antworten nur Scheinlösungen darstellen. Diese bedeuten auch nur Scheinruhe, bei «passender» Gelegenheit rumoren sie weiter und brechen erneut auf.

Die Beziehung zwischen Robinson und Freitag wird aber noch durch eine andere Ebene getragen und beeinflusst. Sie haben beide gemeinsame Themen, für deren «Bearbeitung» sie einander brauchen: Die gemeinsame materielle Lebensgrundlage sicherzustellen, Schutz vor den Kannibalen, Einsamkeit vermeiden. Wenn diese (oder andere) Themen nicht wären – was würde dann die beiden nach der ersten Euphorie noch zusammenhalten außer materieller oder emotionaler Abhängigkeit?

1.3 Lernen und Leiten in der Gruppe

Ein Duo ist jedoch noch keine Gruppe. Verlassen wir daher Robinson und seinen Gefährten. Auch in unserer Welt können viele Probleme nicht von Einzelnen, sondern nur in gemeinsamer Zusammenarbeit in Gruppen angegangen und gelöst werden. Damit nimmt das Bedürfnis in unserer Gesellschaft zu, auch die Fähigkeit zu fördern, in Gruppen zusammenarbeiten zu können. Die Fragen, die dabei immer wieder auftauchen und deren Art der Beantwortung die Qualität der Beziehungen und der Dynamik der Gruppe bestimmt, sind die gleichen, die Robinson und Freitag klären mussten.

Allerdings ist eine Gruppe für Lernprozesse der einzelnen Mitglieder nicht immer leistungsfähiger als das autonome Einzellernen. *Lernen in der Gruppe ist nur ein Weg des Lernens.* Manches kann ich nur selbst und allein tun, z.B. nachdenken oder Erfahrungen machen. Letztere kann ich zwar mit anderen zusammen erleben, aber nicht «in Auftrag» geben.

Eine Gruppe wird zudem nur dann leistungsfähig sein, wenn sie die individuellen Stärken entdeckt, zulässt und nutzt, statt den Einzelnen zu vereinnahmen oder den kleinsten gemeinsamen Nenner zu suchen. Die Chance der Gruppe und damit des Lernens in der Gruppe ist die Synergie, die sich aus dem Zusammenwirken von mehreren Persönlichkeiten (und nicht nur Personen) ergibt.

Die *Synergie* entsteht aus Wertvorstellungen, zu denen Offenheit, Freiheit, Gleichwertigkeit, Wertschätzung, Eigenverantwortung, Risikobereitschaft und Selbststeuerung zu zählen sind, verbunden mit dem Bewusstsein der eigenen Bedürfnisse und der der anderen. Was aus der Dynamik der Gruppe entsteht, ob sie befreiend oder einengend wirkt, das ist nicht von vornherein vorgezeichnet. Wertvorstellungen wie die obigen müssen von allen gewollt und oft erst eingeübt werden.

Aus diesen Wertvorstellungen leitet sich auch die in diesem Buch skizzierte Vorstellung von *Leitung und Führung innerhalb von Gruppen* ab. Sie ist eine Funktion, die wichtig ist für die Existenz, die Produktivität und Kreativität der Gruppe. Eine Funktion, die ausgestaltet, verändert, verantwortet und wahrgenommen werden muss, wenn Lernen in Gruppen geschehen soll.

Das Vorhandensein eines Leiters heißt nach unserer Auffassung jedoch nicht, dass Leitungsaufgaben nicht auch von anderen Gruppenmitgliedern übernommen werden können und sollten. Selbstverantwortung und Selbststeuerung gehen nicht ohne Selbstleitung. Arbeit in Gruppen ist immer auch ein Arbeiten daran, wie die Gruppe und der Einzelne sich selbst leiten können.

1.4 Lernen: Riskant, lebenslänglich oder beides ...?

Lernen, das die eigene Person mit einbezieht, geht nicht nach dem Prinzip des «Wasch' mir den Pelz, aber mach mich nicht nass!». Lernen macht nass! Lernen kann ohne Mut zum Risiko nur in Grenzen stattfinden. Lernen ist riskant, weil der Lernende über die Grenzen seiner derzeitigen Fähigkeiten hinaus in neue Bereiche vorstößt, in denen er sich noch unsicher fühlt oder sich in Frage stellen lassen muss. Er betritt unter Umständen neuen Boden und weiß noch gar nicht, ob dieser vielleicht schlechter statt besser trägt. Riskant ist Lernen auch deshalb, weil man eventuell auf eine Umwelt trifft, die das Gelernte und die Veränderung nicht ohne weiteres akzeptiert.

Lebenslanges Lernen

«Was Hänschen nicht lernt, lernt Hans niemals mehr»: Diese Idylle des Ausgelernthabens gilt wohl für niemanden mehr. Ausgelernt haben im herkömmlichen Sinne bedeutete Können und Anwenden eines bestimmten Fachgebietes für die Dauer der Berufstätigkeit. Die Wirklichkeit des modernen Berufs- und Privatlebens bewirkt jedoch die Notwendigkeit des lebenslangen Lernens – zur beruflichen Sicherung ebenso wie zur belebenden Weiterentwicklung der eigenen Persönlichkeit.

Man könnte das Sprichwort auch umkehren: «Was Hänschen gelernt hat, verlernt Hans niemals mehr». Auch das hat nur in mancher Hinsicht seine Richtigkeit. Nicht selten stellt sich ja die Frage, ob nicht zuerst «verlernt» werden muss, ehe Neues gelernt werden kann. Lernen hat zudem seine Grenzen z.B. in der Psychodynamik der Persönlichkeit. Nicht umsonst können wir oft nicht «aus unserer Haut». Statt das ein Leben lang vergeblich zu versuchen, ist es vielmals besser und gesünder, die eigene «Haut» zu akzeptieren und zu lernen, damit umzugehen und vor allem auch hinzuschauen, wo das Potenzial, das die eigene Persönlichkeit beinhaltet, besser zum Zuge kommen kann.

Lernen braucht Muße. Lernen ist ein Teil des Lebens, und Leben hat seine Gezeiten. Neues entsteht, reift, überlebt sich. Lernen (und Verlernen) braucht seine Zeit und mehr davon, als wir meistens haben, bekommen oder uns nehmen. Die oft beschworene Notwendigkeit des «lebenslangen Lernens» braucht deshalb auch das Gegengewicht der Muße und des sinnvollen Bewahrens von Werten und Leitbildern, die den persönlichen Lebenssinn ausmachen. Zeiten des Erntens sind auch wichtig, in denen der Erfolg des

Gelernten eingefahren wird. Die «Kunst, nicht zu lernen» (Simon, 1997) ist eine wichtige Metapher, ohne die sonst lebenslanges Lernen zur atemlosen Verfolgungsjagd des «immer schneller» oder «immer mehr» wird und dann einem hamsterartigen Sammeln von Neuem gleicht, das keinen Boden findet und niemals der Verarbeitung zugeführt wird. Oder etwas provozierend ausgedrückt: Man weiß dann viel und hat von nichts eine Ahnung.

1.5 Perspektiven des teilnehmerorientierten Lernens in Gruppen

In diesem Buch konzentrieren wir uns auf das Lernen und Zusammenarbeiten von Erwachsenen in Gruppen.

Verantwortung für das eigenen Lernen

Ein teilnehmerorientiertes Konzept des Lernens in Gruppen muss verschiedene Perspektiven miteinander verbinden. Eine erste Perspektive ist, die *Bereitschaft zur Verantwortung des Einzelnen für sein Lernen zu fördern und einzufordern.* Sie strebt innere und äußere Bedingungen an, unter denen Lernen auf der Basis der Bedürfnisse des Einzelnen und seiner Einsicht in Zweck und Sinn der Lerninhalte erfolgen kann. Der Einzelne entscheidet mit, ob er lernen will und was und wann und wie intensiv bzw. mit welchem Zeitaufwand.

In dieser auf das Individuum bezogenen Perspektive ist die Gruppe mit ihrem sozialen und fachlichen Potenzial eine Ressource für das Lernen des Einzelnen. Das gilt für alle Gruppenmitglieder in gleicher Weise und setzt daher Respekt gegenüber den unterschiedlichen Interessen und Lerngepflogenheiten der Gruppenmitglieder und das Bestreben voraus, die eigenen Interessen und die der anderen zu erkennen und zu verstehen.

Aufbau einer offenen Kommunikations- und Dialogkultur

Eine zweite Perspektive ist daher, die Gruppenkultur und das Gruppenklima so zu beeinflussen, dass *das Potenzial der Gruppe für das soziale und fachliche Lernen des Einzelnen in einer offenen Atmosphäre erschlossen werden kann.* Lernen in Gruppen ist auch ein Lernen über Gruppen und ihre Dynamik.

Nicht die «Sachebene» steht unter dieser Perspektive im Vordergrund, sondern der Aufbau und die Gestaltung von Beziehungen, die Fähigkeit zur konstruktiven Konfliktlösung oder die Reflexion von Spielregeln (Normen), die das Lernen und Arbeiten in der Gruppe fördern oder hindern können. Unter dieser auf die Gruppe als solche gerichteten Perspektive spielen die beiden Themen «Vertrauen» und «Dialog» eine zentrale Rolle.

Perspektiven teilnehmerorientierten Lernens in Gruppen
Individuelle Perspektive Jeder ist für sein eigenes Lernen verantwortlich. Voraussetzung: Erkennen und respektieren der eigenen Lerngepflogenheiten und Interessen und der der anderen. **Gruppenperspektive** Das Potenzial der Gruppe für das Lernen des Einzelnen soll erschlossen werden. Voraussetzung: offene Kommunikations- und Dialogkultur **Historisch orientierte Perspektive** Lernen verbindet die Vergangenheit mit der Zukunft: Erfahrungen der Vergangenheit ⇓ Lernen im «Hier-und-Jetzt» ⇑ Notwendigkeit der Zukunft **Sozial-ökologische Perspektive** Lernen bezieht sich auch auf die soziale und natürliche Umwelt des Einzelnen, und nicht nur auf die Binnenwelt der Gruppe. **Politische Perspektive** Erarbeiten und überprüfen von Spielregeln im Kontakt mit den eigenen und den Bedürfnissen der Umwelt fördert die Fähigkeit zum politisch interessierten Leben. **Handlungsorientierte Perspektive** Lernen erweitert die Handlungsmöglichkeiten: ► die Dinge richtig zu tun und ► die richtigen Dinge tun

Abbildung 1: Perspektiven teilnehmerorientierten Gruppenlernens

Lernen in Gruppen bedeutet insbesondere *Lernen durch Kommunikation und Dialog.* Erst der Austausch von Sichtweisen, die sich jeder über die Realität gebildet hat, führt zu gemeinsam verstandenen Bildern der Realität und zur Einsicht in den Blickwinkel des anderen, wodurch dann gemeinsames Handeln (und nicht nur Gefolgschaft) möglich werden kann. Die Fragen «Wie trete ich mit anderen in Beziehung?» und «Wie und was kommuniziere ich, damit ich verstehe und verstanden werde?» sind in allen Lerngruppen ein Hintergrundthema, auch wenn das eigentliche Thema ganz anders heißt oder die Teilnehmer schon alte Gruppenhasen sind.

Die Kommunikations- und Dialogkultur der Gruppe wird durch das Maß an Vertrauen geprägt, das sich in der Gruppe entwickelt hat. Lernen von und mit anderen geht leichter, wenn der Lernende dabei z.B. den Teilnehmenden und dem Leiter vertrauen kann, dass sie ihn begleiten und unterstützen werden in der Phase, in der das Neue mehr Schmerz und Unsicherheit auslöst als Gewinn und Freude. Lernen geht leichter, wenn es in einer zeitweilig geschützten Atmosphäre erfolgen kann, in der Üben und Fehlermachen erlaubt sind und in der nicht gleich der Ernstfall geprobt werden muss. Lernprozesse finden gewissermaßen auf Probebühnen statt, bei denen nicht zu früh die Kasse klingeln sollte. In einer Gruppe, in der das emotionale Netz hält, kann der Einzelne lernen und schrittweise ausprobieren, was er neu wissen oder tun will.

Lernen ist nicht geschichtslos

Zu den Perspektiven des teilnehmerorientierten Lernens in Gruppen gehört drittens eine *historisch orientierte Perspektive,* die thematisch drei Ebenen miteinander verbindet: Das Lernen in der Aktualität des «Hier und Jetzt» mit dem Lernen über die «Notwendigkeiten der Zukunft» und die Reflexion der «Erfahrungen der Vergangenheit» (Wie kam es zu dem, was heute ist und wirkt?). Den oft benutzten Begriff des «Hier-und-Jetzt» verbinden wir hier mit dem Bild vom aktuellen Augenblick, in dem die eigenen Erfahrungen der jüngeren oder älteren Vergangenheit sich mit den Anforderungen der Zukunft und/oder mit den Erwartungen an die eigene Zukunft treffen und vermischen. Das «Hier-und-Jetzt»-Prinzip wirkt isolierend und entfremdend, wenn es nicht mit den Problemen der kommenden Anwendung und Veränderung draußen verbunden wird.

Lernen bildet so die Brücke zwischen unseren bisherigen Erfahrungen und dem, was künftig sein soll. Darunter fließt der Strom des aktuellen Geschehens, das wir erst einordnen und nutzen können, wenn Vergangenheit und Zukunft Bestandteil unseres Lernens bleiben.

Bezug zur sozialen und natürlichen Umwelt

Als vierte Perspektive ist weiterhin die *sozial-ökologische Perspektive* zu nennen. Lernen vollzieht sich nie losgelöst von der sozialen und natürlichen Umwelt, in der der Einzelne lebt.

Eine Gruppe ist keine in sich geschlossene heile Welt, auch wenn es Stunden gibt, in denen sie so wirkt. Die Gruppe ist ein Stück Welt auf Zeit, bis wir wieder auseinandergehen in unsere eigene Welt, in der das Gelernte einfacher übertragbar wird, wenn wir sie in der Gruppe nicht vergessen haben. Die Umwelt gehört mitten ins lebendige Lernen hinein.

Die politische Wirkung des Lernens in Gruppen

Damit ist indirekt als fünfte Perspektive die *politische Seite des Lernens in Gruppen* angesprochen: sich Spielregeln geben und sie überprüfen, gemeinsam und transparent für alle Beteiligten. Etwas gemeinsam, teilautonom und im Kontakt mit den Bedürfnissen der Umwelt (im natürlichen wie im sozialen Sinne) und mit sich selbst erarbeiten und es nicht dort abschneiden, wo der Lehrplan endet. So kann ein politisches Handeln entstehen, das abgeleitet wird aus Werten und aus einem Menschenbild, das man als offen, frei, gleichberechtigt, selbstverantwortlich, risikobereit und selbstgesteuert bezeichnen kann, verbunden mit dem Bewusstsein seiner eigenen Bedürfnisse und denen der anderen.

Handlungsmöglichkeiten erweitern

Die sechste Perspektive fasst deshalb das Ziel des *Transfers* ins Auge. Unsere Motivation zum Lernen ist dann am größten, wenn das, was wir lernen wollen, in unserem Leben – sei es in der privaten Umwelt, sei es in der Arbeitswelt – Bedeutung und Relevanz gewinnen kann. Lernen soll uns helfen, unsere Handlungsmöglichkeiten zu erweitern, Probleme zu lösen und neue Einsichten zu gewinnen, um nicht nur die Dinge richtig zu tun, sondern auch die richtigen Dinge zu tun.

Diese Perspektiven lehnen sich an das Gedankengut der *Themenzentrierten Interaktion (TZI)* an. Im Kapitel 6.1 werden wir die TZI als Konzept für das Lernen in Gruppen und für das Leiten von Gruppen vertieft diskutieren. Wir haben das Konzept der TZI für uns und für das Lernen in Gruppen als zielorientiert, hilfreich und schöpferisch erlebt – und als offen für die Verwendung eines vielfältigen Handwerkszeuges aus unterschiedlichen Quellen, für deren sinnvolle Auswahl und Anwendung die TZI Kriterien bietet.

1.6 Was hat uns zu diesem Buch bewegt, was wollen wir damit bewirken?

In der Schule gab es ein Heft, das nannte man Kladde. In dieses Heft konnte man ins «Unreine» (welch ein Wort ...) schreiben. Es ist für den einen oder anderen das Heft geblieben, in dem er Eindrücke, Ideen, Vorgehensweisen, Tipps usw. festhält, die er nicht verlieren möchte oder die er später einmal auswerten und ausarbeiten will. Vermutlich hat jeder auch heute noch seine Kladde, schriftlich oder im Kopf. Darin steht der persönliche Schatz von Erfahrungen, von Theorien und Merksätzen – zum Nachschlagen, zum sich

Wiedererinnern und Weiterentwickeln. Material, das deshalb lebendig bleibt, weil es mit der eigenen Erfahrung verbunden ist.

Hier lag auch der Impuls für uns, mit der Arbeit an diesem Buch zu beginnen – und es jetzt ein weiteres Mal gründlich zu überarbeiten. Im Rahmen von gemeinsamen Seminaren und Gesprächen kam immer wieder Material aus den eigenen Gruppenkladden zum Vorschein, das den anderen anregte und ihm weiterhalf. Aus dem Material, das wir in unseren «Gruppenkladden» gesammelt hatten, in unterschiedlichen Berufs- und Tätigkeitsfeldern und mit unterschiedlichen Teilnehmerkreisen, entstand dieses Buch. Es enthält Themen, Erfahrungen, Fundstücke, Ergebnisse langer Gespräche und hitziger Diskussionen nach gelungenen und mehr noch nach nicht so gelungenen Gruppenleitungen.

Wir haben nicht den Ehrgeiz, das Rad neu zu erfinden. Wir verwenden hier unsere Konzepte und Erfahrungen mit Gruppen, verbunden mit Ideen anderer, die uns für unsere Arbeit hilfreich waren. Eigene Teilnahme an Seminaren und die Gespräche und Zusammenarbeit mit Kollegen und Kolleginnen haben unserem Lernen viel geholfen, so dass wir daraus schöpfen konnten. Vielen Dank all denen, die, wissentlich oder nicht, Pate zu diesem Buch gestanden haben.

Wir hoffen, dass die Idee der «Gruppenkladde» im Lauf der Arbeit nicht ganz verlorenging: Das Buch soll anregen, das angebotene Material mit den eigenen Erfahrungen, Einsichten und Materialien zu verbinden. Es soll anregen zum Weiterbauen. Es ersetzt nicht die Erfahrung. Im Gegenteil, das Buch wird erst nutzbar durch die eigenen Erfahrungen und Erlebnisse in und mit Gruppen.

Für wen ist dieses Buch gedacht?

Wir wollen uns in diesem Buch im Wesentlichen mit dem Ausschnitt des Lernens von Erwachsenen beschäftigen, der sich gezielt in eigens dafür organisierten und (an-)geleiteten Gruppen vollzieht. In Gruppen also, die zusammenkommen, um zu einem Anliegen durch gemeinsame Lernprozesse Anregungen und Lösungsmöglichkeiten zu finden. Gruppen kommen nicht immer ganz freiwillig zusammen, aber auch nicht rein zufällig und ohne Grund. Ein verwandtes Interesse, ein gemeinsamer Auftrag oder ein nur zusammen lösbares Problem sind der Auslöser.

Das Schwergewicht der Anwendungsbereiche dieses Buches liegt auf der *Vorbereitung und Leitung von Lern- und Arbeitsgruppen, die sich für eine begrenzte Zeit mit einem bestimmten Anliegen oder mit der Lösung eines Problems befassen wollen.* Das Anliegen kann auf der Ebene der persönlichen Entwicklung liegen oder eine Problemlösung im Arbeitsbereich beinhalten.

Angesprochen sind damit Leiter entsprechender Gruppen in Unternehmen und in Institutionen aus dem wirtschaftlichen und sozialen Bereich und aus der Erwachsenenbildung sowie selbständige Trainer und Berater. Wir denken vor allem an solche Gruppen und ihre Leiter, deren Anliegen es ist, sachbezogenes Lernen und Arbeiten mit persönlichem Lernen und Sich-Entwickeln zu verknüpfen.

Das ist nicht nur humaner, sondern auch effizienter: Allzu oft stolpert die Sachlösung, weil sie nicht mit dem Erwerb neuer sozialer Kompetenzen und veränderter Verhaltensweisen einherging. Erst diese ermöglichen es den Teilnehmenden in ihrem sozialen und beruflichen Umfeld persönlich und mit der «Sache» besser klarzukommen.

1.7 Aufbau des Buches

Die Gliederung orientiert sich am Ablauf eines Weiterbildungs- oder Problemlösungs-Projektes, in dessen Rahmen Teilnehmende in Seminaren oder Workshops gemeinsam lernen und Probleme lösen wollen oder sollen. Sie folgt dem Weg

- von der ersten Idee, vom ersten Anstoß über die
- ersten Gespräche und den Kontrakt mit dem Auftraggeber,
- hin zur Grobplanung des gesamten Lern-Projektes zur
- Planung des Roten Fadens (z.B.) eines Workshops und
- der Planung und Gestaltung seiner Anfangsphase,
- der Prozessbegleitung und Leitung,
- bis hin zum Ende und zum Ausstieg aus der Lern- und Arbeitsgruppe
- und der diesen Weg begleitenden Prozessanalyse «unterwegs».

Der Ablauf eines Lern-Projektes ist nicht gemeint als Stundenfolge auf der Uhr, er ist jedoch eine wahrscheinliche Abfolge von Phasen und Schritten. Wahrscheinlich heißt: Manchmal muss ich einen Schritt zurück, muss mitunter manche Phasen mehrmals durchlaufen. Die Dauer der Phasen und ihre Intensität variieren.

Der Begriff *«Projekt»* wird hier gebraucht, um damit die Aufmerksamkeit nicht nur auf die einzelnen Veranstaltungen zu richten, sondern auf den gesamten Entstehungs- und Entwicklungsprozess. Der Begriff Projekt ist auch deshalb gewählt worden, weil immer häufiger Gruppen zu einem Träger der Veränderung von Organisationen und Institutionen werden. Wenn

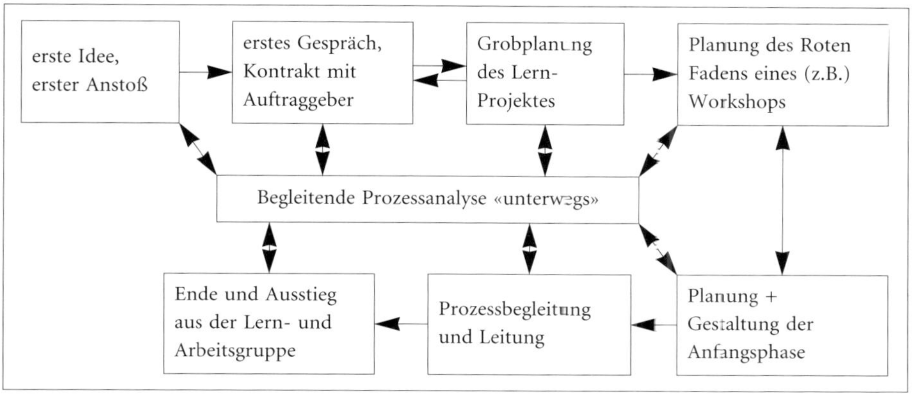

Abbildung 2: Der Weg eines Projektes (ideal)

das stimmt, darf sich unsere Aufmerksamkeit nicht mehr nur auf den Gruppenprozess und auf die Lernmethoden richten, sondern mehr als bisher auch auf die Tatsache, dass diese Gruppen Teil eines größeren Ganzen sind, in dem sie leben und wirken. Gruppen beginnen nicht erst mit der Anfangssitzung. Die Kenntnisse über das umgebende System, seine Bedürfnisse und sein Funktionieren sind ein wesentlicher Baustein der Vorbereitung, Planung und Leitung.

Dieses Buch enthält in den einzelnen Kapiteln jeweils:

- *Leitfragen*, die wir aufgrund unserer eigenen Erfahrungen für nützlich halten, systematisch angeordnet entlang eines möglichen Ablaufes eines Projektes.
- *«Notizen» zu den Leitfragen*, die helfen können, die einzelnen Schritte und die ihnen zugeordneten Leitfragen auszugestalten bzw. zu beantworten.
- *Praxisbeispiele* zur Erläuterung und Verdeutlichung wichtiger Aspekte einzelner Phasen.
- Im Mittelteil des Buches finden sich in Kapitel 6 *Arbeitspapiere,* die helfen können, die Entwicklung von Gruppen, das Leiten von Gruppen, die eigene Kompetenz, Rolle und Professionalität als Leiter sowie die Auswirkungen von Interventionen besser zu verstehen und zu steuern.

Was im nachhinein so wohlgeordnet aussieht, fing einmal mit einer Skizze an, die im ersten Gespräch über dieses Buch entstand. Wahrscheinlich sehen manche Projektskizzen ähnlich aus.

Als Ausstieg aus diesem Einstiegsteil soll die Fabel vom Esel dienen, zugleich auch ein Hinweis, wie man dieses Buch nicht anwenden sollte:

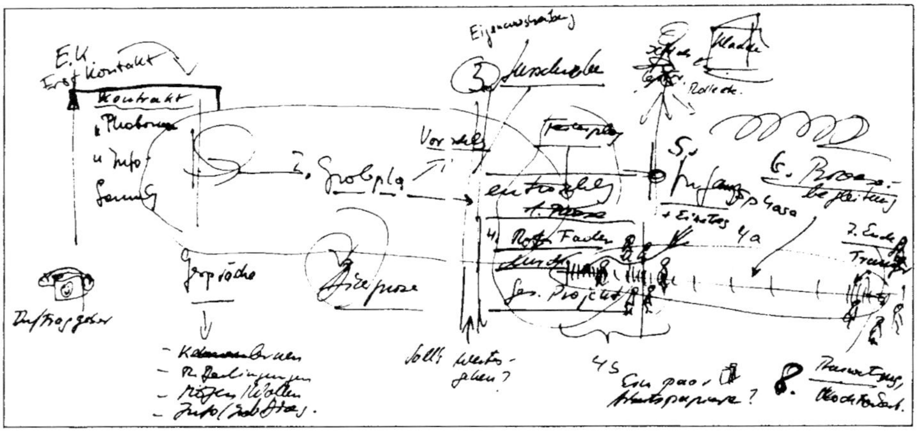

Abbildung 3: So fing es an …

Der mit Salz beladene Esel
Ein Esel, der mit Salz beladen war, musste durch einen Fluss waten. Er fiel hin und blieb einige Augenblicke in der kühlen Flut liegen. Beim Aufstehen fühlte er sich um einen großen Teil seiner Last erleichtert, weil sich das Salz im Wasser gelöst hatte. Langohr merkte sich diesen Vorteil und wandte ihn gleich am folgenden Tage an, als er, mit Schwämmen belastet, wieder durch eben diesen Fluss ging.
Diesmal fiel er absichtlich nieder, sah sich aber arg getäuscht. Die Schwämme hatten nämlich das Wasser aufgesogen und waren bedeutend schwerer als vorher. Die Last war so groß, dass er erlag. Ein Mittel taugt nicht für alle Fälle.

Das Buch kann helfen, sich rechtzeitig die nötigen Fragen zu stellen, hinzuschauen, was Ausgangslage und Umwelt beinhalten und was sie für den Prozessverlauf und für das weitere Vorgehen bedeuten. Es kann jedoch eigene Entscheidungen über das, was im jeweiligen Fall richtig ist und passt, nicht ersetzen, aber hoffentlich erleichtern, vielleicht ermöglichen.
Es gibt wenig, was eindeutig falsch oder richtig ist beim Gruppenleiten. Vieles erhält seine Wirkung und sein Leben aus der Situation, durch die beteiligten Menschen, durch das Thema und nicht zuletzt durch den Leiter selbst: als Person mit Grenzen und Möglichkeiten. Wenig ist wiederholbar von Projekt zu Projekt. Arbeit mit Menschen und Gruppen bleibt Maßarbeit.

2 Bevor ich zusage: Kontakt, Klärung und Kontrakt

2.1 Es beginnt, bevor es beginnt

Mit dem Beginn einer Arbeits- oder Lerngruppe ist es in gewisser Weise ähnlich wie mit einem Theaterstück: Ehe sich der Vorhang zum ersten Mal öffnet, ehe also die Teilnehmenden den Raum zur ersten Sitzung betreten, ist schon vieles geschehen, was den Verlauf des Projektes beeinflusst, ja vielleicht entscheidend prägt. Die Arbeit bis zu dem Zeitpunkt, an dem wir zum ersten Mal «Hallo» sagen, stellt – aufs Ganze gesehen – oft einen umfangreichen Teil der Arbeit dar. Am Anfang dieser Vorbereitungszeit steht in der Regel eine Phase, die wir hier mit «Kontakt, Klärung und Kontrakt» bezeichnen wollen.

Es beginnt meist mit einer ersten Anfrage, ob man interessiert sei, in einem Organisationsentwicklungs- oder Weiterbildungsprojekt mitzuwirken. Eine erste Skizze des Vorhabens und seiner Begründung, Angaben zum Zeithorizont und zum Zeitbedarf machen neugierig und führen zu einem oder mehreren Gesprächen mit dem Auftraggeber. (Der Begriff des Auftraggebers wird hier als Sammelbegriff für Einzelpersonen oder auch Gremien benutzt, die über die Durchführung, Ausstattung und Umsetzung eines Projektes inhaltlich und in der Regel auch finanziell entscheiden – und die ein direktes Interesse am Erfolg des Projektes haben.) In den Gesprächen werden Ziele, Inhalte und Rahmenbedingungen des Projektes und die Spielregeln der Zusammenarbeit besprochen und vereinbart – der Kontrakt entsteht.

Diese *Kontraktphase,* wie wir sie hier nennen, wird prozesshaft ablaufen: Ein erstes Gespräch ermöglicht das Kennenlernen und den Gedankenaustausch darüber, was eigentlich der Auftraggeber mit dem Projekt bewirken will (seine Zielvorstellungen) – und warum (seine Diagnose als Begründung dafür, dass etwas geschehen oder angeboten werden soll). Schon hier können sich die Wege wieder trennen, wenn deutlich wird, dass inhaltliche und zeitliche Anforderungen nicht mit meinem Interesse und meinem Potenzial an Know-how und Zeit übereinstimmen.

Meistens kann ich am Ende dieses ersten Gesprächs nur grobe konzeptionelle Vorstellungen äußern, aber noch keinen konkreten Vorschlag über das Vorgehen machen, da ich dafür weitere Informationen und mehr Zeit für die Entwicklung eines Konzeptes brauche. Der damit zusammenhängenden Klärung dienen Gespräche mit anderen Personen aus der Organisation des

Auftraggebers, mit einzelnen Teilnehmenden oder mit Kollegen oder auch das Studium von Dokumenten wie Protokollen oder Berichten. Diese Klärungsschritte führen zu einer Art Diagnose. Aus ihr leite ich Hinweise auf angemessene Themen, Strukturen und Vorgehensweisen im kommenden Projekt ab, um die Teilnehmenden beim Lernen und Problemlösen zu unterstützen. Aufgrund meiner Diagnose kann ich dem Auftraggeber einen konkreten Vorschlag (Grobplan) machen, den wir in einem weiteren Kontraktgespräch vertiefen und abstimmen können.

Die Klärungsschritte geben dem Leiter mehr oder minder ausführliche Hinweise, aus denen er seine Hypothesen bilden wird – zum Beispiel über Art und Profil der Teilnehmenden, über die offen ausgesprochenen und die verdeckten Anliegen, über die Vorerfahrungen und Erwartungen der Teilnehmenden, über den «Globe» der künftigen Gruppe. Mit dem Begriff des Globes sind die Rahmenbedingungen und das Umfeld gemeint, mit denen das Lernen der Teilnehmenden in Kontakt stehen muss, um nicht irrelevant zu bleiben (dazu ausführlicher im Kapitel 6.1.). Das TZI-Dreieck aus Kapitel 6.1 bildet eine gute Struktur für die Klärung von Fragen, die in dieser und den folgenden Phasen besprochen werden sollen.

2.2 Der Kontrakt als Grundlage für die spätere Arbeit

Beide – Leiter und Auftraggeber – sind an der Entwicklung einer tragfähigen Basis für die Zusammenarbeit interessiert, ehe mit der eigentlichen Planung und Umsetzung des Projektes begonnen wird. Ein tragfähiges «Ja» zur Zusammenarbeit ist das Ergebnis eines Prozesses, der insbesondere – aber nicht nur dann – wichtig ist, wenn beide noch nicht zusammengearbeitet haben. Den in diesem «Prozess zum Ja» entstehenden Set von Absprachen bezeichnen wir mit dem Begriff Kontrakt. Kontrakte werden nicht mit anonymen Organisationen abgeschlossen, sondern zwischen Menschen, die sich später bei ihrer weiteren Zusammenarbeit vertrauen und unterstützen sollen.

Kontraktarbeit als Beziehungsgestaltung

Ein Kontrakt lebt zu einem guten Teil aus der Qualität der zwischenmenschlichen Beziehung zwischen Auftraggeber und Leiter, anfällig zwar für Störungen, aber vor allem auch Energiequelle für die Realisierung des Projektes. Deshalb ist es so wichtig, sich für Vorklärung und Kontrakt Zeit zu nehmen und sie auch auf Seiten des Auftraggebers zu verlangen. Auch wenn sich beide Seiten gut kennen, ist die Erarbeitung eines Kontraktes immer von Vorteil. Zu schnell können blinde Flecke und Abhängigkeiten entstehen, die das Bisherige einfach fortschreiben, statt den kritisch-konstruktiven Blick auf neue Notwendigkeiten und Bedürfnisse wachzuhalten.

Der Begriff Kontrakt soll verdeutlichen, dass es nicht nur von der Arbeitsbeziehung zwischen dem Leiter und den Teilnehmenden abhängt, ob eine Gruppe erfolgreich arbeiten wird – erfolgreich in dem Sinne, dass sich auch im Alltag die gewünschte Wirkung zeigt und nicht nur im geschützten Raum des Workshops. Das ganze «System» spielt eine Rolle und der Kontrakt versucht, diesen Einfluss in groben Zügen zu erfassen und in Form von Absprachen zu regeln.

Kontraktarbeit als Erwartungsmanagement

Die beauftragende Institution oder Firma hat bestimmte ausgesprochene und oft noch mehr unausgesprochene Erwartungen, Zielsetzungen und Einschränkungen, die sie mit dem Projekt verbindet. Darüber muss genauso gesprochen werden wie über meine eigenen Erwartungen, Zielsetzungen und Einschränkungen als Leiter. Wenn ein gemeinsames Verständnis darüber entstanden ist, auf was wir uns einlassen, was wir von einander erwarten, was die Ausgangslage und die (Un-)Möglichkeiten sind, welche Spielregeln gelten sollen, welche Rahmenbedingungen zu beachten und welche Leistungen von wem zu erbringen sind – dann können auch die Segel so gesetzt werden, dass das Projekt in eine erfolgversprechende Richtung gesteuert werden kann.

Damit ein guter Kontrakt entstehen kann, sind eine Reihe von Fragen zu besprechen, die natürlich nicht in jedem Einzelfall relevant sein mögen. Oft ist es dennoch nützlich, über scheinbar Selbstverständliches nicht zu schnell hinweg zu gehen. Wer kennt nicht das «Ich hätte da doch noch nachfragen sollen» und die Lästigkeit, solche Informationen in mehreren Schritten nachholen zu müssen? Mangelnde Sorgfalt und die in dieser Phase aus Vor- oder Rücksicht nicht gestellten Fragen können sich in der Durchführung störend zurückmelden. Falsche Zurückhaltung ist hier nicht am Platz.

Ein Handschlag kann auch reichen

Kontrakt heißt nicht, alles im Einzelnen schriftlich zu regeln. Vieles geht mündlich und per «Handschlag». Ein Kontrakt ist ja mehr als «nur» ein Kaufvertrag nach dem Motto «Honorar gegen ein wohldefiniertes Gruppenarbeitsergebnis» – auch wenn die vertraglichen Aspekte wie Termine, Honorar und Leistung selbstverständlich wichtig sind. Ratsam ist es, die Kernpunkte in einem Protokoll oder Brief zusammenzufassen.

Der Kontrakt sollte bei aller Klarheit immer den Raum offenhalten für Neuentdeckungen und unerwartete Möglichkeiten, die vorher noch gar nicht benennbar sind, sondern die erst in einem lebendigen Lernprozess entstehen können. Der Kontrakt stellt insgesamt eine Art Kompass dar, an dem sich die Qualität der Lern- und Arbeitsprozesse im Workshop orientieren müssen.

Jeder größere Schritt braucht seinen Kontrakt

Der Kontrakt mit dem Auftraggeber ist nicht der einzige Kontrakt, den der Leiter erarbeiten wird. In der Anfangssitzung später im Workshop oder in den ersten Projektgruppensitzungen wird er auch einen Kontrakt mit den Teilnehmenden schließen, der ihre Vorstellungen und Erwartungen an den Lern- und Arbeitsprozess im Workshop mit denen des Leiters zusammenbringt. Der zwischen dem Leiter und dem Auftraggeber geschlossene Kontrakt stellt dafür einen verbindlichen Rahmen dar. Wenn diese «Kontraktarbeit» mit den Teilnehmenden in der Anfangsphase nicht oder zu wenig aufmerksam erfolgt, dann ist die Gefahr hoch, dass sie sich in die «innere Emigration» zurückziehen oder aktiv offenen Widerstand leisten.

Verdeckte Kontrakte?

Für die Arbeit im Workshop spielt häufig noch ein anderes, mitunter verdecktes Set von Kontrakten eine Rolle, nämlich die, die zwischen den Teilnehmenden und der entsendenden Stelle (z.B. dem Vorgesetzten) offen oder implizit abgesprochen wurden. In der Praxis zeigt sich oft, dass mit der Teilnahme an einem Workshop ausgesprochene und unausgesprochene Erwartungen auf Seiten des Teilnehmenden ebenso wie auf Seiten des Vorgesetzten bestehen. Solche unausgesprochenen Erwartungen beziehen sich nicht nur auf die inhaltliche Seite des Workshops, sondern z.B. auch auf die Einschätzung, welcher Handlungsspielraum dem Teilnehmenden in Bezug auf die Umsetzung des Gelernten zugestanden werden wird, wenn er in sein Arbeitsfeld zurückkehrt. Sinnvoll für die spätere Arbeit ist es, wenn die entsprechenden Erwartungen, Ziele und Grenzen zwischen Mitarbeiter und Vorgesetztem offen und gemeinsam besprochen und vereinbart wurden.

Die Umsetzung wird's zeigen ...

Zum Schluss sei daran erinnert, dass jeder Kontrakt einen Set von Abmachungen darstellt, der sich erst in der praktischen Umsetzung bewähren muss. Er baut letztlich auf Annahmen darüber auf, was inhaltlich und von der Prozessgestaltung her für die Erreichung der gesetzten Ziele sinnvoll ist. Diese Überlegungen beruhen immer auf Hypothesen, die wir aus den in dieser Phase erhaltenen Informationen ableiten, kombiniert mit unseren Vorurteilen, Erfahrungen und unserem «Gespür». Sie sind immer «nur» mehr oder minder plausible Konstruktionen in unseren Köpfen.

Was dann wirklich sein wird, wird sich zeigen, wenn die Teilnehmenden und der Leiter zusammenkommen. Nicht selten setzt ja schon die Tatsache, dass ein Workshop zur Bearbeitung eines bestimmten Problemkreises vereinbart wurde, wichtige erste Veränderungsimpulse, bevor der «offizielle» Prozess überhaupt beginnt. Ohne Hypothesen über das, was sein wird, kann jedoch niemand arbeiten. Sie können dann zum Problem werden, wenn sie als Wirklichkeit fixiert werden, statt sie an ihr zu überprüfen. Diese Bemerkung soll nicht die Bedeutung der Kontraktarbeit schmälern. Der Kontrakt liefert wichtige Grundlagen für die Planung, Vorbereitung und Leitung, aber keine definitive Richtigkeit und Sicherheit und muss deshalb in gemeinsamer Absprache veränderbar bleiben.

2.3 Leitfragen und Notizen für die Kontraktphase

Die folgenden Leitfragen folgen der Vorstellung, dass eine Anfrage zur Zusammenarbeit für ein neues Projekt vorliegt und zwischen Auftraggeber und Leiter Gespräche abgemacht sind («Kontraktgespräche»), die dem Kennenlernen und der Erarbeitung eines Kontraktes dienen sollen. Die Fragen sind nicht als starre Liste gedacht, sondern eher als Chance, durch eine gute mentale Vorbereitung den Kopf und das Gespür freizuhalten für das Geschehen im Kontraktgespräch.

Geplantes Vorgehen anhand von Leitfragen

Die Vorbereitung anhand der Leitfragen ist vergleichbar mit der Planung einer Bergtour. Wissen über das Gelände, Schwierigkeitsgrade, Sicherungsmöglichkeiten im Anstieg, Wetterbedingungen, Berghütten ist wichtig. Den konkreten Weg und die Tritte im Gelände werde ich im Anstieg selbst dem konkreten Verlauf entsprechend flexibel setzten müssen und wollen.

Natürlich sind manche der folgenden Fragen weniger oder gar nicht relevant, wenn jemand selbst einen Workshop ausschreibt, gewissermaßen als sein eigener Auftraggeber. (Im Kapitel 3 sind weitere Überlegungen für die Fälle dargestellt, in denen der Leiter ein Weiterbildungsangobt «auf eigene Rechnung und Gefahr» ausschreibt.) Gerade dann kann es jedoch nützlich sein, die Leitfragen durchzugehen und sich so seinen «inneren Auftraggeber» zu schaffen, der einem selbst ebenso kritisch gegenüber sitzt, wie es ein Auftraggeber tun würde.

Ergebnisse der Kontaktgespräche
Kontraktgespräche bilden im Grunde den ersten – und im ungünstigen Fall auch den letzten – Arbeitsschritt im Gesamtprojekt. Ihr Ergebnis ist

- ein besseres gegenseitiges sich Kennen,
- eine mindestens für den Start tragfähige Beziehung für die Zusammenarbeit,
- eine – wenn eventuell auch erst vorläufige – Definition der zu lösenden Aufgaben,
- ein gemeinsames Verständnis über das Vorgehen und die Arbeitsweise,
- eine Vereinbarung der nächsten Schritte,
- und Festlegung der dafür benötigten Mittel an Zeit, Geld und Infrastruktur.

2.3.1 Überlegungen zur Vorbereitung auf das Kontraktgespräch

Zur Vorbereitung auf das Kontraktgespräch kann die Reflexion über das bisher Geschehene nützlich sein – über Faktisches ebenso wie über die Phantasien (Hoffnungen und Befürchtungen), die ich mir über diese Anfrage mache.

Vor dem Kontrakt kommt der Kontakt
Kontakte haben meist ihre Vorgeschichte. Sie kommen zustande auf Grund von Empfehlungen Dritter, auf Grund eines zufälligen Zusammentreffens mit dem späteren Auftraggeber oder aus früherer Zusammenarbeit, vielleicht nach einer längeren Pause. Gibt es Gründe für diese Pause, die in der damaligen Beziehung liegen, gab es nichts mehr zu tun in der Zwischenzeit oder musste einfach mal ein neuer Name, ein neues Gesicht ins Programm?

Vorgeschichte:
Wie kam die Einladung zum Kontraktgespräch zustande?

- Gab es schon frühere Kontakte oder Zusammenarbeit?
- An welche Ergebnisse oder unerledigten Reste erinnere ich mich?
- Welchen Einfluss hat das möglicherweise auf die Beziehung zwischen mir und dem Auftraggeber bzw. auf Dritte (z.B. künftige Teilnehmer)?

Unerledigte Reste können auf beiden Seiten der Grund für eine Pause sein. Manchmal sind es nicht einmal sehr dramatische Dinge, die gestört haben.

Vielleicht wurde mein Honorar jedes Mal zu spät bezahlt, war die Teilnehmerzahl deutlich größer als abgemacht oder die Unterstützung durch den Auftraggeber mangelhaft, und ich fühlte mich deshalb ausgenützt.

Ähnliche Dinge mag es beim Gesprächspartner gegeben haben, ohne dass ich es weiß, weil wir nicht mehr darüber gesprochen haben. Das erneute Zusammentreffen bietet die Chance, das «Kleingedruckte» im Kontrakt deutlicher zu besprechen.

Aus diesen Vorkontakten kann es auch gewisse Überbelichtungen bei mir selbst geben: Eine Sache oder das Renommee des Kunden fasziniert mich so, dass es mir ziemlich egal ist, wer mir da eigentlich gegenüber sitzt. Vielleicht ist auch der Funke von Person zu Person übergesprungen, so dass ich mich jemandem zuliebe auf etwas einlasse, ohne genauer hinzuschauen. Beides könnte meine Urteils- und Entscheidungsbildung in eine bestimmte Richtung drängen, was die Basis für eine tragfähige Zusammenarbeit schwächen könnte.

Informationen erleichtern die Beziehungsgestaltung

Wenn der Gesprächspartner erlebt, dass mir seine Institution oder Firma, sein Tätigkeitsfeld und seine Lage schon etwas vertraut sind, dann wird er leichter mit mir in Beziehung treten können als mit einem Fremden, der von dem Land, in dem er arbeiten soll, nichts weiß und die Sprache nicht versteht. Ich kann mich im Voraus orientieren über Aufgaben und Probleme, über Produkte und Dienstleistungen dieses oder ähnlicher Unternehmungen und dabei für mich selber überprüfen, welchen emotionalen und interessemäßigen Zugang ich finde. Vielleicht spüre ich auch etwas Herzklopfen, weil «die» ja so ganz anders sind als «jene», mit denen ich bisher gearbeitet habe. Ob die Welten wirklich so verschieden sind, wird sich erst zeigen. Oft genug erweisen sich die Unterschiede in der Phantasie als weitaus größer als die in der Realität.

Welches Vorwissen und welche Vorstellungen habe ich bereits über

- Aufgabenbereich, Stellung, Kompetenz, Person des Auftraggebers,
- die Organisation (Firma, Einrichtung etc.), ihre Ziele, ihre Produkte oder Dienstleistungen, Märkte etc.
- das Thema oder über mögliche Problembereiche, die Gegenstand des Projektes werden könnten oder sollen?
- Aus welchen Quellen stammt dieses Vorwissen: Aus eigener Anschauung, aus Informationen Dritter, aus früherer Zusammenarbeit, aus Berichten - oder aus meinen Phantasien?

Mit diesen Informationen sollten möglichst wenig Wertungen verbunden werden. Es geht primär darum, «zu wissen, was ich weiß», um sich im Gespräch in die Realität des anderen besser hineinversetzen zu können. Es ist dabei nicht immer einfach zu sortieren, was eher Fakten und was eher eigene oder fremde Phantasien oder Vermutungen sind. Zu welchen davon will ich im Gespräch mehr Gewissheit erlangen?

Vorwissen, nicht Vor-Urteil

Vorwissen kann helfen besser wahrzunehmen – aber es kann auch blind machen, wenn es sich zu Vor-Urteilen verdichtet, was besonders leicht geschieht, wenn sich mein Vorwissen vornehmlich auf Vermutungen und Gehörtem aufbaut. Insofern sollte ich meine Vorbereitung im Gespräch auch «vergessen» können, um auch andere Entwicklungen und Gegebenheiten offen wahrnehmen zu können, statt sie vorschnell in vorbestimmte Raster einzuordnen.

Wenn ich im übrigen merke, dass ich zuviel nach Vorinformationen suche, dann kann das ein inneres Signal dafür sein, dass ich mich unsicher fühle und diese Unsicherheit mit Informationen zudecken will. Das ist meist ein erfolgloses Unterfangen, weil die Unsicherheit weniger auf fehlender Information als z.B. auf Gefühlen von Leistungsdruck (ich muss gut sein – woher kenne ich das noch?) oder von Überforderung beruht. Vielleicht stecken dahinter persönliche Themen, an denen ich weiterarbeiten sollte.

Erwartungsmanagement

Der Auftraggeber hat Vorstellungen über mich, positive vermutlich, sonst hätte er den Kontakt nicht gesucht. Einen Teil davon hat er sich vielleicht auf Grund früherer Erfahrungen mit mir gebildet, ein Teil sind Vermutungen auf Grund von Gelesenem oder Gehörtem. Es wird für mich wichtig sein, die damit verbundenen Erwartungen kennenzulernen, denn sie werden sich – wenn sie unausgesprochen bleiben – gern ins «Kleingedruckte» des Kontraktes einschleichen. Erwartungsmanagement ist ein wichtiger Teil des Arbeitsprozesses der Kontraktphase: die Erwartungen auf den Tisch zu bringen und miteinander so abzugleichen, dass daraus ein realistisches Potential an Möglichkeiten und Grenzen wird.

Was weiß der Auftraggeber bereits über mich und meine Arbeitsweise? Was wird ihn vermutlich interessieren?

- Aus welchen Quellen stammt das vermutete Wissen (Zusammenarbeit, Hinweise von Kollegen, Literatur, Teilnahme an Veranstaltungen etc.)?

abdecken, der für die Zustimmung zum Kontrakt und seine Realisierung notwendig ist. Das schließt selbstverständlich interne Rückkopplungsschleifen «nach unten und oben» nicht aus, aber es ist in den Kontraktgesprächen vorteilhafter, nicht (nur) mit dem Postboten, sondern mit dem Absender direkt zu sprechen.

Solche Situationen können entstehen, wenn der Gesprächspartner nicht der eigentliche Auftraggeber ist, sondern diesen vertritt. Der Auftraggeber sitzt trotzdem als «Schatten» mit am Tisch, als Schatten von jemandem, der im Hintergrund das Projekt fördert, darüber entscheidet, Zwischenschritte und Mittel bewilligt, Teilnehmende entsendet oder die Umsetzung der Arbeitsergebnisse in die Praxis genehmigen wird. Transparenz in dieser Hinsicht ist vor allem in Projekten hilfreich, die deutliche Veränderungen nach sich ziehen sollen. Diese Veränderungen haben dann Rückwirkungen auf andere Bereiche oder Hierarchieebenen und spätestens dann wird der Schatten aktiv.

... und woher kommt das Geld?

Manchmal gibt es einen inhaltlichen und einen finanziellen Auftraggeber. Der letztere zahlt gewissermaßen für den ersteren. In einem Krankenhaus z.B. wurden Gesprächsführungskurse für die Schwestern von «einer Stelle» im Landratsamt bewilligt und bezahlt, die inhaltlichen Absprachen erfolgten jedoch immer (an sich sinnvollerweise) direkt mit der Pflegedienstleitung des Krankenhauses, bis plötzlich im Rahmen einer Sparaktion von «oben» diese Kurse gestoppt wurden, weil man dort für «so was» kein Geld mehr bewilligen wollte. Geld war für andere Kurse durchaus da, hinter dem «so was» stand auf Seiten der finanzierenden Stelle eine inhaltliche Vorstellung und entsprechende Wertung, über die in besseren Zeiten nie gesprochen wurde.

«Wer zahlt, befiehlt ...», dieser Spruch ist sicher keinem neu, der in oder mit Firmen oder Institutionen arbeitet. Er sagt sich in der Anonymität noch leichter. Es liegt beim Leiter, ggf. erst dann zuzusagen oder die Arbeit fortzusetzen, wenn er auch mit den «finanziellen» Auftraggebern den zugrundeliegenden Kontrakt und die Erwartungen an das Projekt geklärt hat. Der Auftraggeber kann in Bezug auf das Projekt auch in Abhängigkeit von anderen Personen und Gremien stehen. Es kann nützlich sein, sich dieses Netz aufzuzeichnen, um zu erkennen, wo unter Umständen wichtige Promotoren sitzen, die jetzt oder in einer späteren Phase mit einbezogen werden sollten. Als Leiter sollte ich die nicht aus dem Auge verlieren, die die Macht zur Entscheidung und damit auch zur Unterstützung oder Blockierung der Arbeit im Projekt haben.

Ziele und inhaltliche Wünsche des Auftraggebers

Eines der Hauptthemen im Kontraktgespräch ist natürlich, die Vorstellungen des Auftraggebers über Ziele und Inhalte zu verstehen – und zu erkennen, aus welchen Gründen er gewisse Ziele und Prioritäten so setzen möchte. Oft hilft es dem Gespräch, wenn man sich mit dem Auftraggeber darüber austauschen kann, was denn anders (besser) wäre, wenn das Projekt erfolgreich verlaufen und das Problem gut gelöst wäre. Der Austausch über solche Zukunftsbilder ist oft produktiver als eine rein vergangenheitsorientierte Problemanalyse. Zudem lassen sich aus dieser Diskussion auch wichtige Kriterien für die Beurteilung des Projekterfolges und meiner Arbeit ableiten.

Welche Vorstellungen bestehen bereits über Inhalte, Ziele und Stellenwert des Projektes?

- Ziele: Angenommen, dieses Projekt ist aus Sicht der Beteiligten erfolgreich abgeschlossen worden: Was sollte dann erreicht und anders sein?
- Wie lautet die Diagnose, aufgrund derer die Inhalte und Ziele so gesetzt werden sollen?
- Wer soll (nicht) teilnehmen?

Ziele und Inhalte, die für das Projekt gesetzt werden sollen, beruhen auf Erfahrungen und Informationen, die vom Auftraggeber zu Hypothesen darüber verdichtet wurden, was gut und was nicht so gut läuft. Das Kontraktgespräch ist speziell bei Projekten mit Veränderungscharakter eine erste Möglichkeit, die Diagnose besser nachvollziehen zu können, aufgrund derer dieses Projekt ins Leben gerufen werden soll. Es ist ein erster Erkundungsflug, in dem Elemente der Kultur und der vorherrschenden «Sichtweisen» zum Vorschein kommen. Ob diese Sichtweisen «richtig» sind oder nicht, spielt noch keine Rolle. Sie sind da und haben Wirkung – und für mich geht es zunächst darum, sie möglichst nicht wertend wahrzunehmen. Auch hier hilft der Grundsatz, Wahrnehmung und die Interpretation dessen, was ich wahrnehme, in zwei Schritten zu tun.

Den Arbeitsauftrag klären

Die Klarheit über die Interessen des Auftraggebers wird immer dann besonders wichtig, wenn die Umsetzung der Ergebnisse der Projektarbeit Veränderungen in den Strukturen der Organisation oder in Verhaltensweisen anderer Stellen oder Personen nach sich ziehen. Wenn das Thema eines Workshops z.B. die Verbesserung von Kommunikation und Motivation in einem Bereich ist, dann werden sehr oft Verhaltensweisen von Vorgesetzten oder hemmende Strukturen der Organisation als ein Feld für Veränderungen auftauchen, ohne die dauerhafte Verbesserungen der Kommunikation und Motivation nicht erreicht werden können. Wird das vom Auftraggeber mitgetragen, auch dann, wenn bestimmte Aspekte seiner Verhaltensweisen, seines Führungsselbstverständnisses oder seiner Organisation in Frage gestellt werden könnten?

Welchen Arbeitsauftrag soll ich erfüllen?

- Welche Zielsetzungen werden mit meinem Einsatz verbunden?
- Welche Erwartungen bestehen hinsichtlich der Arbeits- und Vorgehensweise?
- Von wem und weshalb wurden diese Ziele und Erwartungen so formuliert? Auf welcher Diagnose beruhen sie?
- Welche Kriterien für den Erfolg meiner Tätigkeit legt der Auftraggeber an – und welche ich selbst?

Erfolgskriterien gemeinsam erarbeiten

Die Frage nach den Erfolgskriterien hängt natürlich eng mit den Zielen zusammen, die mit dem Projekt verfolgt werden. Wenn diese fehlen, dann wird man auch nicht bestimmen können, ob man dort ankam, wo man eigentlich landen wollte. Der frühzeitige Austausch darüber, was dieses Projekt zu einem erfolgreichen Projekt machen würde, hilft sehr, widersprüchliche Erfolgskriterien offenzulegen und an gemeinsamen Kriterien für die Erfolgsbeurteilung zu arbeiten.

Die Beurteilung des Erfolges eines Lernprozesses ist ein vielschichtiges Problem, sobald es über das Abfragen von Sachstoffen hinausgeht. Trotzdem hat auch dann, wenn der Erfolg sich nicht in Zahlen ausdrücken lässt, fast jeder eine Vorstellung davon, was «erfolgreich» für ihn heißt: bessere Zusammenarbeit, weniger Materialverschleiß, ein positives Echo der Teilnehmenden (worauf?) oder was auch immer. Wünschenswert wären Kriterien, die sich letztendlich auf beobachtbares Verhalten, auf konkrete Fähigkeiten oder auf realisierte Ergebnisse beziehen können.

Zu detailliert abgesteckte Ziele, in denen kein Spielraum steckt, werden den Raum für Innovation und für originelle, auch von den Teilnehmenden getragene Lösungen und Veränderungen zunehmend einengen. Mit jeder zusätzlichen Restriktion wird ein Stück des möglichen Lernfeldes abgeschnitten.

Damit werden unter Umständen auch die Grundsätze des lebendigen Lernens in Frage gestellt, die mit dem Potenzial der Gruppe und jedes Einzelnen rechnen und dafür genügend Raum benötigen.

In welchem Kontext steht das Projekt zu anderen Aktivitäten oder Teilen der Institution oder Firma?

Für die später folgende Grobplanung und Realisierung wird es wichtig sein, die Einbindung des Projektes in einen größeren Zusammenhang im Auge zu behalten. Die Krankenschwestern im oben erwähnten Krankenhaus arbeiten ja nicht isoliert, sondern zusammen mit den Ärzten, ohne die bestimmte Änderungen nicht eingeführt werden können. Oft ist ein Projekt Teil eines umfassenderen Programmes, dessen inhaltliche und didaktische Aspekte sich für die eigene Arbeit fördernd oder kontraproduktiv auswirken können, sofern z.B. widersprüchliche Botschaften in den einzelnen Teilprojekten vermittelt werden.

Es kann auch sein, dass das Projekt im Rahmen einer größeren Reorganisation oder einer Einführung neuer Technologien zu sehen ist. Welchen Stellenwert hat das zur Diskussion stehende Projekt dann – geht es um die Entwicklung von Ideen für die Gestaltung der anstehenden Veränderung, geht es nur um Anpassung an das, was bereits vorentschieden ist? Das sollte auch dem Teilnehmenden klar sein, bevor wir in die gemeinsame Arbeit steigen. Viel Ärger schaffen Situationen, in denen so getan wird, als ob noch Raum zur Mitgestaltung bestehe, und dabei ist praktisch schon alles vorentschieden und festgelegt. Dann besser klar und ehrlich die Grenzen offenlegen, in denen durch die Teilnehmenden beeinflussbare Veränderung wirklich möglich ist.

Im Übrigen ist die Frage nach der Einbindung des Projektes in den größeren Kontext auch nützlich, um frühzeitig zu erkennen, wie die Teile des Ganzen aufeinander wirken. Es geschieht häufig, dass andere Personen oder Abteilungen empfindlich auf Veränderungen in Bereichen reagieren, mit denen sie zusammenarbeiten müssen, und über die sie vorher nicht unterrichtet und konsultiert wurden.

Grenzen und heiße Eisen

Im Kontraktgespräch tauschen wir uns nicht nur über die Möglichkeiten des Projektes aus, sondern auch über seine Grenzen. Diese liegen zunächst einmal bei den beteiligten Menschen: Wer soll einbezogen sein, was soll ihnen (nicht) «zugemutet» werden, was sind mögliche Themen, die zu großen Widerstand auslösen würden?

Was soll nach Auffassung des Auftraggebers nicht geschehen?

- Wo will er Grenzen setzen in Bezug auf Beteiligung, Betroffenheit, Zeit, Geld?
- Wo liegen aus seiner Sicht Stolpersteine, die unter Umständen den Prozesserfolg gefährden können?
- Welche heißen Eisen sollen angepackt oder liegengelassen werden?

Die verfügbare Zeit setzt weitere Grenzen für das, was möglich ist – und sie ist immer auch ein Kostenfaktor, denn das Gehalt läuft in der Regel weiter. Heiße Eisen, spezifische Bedürfnisse, bereits vorentschiedene Richtungen sind andere Grenzzieher – und im Kontraktgespräch werde ich davon zum größeren Teil nur die offiziellen Grenzen erfahren.

Die geheimen Grenzen und heißen Eisen deuten sich oft nur in Nebensätzen, in einem längeren Schweigen auf eine Frage oder in vielsagenden Blicken an. Da liegt es an mir, wie viel ich hören und überprüfen will.

Oft weisen die vom Auftraggeber formulierten Grenzen jedoch auch auf etwas anderes hin: Auf seine Wünsche nach Einflussnahme und Mit-Steuerung. Manche Grenzen werden vorsorglich als Grenzen formuliert, aus Sorge, es könnte ein Prozess entstehen, auf den der Auftraggeber nicht mehr genügend Einfluss nehmen kann. Er muss ja häufig das Schiff (z.B. seinen Bereich) als Ganzes steuern und hat von daher berechtigte Ansprüche, seine Entscheidungskompetenz und Verantwortung auch wahrnehmen zu können. Besser hier mehr Zeit investieren als später Widerstand und mangelnde Unterstützung zu erleben, weil es anders läuft, als es der Auftraggeber sich vorstellen konnte.

Was sollte der Auftraggeber über meine Arbeitsweise mit Teilnehmenden und Gruppen wissen?

- Welche Erfahrungen hat der Auftraggeber bereits mit ähnlichen Ansätzen?
- Welche Spielregeln für den Prozess mit der Gruppe sollten jetzt schon geklärt werden?

Den Auftraggeber interessieren in der Regel weniger die theoretischen Hintergründe oder «Schulen», an denen ich meine Arbeit orientiere, sondern eher die konkrete Umsetzung. Er will nicht belehrt werden, sondern sich anhand von Beispielen in etwa vorstellen können, wie ich arbeite.

Andererseits kann er schon Erfahrungen mit anderen Ansätzen der Erwachsenenbildung und Beratung gemacht haben. Je nach der Qualität dieser Erfahrungen muss ich mich unter Umständen von einem Wunsch nach «Mehr vom Gleichen» abgrenzen oder die Unterschiede zwischen dem Vorgehen jetzt und dem bisher gewohnten Vorgehen verständlich machen.

Spielregeln vereinbaren

Wichtig für einen tragfähigen Kontrakt ist die Verständigung über wichtige Spielregeln, die im Prozess gelten sollen. Beispiele für frühzeitig abzusprechende Spielregeln können sein:

- Die Ziele für das Projekt sollen für die Teilnehmenden transparent gemacht werden und beeinflussbar sein.
- Vertraulichkeit: Was im Workshop besprochen wird, geht nur in Abstimmung mit den Teilnehmenden weiter an Dritte.
- Die Teilnehmenden verpflichten sich, eigene Problemfälle aus ihrer Praxis für die Bearbeitung im Workshop mitzubringen.
- Die Zusammenarbeit zwischen dem Leiter und dem Auftraggeber basiert auf dem Austausch im Gespräch und nicht auf einsamen Beschlüssen.
- Als Leiter habe ich im Rahmen meiner Diagnose- und Vorbereitungstätigkeiten Zugang zu den Teilnehmenden oder anderen Informationsquellen.
- Der Vorgesetzte ist während der ganzen Zeit des Workshops dabei.
- Es erfolgt x Monate nach Ende des Workshops eine Erfolgskontrolle über den Umsetzungsgrad der abgesprochenen Maßnahmen.
- Bei einem Abbruch des Projektes erfolgt ein Auswertungsgespräch über Verlauf und Gründe für den Abbruch.

Im Grunde sind Spielregeln nichts anderes als offengelegte Erwartungen an das eigene Verhalten und das der anderen. Diese Erwartungen sind bereits zu Beginn der Prozesses da und wirken, auch wenn sie nicht ausgesprochen wurden. Die für mich als Leiter wichtigen Spielregeln mache ich ebenso transparent. Damit setze ich auch Signale für die spätere Arbeit und sage etwas über meine Werthaltungen und meine professionellen Standards aus. Die Diskussion von relevanten Spielregeln bildet den Kern des oben bereits erwähnten «Erwartungsmanagements», das der Leiter schon in der Kontraktphase anstrebt. Einige Spielregeln werden im Lauf des Prozesses an Bedeutung verlieren, neue hinzukommen. Spielregeln sind im Konsens veränderbar, bis dahin jedoch sollten sie für alle Beteiligten gelten.

Teilnehmerkreis

Die Frage danach, wer teilnehmen soll (und darf?), kann wichtig werden, wenn der Erfolg z.B. eines Workshops von der Teilnahme bestimmter Personen abhängt. Wenn es z.B. um tiefergreifende Führungs- und Organisationsfragen geht, dann wird es wenig wirkungsvoll für den Prozess sein, wenn der Vorgesetzte oder andere Schlüsselpersonen nicht teilnehmen können oder deutlich früher weg «müssen».

Generelle Fragen zum Kreis der Teilnehmenden

- In welcher Beziehung stehen sie zum Auftraggeber (z.B.: Mitarbeitende, Kunden, Vereinsmitglieder, gar keine Beziehung bisher)?
- Kommen die Teilnehmenden freiwillig? Von wem werden sie ggf. geschickt?
- Was ist über die Zusammensetzung des Teilnehmerkreises bekannt (Alter, Frauen, Männer und Kinder, Vorgesetzte und Mitarbeiter, Berufsfelder, Ausbildung, Nationalitäten, Erfahrung, Bekanntheit untereinander …)?
- Was erhoffen sie sich von der gemeinsamen Arbeit?
- Welche inhaltlichen Wünsche der Teilnehmenden sind bekannt und woher?
- Welche Möglichkeiten bestehen zur Abklärung der Bedürfnisse und der Problemlage bei den Teilnehmenden selbst?
- Welche Vorerfahrungen haben die Teilnehmenden in Bezug auf das Thema und auf die Arbeit in Gruppen sowie auf ähnliche Arbeitsweisen wie die meine?
- Haben sie bereits gemeinsam andere Veranstaltungen besucht, auf die aufgebaut oder angedacht werden kann?
- Mit welchen anderen Gruppenleitern/Beratern haben die Teilnehmenden schon gearbeitet? An welchen Themen, mit welchen Ergebnissen?
- Auf welche zeitlichen Prioritäten und Rahmenbedingungen seitens der Teilnehmenden muss Rücksicht genommen werden?
- Welche Vorlaufzeit wird benötigt, damit die Teilnehmenden gemeinsame Termine freihaben?
- Wer bezahlt die Teilnahme- und Durchführungskosten?

Mit der Frage nach den Zielen und nach der Arbeitsweise kommt der dritte Partner endgültig ins Blickfeld: die Teilnehmenden bzw. das, was von ihnen in den Vorgesprächen in Erfahrung gebracht werden kann. Einer der wichtigsten – und oft auch nur als Schlagwort benutzten – Grundsätze des teilnehmerorientierten Lernens und Beratens lautet, dass man den anderen dort abholen soll, wo er steht. Jeder Mensch hat seinen Stand-Punkt, der aufgrund seiner Lebenserfahrung entstanden ist. Von diesem Standpunkt aus fragt er und interpretiert die Antworten. Der eigene Standpunkt hilft, das Geschehen um einen herum einzuordnen – und er hilft den anderen, mich zu sehen und einzuordnen.

Den anderen dort abzuholen, wo er steht, heißt daher, sich zunächst einmal ein Bild von den Teilnehmenden und ihrer Arbeitswelt zu machen. Die dort herrschende Dynamik wird sich im Workshop widerspiegeln. Wenn der Workshop der Lösung konkreter Probleme dienen soll, dann steht am Anfang die gemeinsame Diagnose der Probleme durch die Teilnehmenden und nicht einfach die Übernahme einer vorgefertigten Analyse der Situation durch Dritte (mich als Leiter inbegriffen). Natürlich werden die Überlegungen Dritter in die Diagnose einbezogen, die gemeinsame Diagnose bleibt jedoch der Ausgangspunkt für die Erarbeitung und Realisierung der Lösung durch die Teilnehmenden.

Die Vorerfahrungen der Teilnehmenden

Die Erfahrungen der potenziellen Teilnehmenden in Bezug auf das Thema und das Arbeiten und Lernen in Gruppen können ein wichtiger Baustein für die Grob- und Feinplanung werden. Dabei geht es nicht nur um sachliche, sondern auch um emotionale Komponenten dieser Erfahrung, um gute oder irritierende Erlebnisse, die nachwirken. Die Informationen hierüber wird der Leiter später als Wegweiser für die Auswahl von Themen, Übungen und Aufgaben nutzen. Sie geben ihm Hinweise auf Schwierigkeits- und Bekanntheitsgrade, die er voraussetzen kann, ohne die Teilnehmenden zu über- oder zu unterfordern. Es erleichtert die Planung eines Einstieges zu Beginn der Zusammenkunft, in dem sich möglichst alle zurechtfinden und mitmachen können.

Zusätzliche Fragen zum Kreis der Teilnehmenden bei Durchführung des Projektes innerhalb einer Firma oder Institution

- Wo stehen die Teilnehmenden innerhalb der Organisation?
- Was sind wichtige Merkmale und Bedingungen der Arbeit und des Arbeitsumfeldes der Teilnehmenden?
- Welche Zusammenarbeits- und Führungsstrukturen gibt es zwischen den Teilnehmenden?
- Wer sonst hat noch wichtigen Einfluss auf die Teilnehmenden bzw. deren Arbeit, ohne direkt zum Teilnehmerkreis zu gehören?
- Was wissen sie schon über das Projekt und welche Bedeutung hat es für ihre berufliche Zukunft?

- ▶ Wie stehen die Teilnehmenden zu den Kernthemen des Projektes:
  ... emotional: Widerstand oder Zustimmung?
  ... sachlich: Wissen und Know-how, um an den Themen zu arbeiten?
- ▶ Vertrauen, Offenheit und Kooperationsqualität in diesem Kreis («Klima»)?

Die Vorerfahrungen der Teilnehmenden sind meist auch bezogen auf Erfahrungen mit anderen Gruppenleitern. Mitunter muss ich erst den Schatten eines Vorgängers überwinden, bis ich mit meiner Person und meinem Arbeitsstil angenommen werde, ohne ständig verglichen zu werden.

Die Erfassung der inhaltlichen Wünsche der Teilnehmenden ist in der Kontraktphase meistens nur annähernd möglich: Wir sind ja noch nicht mit der Gruppe selbst in Kontakt. Ihre Wünsche werden nur übermittelt. Sind es wirklich schon die Anliegen der Teilnehmenden, können sie es überhaupt schon sein? Deshalb: Nehmen Sie alle Informationen, die Sie bekommen können, z.B. auch durch die Kontaktaufnahme mit künftigen Teilnehmenden direkt. Aber verlassen Sie sich nicht zu sehr auf das, was Sie an inhaltlichen Wünschen der Teilnehmenden vor Beginn der eigentlichen Arbeit erfahren haben.

Hintergründe verstehen

Die Frage, warum man sich an mich gewandt hat, mag zunächst etwas nach «fishing for compliments» klingen. Die Antwort darauf kann zum einen Hinweis auf positive oder auch auf zu hohe Erwartungen des Kunden an mich als Leiter liefern. Daraus ergäbe sich ein Ansatzpunkt für das oben erwähnte Erwartungsmanagement.

Warum wurde ich angefragt?

- ▶ Was und wer führte zu der Anfrage?
- ▶ Gab es andere Alternativen und wie kam die Auswahl zustande?
- ▶ Wem nehme ich etwas weg (z.B. anderen bisher aktiven Gruppenleitern oder internen Kräften)?

Manchmal kann hinter der Anfrage ein kontroverser Entscheid stehen. Vielleicht hat sich eine Fraktion mit ihren Vorstellungen durchgesetzt, während andere skeptisch blieben oder ihre Gegenvorschläge gern verwirklicht hätten. Vielleicht konkurriere ich mit internen Fachleuten, ohne es zu wissen. Möglicherweise wurde ich den Teilnehmenden oder ihrer Führungskraft «verschrieben», ohne dass diese groß vorher gefragt und informiert wurden.

Als Leiter höre ich von all dem meist wenig. Ich werde nur mit dem Resultat konfrontiert und selten mit seiner Entstehungsgeschichte – wenn ich nicht frage. Ansonsten merke ich später an Informationszurückhaltung, an zögernden Entscheidungen oder lahmender Umsetzung, dass in der Vorgeschichte etwas schief lief.

Wer arbeitet sonst noch mit der Gruppe oder in dem Projekt als Berater, Trainer, Supervisor etc.?
- Mit welchen Aufträgen und an welchen Themen?
- Wo könnte es Überschneidungen oder Konflikte geben?

Falls in dem Projekt mehrere Berater oder Trainer im Einsatz sind, dann wird eine Koordination sinnvoll sein, um Überschneidungen, Doppelspurigkeiten und Widersprüchlichkeiten in den Konzepten und Vorgehensweisen zu vermeiden. Das ist mitunter leichter gesagt als getan, wenn die Beteiligten sich mit ihren eigenen Interessen und persönlichen Kompetenzen stark profilieren wollen.

Wieviel Zeit kann der Auftraggeber selbst für Teilnahme, Auswertungsgespräche, Entscheidungssitzungen etc. investieren?

Je mehr ein Projekt nicht nur Veränderungen der Person, sondern auch des ganzen Systems nach sich zieht, desto wichtiger ist es, die Bereitschaft des Auftraggebers (bzw. anderer für den Prozess wichtiger Entscheidungsträger) zu gewinnen, sich auch genügend eigene Zeit z.B. zur Teilnahme, Auswertung und gemeinsamen Steuerung des Projektes zu nehmen.

In beiden Fällen wird der Leiter gut daran tun, sich jedenfalls bei größeren Projekten *Zeit für eine eigene Diagnose zu sichern*. Denn die Ziele, die der Auftraggeber in dem ersten Gespräch nennt, sind meist nur ein Ausschnitt aus den Zielen und den Problemen, um die es wirklich geht. Damit ist nicht gemeint, dass die benannten Ziele und Probleme falsch oder gar absichtlich verfälscht sind. Sie repräsentieren jedoch nur eine Sichtweise und ein Erklärungsmuster für den jetzigen Zustand. Erst Gespräche mit den Teilnehmenden oder anderen Drittpersonen werden ein breiter abgestütztes Bild der Problemstellung und der zu ihrer Bearbeitung erforderlichen Zielsetzungen bzw. Maßnahmen ergeben.

Welche Restriktionen und Rahmenbedingungen sind für die Durchführung zu beachten?

- Durchführungsort, Hotel, Unterbringung?
- Teilnehmerzahl (minimal/maximal)?
- Beginn und Dauer?
- Budgets?
- Ist mit dem Besuch durch Vorgesetzte oder andere Stellen zu rechnen?
- Werden bestimmte Rahmenprogramme gewünscht (z.B. Besichtigungen)?

Ein wichtiges Gesprächsthema werden die Rahmenbedingungen und Restriktionen sein, die beachtet sein sollen. Was liegt davon fest, wo habe ich freie Hand? Es ist oft sinnvoll, Restriktionen, insbesondere in Bezug auf Zeit (Termine und Dauer) und Geld, intensiver zu hinterfragen. Manches ist einfach Restriktion, weil «man» das immer schon so gemacht hat, weil sich noch niemand um andere Wege gekümmert hat oder weil es «die» nicht anders wollen, es in Wirklichkeit bei «denen» aber keine Rolle spielt.

Eine wichtige Rahmenbedingung kann der Ort sein, an dem wir arbeiten werden. Er kann Chancen oder Blockaden bieten für motivierendes Lernen und Zusammenarbeiten. Unterbringung, Räume, Licht- und Lärmverhältnisse, Materialien oder Umgebung haben ihren Anteil am Klima und ihren Einfluss auf den Prozess. Auf Einzelheiten werden wir im Kapitel 4 (Grobplanung) noch eingehen.

Wenn jemand viel Zeit damit verbringen muss, sich in Räumen und in einer Umgebung zurechtzufinden, die ihm von seinem Lebensstil her fremd ist und fremd bleibt, dann wird er sich schwerlich ohne Störungen auf den eigentlichen Inhalt und auf die anderen Teilnehmenden einlassen können. Auch hier gilt, den anderen dort abzuholen, wo er steht.

Restriktionen entstehen durch Zeiten, die der Auftraggeber belegen will für eigene Vorhaben wie Gespräche der Teilnehmenden mit einem Vorstandsmitglied oder für Besprechungen. Mitunter müssen bestimmte Anlagen und Betriebsteile besichtigt werden. Der Vorgesetzte möchte gerne bei der Schlussbesprechung dabei sein, um «sich ein Bild zu machen». Passen diese Wünsche ins Konzept? Wann und unter welchen Bedingungen geht so etwas und wann nicht, weil es den Prozess stört oder gar zerstört und vorzeitig beendet?

Wenn wir schon von möglichen Restriktionen sprechen, dann gehört auch der Leiter selbst dazu: Er hat nur begrenzte Zeit und vielleicht dann wenig

Termine frei, wenn sie im Projekt kurzfristig für Zwischenschritte gebraucht würden. Seine Fähigkeiten sind immer begrenzt und damit auch Restriktionen für das Lernen der anderen. Wo liegt die Grenze für ihn zwischen der verantwortbaren Annahme einer Herausforderung und einem Glücksspiel, in dem er zu hoch pokert und nicht genügend Geld in der Tasche hat.

Steuerung und Informationsfluss des Projektes

- ▶ Wie kann der Auftraggeber Einfluss auf den Projektverlauf nehmen?
- ▶ Wer soll in die Steuerung des Projektes eingebunden werden? Grund?
- ▶ Wie soll die Information über Ergebnisse und Zwischenschritte organisiert werden?

Ein Kontrakt kennzeichnet die Richtung und steckt die vorläufigen Grenzen ab, in denen sich die Arbeit der Gruppe bewegen kann. Er kann in der Regel kein Fahrplan sein, der exakt angibt, wann welches Ergebnis auf welchem Schreibtisch ankommen wird. Gerade deshalb sollte er Aussagen zu den Themen «Information über das Projekt und seine Ergebnisse» und «Steuerung des Projektes» enthalten.

Die Ergebnisse und Auswirkungen von Lernprozessen in Gruppen sind trotz aller Planung nie genau vorherbestimmbar – und können es bei aller Vorbereitung nicht sein. Sonst würden wir den notwendigen Freiraum für Kreativität herausprogrammieren. Das Sicheinlassen auf einen nicht genau vorhersagbaren Prozess ist für manchen Auftraggeber eine Hemmschwelle gegenüber dem lebendigen Lernen.

Das anfangs gebrauchte Bild vom Theater stimmt in diesem Zusammenhang nämlich nur bedingt: Theaterstücke haben in der Regel einen festen Ablauf und einen schon vorher festgelegten Ausgang. Lern- und Entwicklungsprozesse lassen sich nicht in dieser Art programmieren. Ihr Ablauf und ihr Ergebnis ist nur bedingt vorausplanbar.

Für den Auftraggeber ist das oft ein ungemütliches Gefühl. Er möchte Sicherheit und Vorausschaubarkeit, möchte das Risiko begrenzen und möglichst keine Überraschungen. Wir können ihm das nur bedingt bieten, brauchen jedoch sein Sicheinlassen auf unseren Vorschlag. Die Brücke baut sich leichter, wenn wir ihm Wege vorschlagen können, durch die er in geeigneter Weise während des Projektes Kontakt halten kann und bei wichtigen Schritten oder Weichenstellungen entsprechend der ihm zustehenden Entscheidungskompetenz einbezogen bleibt.

Protokolle für Dritte?

> **Was wird an Kommentaren und schriftlichen Ergebnisprotokollen verlangt, die an Nicht-Teilnehmende gehen sollen?**
> ▶ Absprachen für die Erstellung und Weitergabe?

Mitunter ist der Leiter mit dem Wunsch nach Protokollen zu Arbeitsergebnissen und/oder Eindrücken über Teilnehmende (z.B. wer eventuell karriereverdächtig ist) konfrontiert. Sofern solche Kommentare mündlich oder schriftlich an Dritte gehen sollen, ist Misstrauen der Teilnehmenden die fast automatische Folge mit negativen Rückwirkungen auf das Arbeitsklima. Hier sind klare (auch klar für Dritte) Abmachungen und die Wahrung des Prinzips wichtig, dass die Weitergabe von Informationen am Anfang mit der Gruppe geklärt werden muss und nur mit deren Einverständnis stattfindet.

Die Erarbeitung eines Ergebnisberichtes kann auch Thema im Kontraktgespräch werden. Ergebnisberichte sollten an sich zu den Aufgaben der Gruppe gehören. Der Leiter kann jedoch Absprachen treffen helfen, wie der Austausch über die Arbeitsergebnisse der Gruppe mit anderen Stellen erfolgen kann. Er sollte jedoch nicht zum Postboten oder Hofberichterstatter werden. Zu den Spielregeln gehört es auch, dass die Gruppe, die Informationen oder Vorschläge an Dritte liefert, rasch erfährt, was damit weiter geschieht.

Co-Leiter und andere Partner

Frühzeitig geklärt werden muss auch, inwieweit bei der Durchführung mit internen oder externen Kräften zusammengearbeitet werden soll oder muss – sei es in der Rolle des Fachreferenten oder in der Rolle der Leitung.

> **Mit wem soll ich oder kann ich während der Vorbereitung und Durchführung zusammenarbeiten?**
> ▶ Inwieweit sollen interne oder externe Fachleute als Referenten oder Co-Leiter in den Workshop integriert werden?
> ▶ Spielregeln und Art der Arbeits- bzw. Rollenteilung?
> ▶ Wer ist der interne Ansprechpartner für die organisatorischen bzw. administrativen Aspekte des Projektes?

Diese Zusammenarbeit macht meistens dann Sinn, wenn für die Leitung der Veranstaltung auch der interne «Durchblick» wichtig ist. Die inhaltliche Kooperation mit einem internen Partner kann mehr Realitätsnähe im Workshop und einen besseren Transfer bewirken. Die Kooperation ist auch dann notwendig, wenn das Konzept nach einer gewissen Zeit von internen Kräften weitergetragen werden soll, z.B. im Rahmen der allgemeinen internen Weiterbildung.

Auf der anderen Seite stehen der Zeitaufwand für Absprache und Koordination und die Frage der Überwindung von Konkurrenzgefühlen, weil sich der eine oder andere Partner unter Profilierungsdruck fühlt. Wenn zudem die Ansätze, Methoden und Arbeitsstile sehr unterschiedlich sind, dann kann die Partnerschaft kontraproduktiv werden. Deshalb ist eine definitive Zusage erst sinnvoll, wenn ich den internen Kollegen kennengelernt habe, der mit mir den Workshop leiten soll. Wir werden auf Fragen der Leitung zu zweit oder im Team noch im Kapitel 6.3 zurückkommen.

Externe Referenten

Anders liegt das Problem beim Einsatz von Referenten, die zeitlich begrenzte Fachbeiträge leisten sollen: Bei gruppenorientierten Lehrmethoden kann der Arbeitsprozess die Teilnehmenden in eine Phase gebracht haben, in der sie den «Auftritt» des Referenten als störend empfinden, weil ihre Aufmerksamkeit und Energie noch woanders liegen. Einen Tag später wären unter Umständen das Referat und der Referent hoch willkommen, aber heute passt es vom Prozess her eigentlich nicht.

Speziell für die Anfangsphase, in der sich die Gruppe erst finden muss, heißt das, sich zu vergewissern, wer als zusätzlicher Leiter mit ins Boot soll, und dafür zu sorgen, dass er von Anfang an da ist. Für Referenten gibt es ein «zuviel» und «zu früh» und deshalb ist weniger oft mehr.

Interner Ansprechpartner

Wenn alles besprochen ist, dann ist meist noch festzulegen oder zusammenzufassen, wer was tut und wer mein interner Partner ist, mit dem ich die weiteren Details klären kann und der mir innerhalb der Firma oder Institution zu den Dingen verhilft, die ich für meine Arbeit brauche. Zu den Rahmenbedingungen gehören letztlich auch gute technische und administrative Unterstützung. Sie spart Zeit und Nerven – mit wem kann sie intern abgesprochen werden?

Was wird an Unterlagen (Texte, Literatur) für die Teilnehmenden verlangt?

Unproblematisch ist an sich die Erstellung von Unterlagen für die Teilnehmenden zur Vor- und Nacharbeit. Nur: Wer erstellt sie? Das kann zeitaufwendig sein, und wenn es meine Zeit ist, dann ist es auch mein Geld – wieviel Aufwand dafür betrachte ich im Durchführungshonorar als abgegolten, ab wann will ich zusätzliche Arbeit auch bezahlt haben?

Werbung und Einladung der Teilnehmenden
- Wer lädt wann ein, wer wirbt die Teilnehmenden und wie?
- Was wird von mir in Bezug auf die Werbung von Teilnehmenden erwartet?
- Wie bin ich am Einladungstext beteiligt?

Es macht häufig Sinn, bei der Abfassung des Einladungstextes mitzuwirken. Ein Programm ist ja bereits so etwas wie ein Angebot eines Kontraktes mit den künftigen Teilnehmenden. Es löst Gedanken und Spekulationen aus, fördert oder enttäuscht Hoffnungen und Erwartungen und beeinflusst so den kommenden Prozess in der Gruppe.

Welche weiteren Klärungsschritte sind nötig, um Ziele und Inhalte des Projektes genauer zu bestimmen?

Manchmal wird der Leiter schon in dieser frühen Phase des Projektes mit sehr konkreten und detaillierten Zielen, Erwartungen und inhaltlichen Wünschen konfrontiert, oft aber auch nur mit eher diffusen Hinweisen, dass «man» etwas tun müsse oder wolle, ergänzt durch einige Schlagworte, die auf den gewünschten Inhalt hinweisen.

Offen über Honorar sprechen

Auch die Finanzen müssen stimmen, denn schließlich muss der Leiter davon leben. Ständig unter Tarif zu arbeiten kann zwar manchmal edel und gerechtfertigt sein, ist aber häufig genug nur eine Form der Ausbeutung durch andere und durch einen selbst. Nicht aufs Geld zu achten kann auch heißen, dass man mehr Tage braucht, um auf sein benötigtes Einkommen zu kommen, auf Kosten der eigenen Freizeit, Familie, Gesundheit, Weiterbildung oder anderer ausgleichender Tätigkeiten.

Wie wird meine Arbeit honoriert?
- Aus welchen Quellen wird das Honorar finanziert?
- Welche Verpflichtung ist mit der Finanzierung beim Auftraggeber oder bei dem Teilnehmenden verbunden?
- Was macht ggf. das nicht-monetäre Honorar aus?

Deshalb ist die Haltung «Über Geld spricht man nicht» zwar vornehm, aber unzweckmäßig. Das Gespräch über die Finanzierungsmöglichkeiten für ein Projekt ist zudem auch ein Indiz dafür, wie wichtig dem Auftraggeber das Projekt ist. Die Wichtigkeit misst sich dabei nicht an der Höhe des Honorars, sondern daran, wie offen der Auftraggeber (bzw. der selbstzahlende Teilnehmende) seine finanzielle Situation anspricht und welche Wege er versucht, um ggf. zusätzliche Mittel zu aktivieren – oder eben statt dessen feilscht und handelt, ohne die für ihn bestehende Problematik offenzulegen.

Schließlich kann es auch wichtig sein zu wissen, aus welchen Quellen das Honorar kommt. Es gibt Instanzen (der Arbeitgeber, eine Stiftung, das Arbeitsamt), die für andere bezahlen. Vielleicht ist es sogar der Ehepartner des Teilnehmenden. Dabei schleicht sich leicht ein zusätzlicher Auftraggeber ein, der ebenfalls Resultate verlangt und wissen will, was «dabei herausgekommen» ist. Was muss der Teilnehmende, der scheinbar so freiwillig gekommen ist, nachher abliefern oder als Kompensation leisten?

Andere «Zuzahlungen»

Freilich ist das monetäre Honorar nicht der einzige Aspekt der Honorierung. Etliche Tätigkeiten erschließen mir auch eine ganz andere Art der Zuzahlung: ein schöner Ort, die Zusammenarbeit mit neuen Kollegen oder auch das gute Gefühl, mich für eine Sache zu engagieren, die mir sozial und politisch wichtig ist (Honorar [lat.]: Ehrensold). Diese «Belohnungen» werden ggf. das Gespräch über die Honorarhöhe beeinflussen. Andere ereignen sich – unkalkulierbar – erst vor Ort: interessante Diskussionen, geistige Anregungen und (hoffentlich) Erfolgserlebnisse samt den dazugehörenden Streicheleinheiten. Nur – wenn ich sie quasi als Honorarersatz erwarte und voraussetze, bin ich dann nicht dicht daran, die Gruppe zu benutzen oder gar auszubeuten? Als Leiter sollte ich «satt» in den Workshop kommen, damit ich nicht auf Kosten der Teilnehmenden Löcher in meinem Alltag stopfen muss.

Wie sehen die Rückzugs- und Absageregeln aus?

Eine Absprache, die gern übersehen wird, ist die Klärung der Frage, wann und unter welchen Bedingungen die Zusammenarbeit zwischen Arbeitsgruppe und Leiter beendet werden kann – abgesehen vom normalen Auslaufen des Auftrages. In der Regel gibt es ja keine langen Kündigungsfristen und erst recht keinen Kündigungsschutz für den externen Trainer oder Leiter. Meist ist es eine Zusammenarbeit auf Handschlag, die sich schrittweise weiterentwickelt und die auch relativ kurzfristig beendet werden kann. Eine

Spielregel sollte jedoch sein, dass bei einer Beendigung der Zusammenarbeit noch ein Auswertungsgespräch darüber folgen sollte.

Es schadet auch nicht, zu Beginn Klarheit über die Absagemodalitäten zu schaffen: Bis wann spätestens muss ich wissen, ob die vereinbarten Veranstaltungen zustande kommen? Wer sagt wann wem (und dem Tagungshaus) ab? Welches Ausfallhonorar kann ich bei welchen Absagefristen berechnen? Und schließlich: Wann und wofür muss ich geradestehen, wenn ich ausfalle?

2.3.4 Nach soviel Fragen die Entscheidung

In der Regel ergibt sich aufgrund des Gesprächsverlaufes der Entscheid zur Zu- oder Absage «von selbst». Vielleicht muss ich mich noch einmal innerlich kurz zurücklehnen und das Gespräch Revue passieren lassen. Wo sitzt meine Energie, wo sind die hauptsächlichen Unsicherheiten, wozu habe ich Lust bekommen, was traue ich mir zu? Wurde aus dem Gespräch schon erste Zusammenarbeit? Wie sieht der zu erwartende Aufwand und Ertrag aus?

Manchmal brauche ich noch eine Nacht, um noch einmal darüber zu schlafen. Es gibt durchaus Fälle, in denen ich mir überlegen muss, ob ich überhaupt die Leitung übernehmen will. Das gilt z.B. für einen Themeninhalt, in dem ich im Moment selbst emotional zu sehr involviert bin oder der mich inhaltlich doch sehr fordert – vielleicht überfordert? Das andere Extrem wäre ein Thema, zu dem ich überhaupt noch keinen Zugang gefunden habe, weder auf der gedanklichen noch auf der emotionalen Ebene. Vielleicht muss ich mir auch noch einmal meine Zeit- und Arbeitsplanung dieses Jahres anschauen, um zu sehen, ob ich das Projekt vernünftig «unterbringen» kann.

Zu wenig gesprochen – zuviel versprochen?

Die Ausführlichkeit dieses Kapitels unterstreicht die Bedeutung, die wir der Erarbeitung von guten Kontrakten beimessen. Dabei ist der Prozess der Erarbeitung ebenso wichtig wie das Ergebnis selbst. Jeder, der schon einmal in fremdem Auftrag Projekte geleitet hat, wird sich an Kontraktgespräche erinnern, nach denen ein ungutes Gefühl zurückblieb, ohne recht zu wissen warum.

Der Auftraggeber hatte vielleicht wenig Zeit für das Gespräch. Vielleicht schob er alle Verantwortung auf mich («... machen Sie nur, Sie sind der Experte ...»). Vielleicht blieb er unbestimmt in den Terminzusagen oder neigte zu hektischen Maßnahmen, ohne eine Diagnose abzuwarten. Es kann auch sein, dass ich selbst mehr versprochen hatte, als es meinen Fähigkeiten entsprach oder als es mit meinen Werten und Einstellungen übereinstimmte. All das sind Symptome für Unstimmigkeiten, über die zuwenig gesprochen wurde oder die nicht gehört werden sollten.

Nahezu nichts stört die Arbeit mehr als halbherzig gegebene Zusagen, bei denen ich später merke, dass es so nicht stimmt. Das gilt nicht nur für den Inhalt oder die Honorierung, sondern auch für einen angemessenen Zeitaufwand bei der Vorbereitung, für ungünstige Termine, zu lange Anfahrtswege, zu hohe Teilnehmerzahlen oder was sonst noch durch ein vorschnelles «Ja» die spätere Arbeit schwer macht. Wie leicht sitze ich meinen eigenen «Ich-werde-das-schon-schaffen»-Gefühlen auf?

Wenn das Kontraktgespräch zu keiner Zusammenarbeit führt – ganz gleich, wer absagt: Bin ich mir über die Gründe im Klaren? Vielleicht scheitern solche Gespräche öfter am gleichen Punkt. Diese persönliche Reflexion nach dem Gespräch kann ein wichtiger Mosaikstein in meinem eigenen Lernen sein, so dass die Gespräche nicht vergeblich waren. Spätestens beim nächsten Kontraktgespräch gehe ich besser gerüstet an den Start.

3 Auf eigene Rechnung und Gefahr: Zusätzliche Hinweise für den Selbstausschreiber

3.1 Mehr Freiraum und mehr Risiko

Als Gruppenleiter wird man nur einen Teil seiner Leistungen in Form von internen Kursen und Workshops erbringen. Meist übernimmt es dabei der Auftraggeber, die notwendigen Reservationen zu tätigen, die gewünschte Infrastruktur bereitzustellen, die Teilnehmenden einzuladen und die Finanzierung zu sichern. Das erleichtert die Arbeit des Leiters – der Preis dafür ist die größere Bindung an vorgegebene Themen, Teilnehmerkategorien, Ziele und Grenzen, auf die der Gruppenleiter bei internen Projekten nur mehr oder minder begrenzten Einfluss hat.

Diese Grenzen gibt es auch bezüglich vieler Themen, die innerbetrieblich gar nicht angeboten werden können, sei es, weil nicht genügend Mitarbeiter vorhanden sind, die zur Teilnahme in Frage kämen, sei es, dass kein Geld zur Verfügung steht, sei es, weil das Angebot nicht «passt».

Eigene Kurse, die auf dem «freien» Weiterbildungsmarkt angeboten werden, bieten dementsprechend dem Leiter die größere Wahl- und Umsetzungsfreiheit – aber auf eigene Rechnung und eigenes Risiko. Im Extremfall schreibt der Leiter eine solche Veranstaltung völlig selbständig aus. Oft arbeitet er aber mit Veranstaltern zusammen, die seine Kurse ins Programm aufnehmen und verkaufen. Das mindert das finanzielle Risiko und reduziert die Last der Organisation und Akquisition, ändert aber nicht viel daran, dass der «Selbstausschreiber» zwar eine größere Freiheit und Selbständigkeit genießt, aber das inhaltliche und wirtschaftliche Risiko selbst trägt.

Als Selbstausschreiber gestalte ich die Kontrakt- und Planungsphasen – oder im Fall der Kooperation mit einem Veranstalter wesentliche Teile davon – gewissermaßen mit mir selbst. Ich muss also das Gespräch über das Projekt «mit meinem inneren Auftraggeber» selbst suchen.

Wir haben im Folgenden Fragen für dieses Gespräch zusammengestellt. Sie weisen auf Punkte hin, die der Selbstausschreiber speziell bedenken muss, wenn er nicht unnötiges Lehrgeld zahlen will. Eine Reihe von Fragen aus der Kontraktphase (Kapitel 2) bleiben im übrigen auch für den Selbstausschreiber relevant.

3.2 Leitfragen und Notizen für den Selbstausschreiber

Als Selbstausschreiber muss ich mir meine Veranstaltungsthemen selbst suchen. Oft werden sie angeregt durch Erlebnisse, Gespräche, Anfragen, ein vorausgegangenes Seminar oder ein Buch. Der Weg zurück an den Ursprung der Idee weist mich auf Materialien oder auf spezifische Zusammenhänge hin und auf Quellen, die die Idee weiter konkretisieren helfen.

Was und wen will ich erreichen?

Ziele und Anliegen

- Wer oder was gab mir den Anstoß zu dem jetzt entstehenden Projekt?
- Welchen Selbstauftrag gebe ich mir, d.h., was (Ziele und Anliegen) will ich bei wem (Zielgruppe) wie (Veranstaltungsart, Grobdesign) bewirken?

Die wichtigste Frage zu Beginn ist natürlich die Klärung und Formulierung des Anliegens, das ich mit diesem Projekt verfolge. Was will ich bei denen bewirken, die ich erreichen will? Das Wort «bewirken» haben wir hier bewusst gewählt, an Stelle der Formulierung «Was will ich mit den Teilnehmenden tun?». Das Bewirken und das Ermöglichen sind der Ausgangspunkt für die Kreation des Inhalts und der Wege, auf denen er erschlossen werden kann. Das, was bewirkt werden soll, ist Basis für das spätere Tun, nicht umgekehrt.

Die Frage «Was will ich bewirken?» führt zu der Zwillingsfrage *nach meinen Motiven*. Warum will ich dieses thematische Anliegen mit dieser Zielgruppe realisieren? Inwieweit projiziere ich eigene Prioritäten oder Bedürfnisse in die Gruppe hinein und erkläre sie so als «veränderungsbedürftig»? Ich finde die Antwort am besten heraus, wenn ich den Fragen nach meinem persönlichen Interesse am Thema in Ruhe nachspüre, auch in Bezug auf meine Kenntnisse, Fähigkeiten und derzeitigen Verhaltensweisen. Vielleicht ergibt sich an dieser Stelle aus meiner Projektidee zunächst ein ganz persönliches Weiterbildungsprojekt, ehe ich selbst ein Seminar daraus entwickle.

Welche Zielgruppen will ich im wesentlichen ansprechen?

- Welchen Personenkreis wird das Projekt vermutlich besonders locken?
- Wen will ich nicht ansprechen?
- Welche Voraussetzungen sollten die Teilnehmenden mitbringen bezüglich Fachwissen, beruflichem Hintergrund, Berufserfahrung, Vorerfahrung mit Gruppen, Alter, Belastbarkeit, Familienstand etc.?

- Welches ist vermutlich der persönliche Bezug der Teilnehmenden zum Anliegen und zu den Zielen des Angebotes?
- Inwieweit könnte das Thema bei der Zielgruppe positiv oder negativ vorbesetzt sein?
- Was wird dieser Teilnehmerkreis von mir erwarten?

Als Selbstausschreiber muss ich in der Regel mit weniger Informationen über die künftigen Teilnehmenden und deren Bedürfnisse planen und einsteigen als bei institutionsinternen Projekten. Kontakte, Besuche vor Ort, Literaturstudium, Veranstaltungsteilnahme oder natürlich berufliche Vorerfahrungen können helfen, einen Ein- und Überblick über den Lebens- und Berufsbereich zu erhalten, aus dem die Teilnehmenden kommen werden.

Am «Phantomteilnehmer» planen

Trotzdem werde ich mir in Gedanken eine Art «Phantomteilnehmer» ausdenken müssen, der den Teilnehmenden ähnelt, die ich gern bei mir im Workshop sehen würde. Mit ihm kann ich gewissermaßen darüber diskutieren, welche Erwartungen er an den Workshop hätte, welche Voraussetzungen er mitbringen würde, welche Art Teilnehmende er dort gerne treffen würde, etc. Umgekehrt kann ich ihm gegenüber auch meine Erwartungen und Forderungen an ihn formulieren und mir in Gedanken seine Antwort vorstellen.

Die Zusammensetzung des Teilnehmerkreises kann ich natürlich auch durch die Werbung und die Ausschreibung steuern. Wir werden darauf unter dem Stichwort Marketing noch zurückkommen.

Mein Bezug zum Veranstaltungsthema

Die meisten Themen sind ja nicht nur für den Kopf interessant und neu und ansonsten neutral. Jedes Thema hat seine emotionale Seite. Auf der emotionalen Ebene kann das Thema für mich ebenso wie für die Teilnehmenden positiv (Freude, Hoffnung, Zustimmung) oder negativ (Angst, Abwehr, Resignation) besetzt sein. Wie steht es mit meiner Nähe und Distanz zum Thema – kann ich mich offen und unbelastet damit auseinandersetzen?

Was verbindet mich mit Thema und Zielgruppe?

- Was ist mein persönlicher Bezug und Erfahrungshintergrund zur Zielgruppe?
- Was ist mein persönlicher Bezug zum Thema?
- Was ist meine fachliche und soziale Kompetenz in Bezug auf Thema und Zielgruppe?

Heikle Themen

Wenn ich bei einem Themenkreis sehr involviert bin oder wenn ich eine mich überzeugende Lösung schon im Kopf habe, so laufe ich Gefahr, der Gruppe ungeduldig vorauszueilen, statt mit ihr so schnell oder so langsam zu gehen, wie es für das Erfassen der Problematik, und für ihre eigene Lösungssuche nötig ist.

Eine Thematik, die für mich persönlich heikle, noch nicht hinreichend verarbeitete Aspekte enthält, die mir, wenn sie auftauchen, emotional sehr nahe gehen, wird mich in meiner Leitungsaufgabe ebenfalls stören. Wenn das Thema zusätzlich auch für die Teilnehmenden emotional schwierig ist, dann stellt sich die Frage, ob ich schon so weit bin, dass ich es (allein?) leiten kann.

Interesse der Teilnehmenden / Interesse des Leiters	Die Teilnehmenden haben ihren persönlichen Bezug zum Seminarthema und gehen vermutlich mit Engagement und positiver Neugier daran. Gründe?	Die Teilnehmenden haben ihren persönlichen Bezug zum Seminarthema, werden evtl. auf einige Aspekte mit Angst und Abwehr reagieren. Gründe?	Das Seminarthema ist für die Teilnehmenden vom Kopf her interessant, lässt sie jedoch emotional ziemlich kühl. Gründe?
Das Seminarthema ist für mich als Leiter wichtig und es löst positives Engagement und gespannte Neugier aus. Gründe?	«Dazu hätte ich Lust.»	«Für mich nicht so geeignet.»	«Die fragen mich als technischen Berater – aber was wird da unter dem Teppich gehalten, das dann im Seminar Probleme schafft?»
Das Seminarthema ist für mich als Leiter wichtig, aber in einigen Aspekten mit Abwehr und Spannung besetzt. Gründe?	«Das wäre eigentlich eine gute Herausforderung für mich, aber ich überleg's mir noch, ob ich mich auf das Thema einlassen will.»	«Kann das gut gehen?»	«Da kann man was draus machen.»
Das Seminarthema interessiert mich intellektuell, lässt mich jedoch relativ kühl. Gründe?	«Warum nicht, wenn's im Kalender noch Platz hat? Die Energie der Teilnehmer bietet ja eine brauchbare Ausgangslage.»	«Wenn's sein muss. Vielleicht finde ich ja noch den Zugang.»	«Das klingt nach Pflichtübung. Was wird denn bezahlt?»

Abbildung 4: Lagekarte meiner Angebote im Spannungsfeld zwischen eigenen Interessen und Teilnehmerinteressen

Die Übersicht in Abbildung 4 hilft hier, mein Angebot in dieser Hinsicht zu positionieren oder in der Rückschau schwierige Abläufe aus dieser Sicht besser zu verstehen. Ich kann in Bezug auf das einzelne Projekt wie auch in der Gesamtschau meiner Veranstaltungen überdenken, wie psychischer Stress und persönliche Belastung verteilt liegen werden. Passt das neue Projekt dann so gesehen noch in meine derzeitige «Landschaft»?

Wir haben unsere persönliche Reaktion in die Felder eingetragen, die wir gegeben hätten, wenn wir als Leiter (in der jeweiligen Position) eine Anfrage aus den entsprechenden Teilnehmersegmenten erhalten hätten. Je nach dem, in welchem Feld dieser Übersicht das Seminar liegt, werde ich mich eventuell dafür entscheiden, das Seminar zu zweit zu leiten und mir dadurch die entsprechende fachliche oder emotionale Ergänzung holen.

Zwischen Routine und Innovation

Fachkompetenz und Zukunftssicherung/Routine und Innovation

- Inwiefern erfordert das Seminarthema Know-how oder Verhaltensweisen, die ich mir erst noch erwerben oder durch Dritte dazuholen muss?
- Inwiefern erfordert die anvisierte Zielgruppe zusätzliches Know-how oder andere Verhaltensweisen im Vergleich zu den mir bisher vertrauten Zielgruppen?
- Wodurch trägt das Angebot zu meiner beruflichen Zukunftssicherung bei? Durch …
  … seine Wiederholbarkeit (Stärkung meines «Standardangebotes»)?
  … die Erweiterung meiner fachlichen und sozialen Kompetenzen?
  … den Kontakt zu Personen, die potenzielle Auftraggeber sein könnten?
- Wie will ich mir Weiterbildung, Erfahrungsaustausch und/oder Supervision für dieses Projekt organisieren?

Das kleine Schema in Abbildung 5 kann als Orientierungshilfe für die Frage dienen, wieviel an persönlicher Innovation in Bezug auf die Projektthematik und auf die Zielgruppe ich mir zumuten kann und will – oder muss.

Feld I ist meine «Routine-Ecke». Es sind zwar immer wieder neue Menschen, aber meine Übung und Erfahrung mit dem Thema und Kenntnis der Zielgruppe (z.B. in Bezug auf typische Fähigkeiten, Mentalität, soziale Umwelt, Menschentyp) machen die Vorbereitung und die Arbeit relativ einfach. Anders mag es in diesem Fall mit meiner Motivation sein: Sie unterliegt der Abnutzung durch Wiederholung und Routine. Will ich das in Kauf nehmen und welche Kräfte blockiere ich damit bei mir für Neues?

	Seminarthema ist mir weitgehend vertraut (woher?)	Seminarthema ist neuartig für mich
Zielgruppe ist mir weitgehend vertraut (woher?)	I. Meine «Routineecke»	III. Neue Seminarthemen
Zielgruppe ist für mich relativ neu und unbekannt	II. Neue Teilnehmerkreise	IV. «Neuland»

Abbildung 5: Lagekarte meiner Angebote im Spannungsfeld von Routine und Innovation

Die Felder II und III locken dadurch, dass ich ein mir vertrautes Thema in einer für mich neuen Zielgruppe oder umgekehrt ausprobieren kann. So kann ich z.B. ein Seminar zum Thema «Konfliktlösung», das ich bisher nur in Unternehmen geleitet habe, zum ersten Mal mit Teilnehmenden aus einem Pflegeheim durchführen (Feld II). Die Gefahr besteht, dass die starke Vertrautheit mit dem Thema oder mit der Zielgruppe dazu führt, die Unterschiedlichkeit zu unterschätzen, die durch den jeweils anderen Aspekt auch im Rahmen vertrauter Themen oder Zielgruppen entsteht.

Ein mir vertrautes Thema kann durch eine mir fremde Zielgruppe stark verändert und mir fremder werden, weil mir die «Sprache» dort fremd ist oder weil es in dieser Zielgruppe anders aufgenommen wird und damit andere Schwerpunkte bekommt. Ein Kurs zu Führungsfragen mit Meistern und Vorarbeitern ist in diesem Sinne etwas anderes als ein ähnliches Thema mit Chefärzten: Hier gibt es eine andere «Sprache», andere Reizwörter, andere Probleme und einen anderen Umgang damit, sowie nicht zuletzt auch andere Normen und Werte, andere Blickwinkel.

Feld IV kennzeichnet den Bereich, in dem von mir am meisten persönliche Innovation und Vorbereitung verlangt wird. Ich werde vorher viel lernen müssen – und während des Seminars über das übliche Maß hinaus ein mitlernender Leiter sein. Will ich, kann ich die Energie und Zeit für so viel Neues jetzt aufwenden? Oder muss ich es sogar, weil ich damit meine berufliche Zukunft und mein Einkommen besser absichern kann?

Weiterentwicklung des eigenen Angebots

Diese kleine Übersicht sowie die Fragen sind auch nützlich für die Überprüfung und Weiterentwicklung des eigenen Gesamtangebotes. Wo liegen neue «Märkte» oder neue «Angebote» für mich, die mir auch eine Erweiterung meines Wissens und meiner Fähigkeiten abverlangen? Stimmt eigentlich noch meine Mischung aus Routine und Innovation, wenn ich mir die Verteilung meiner Veranstaltungen der letzten Jahre in diesem Schema anschaue? Wie verteilen sie sich auf die einzelnen Felder? Wenn ich einmal meine Projekte der letzten Zeit eintrage, dann kann ich mir anschauen, wie die Mischung aus Routine und Innovation zeitlich und psychisch stimmt?

Kooperation mit Veranstaltern

Welche Institution käme als Veranstalter in Frage?

- Wie sieht ihr Angebotsprofil aus?
- Was sind ihre Stärken und Schwächen?
- Welche Kreise erreicht sie (nicht)?
- Welche Ruf hat sie?

Selten schreibt man einen Kurs ganz auf eigene Faust aus. Ein Veranstalter als Partner nimmt einem administrative und technische Arbeiten ab. Er wird jedoch auf Inhalt und Ablauf Einfluss nehmen wollen. Selbst wenn er darauf verzichtet, beeinflusst er indirekt die Zusammensetzung des späteren Teilnehmerkreises und das Echo auf meine Seminarausschreibung durch die Art oder den Ruf seines Veranstaltungsangebotes oder durch die spezifische Ausrichtung seiner Adressenkartei. Wie kann ich darauf ggf. korrigierend Einfluss nehmen?

Kooperationspartner

- Mit welchen meiner Kollegen trete ich mit meinem Angebot in Konkurrenz?
- Wessen Angebote führe ich fort, ergänze ich? Will ich Absprachen darüber treffen und ggf. welche?
- Mit wem will ich zusammenarbeiten?
  ... weil er oder sie die Arbeit am Anliegen des Projektes wesentlich voranbringen kann?
  ... weil er oder sie im Kontext der Seminarziele und des Teilnehmerkreises wichtig ist?
  ... weil er oder sie eine wichtige Ergänzung zu meinem Profil ist?
- Wenn ich einen Partner für das Projekt suche:
  ... welche Rolle soll er haben (z.B. Co-Leiter, Assistent, Student)?
  ... will ich mit einem Mann oder einer Frau arbeiten und weshalb?
  ... welche Erwartungen habe ich an meine(n) Partner?
  ... welche Abmachungen will ich mit ihm treffen?

Es muss sich auch rechnen

Ein Seminar will nicht nur ausgedacht, sondern auch kalkuliert sein. Das Schema in Abbildung 6 (S. 54) enthält die wichtigsten Posten dafür.

Finanzielle und administrative Aspekte

- Welche geschäftlichen Abmachungen will oder muss ich treffen
  … mit dem Teilnehmerkreis (Gebühr, Rücktrittsrechte und -kosten),
  … mit Co-Leitern oder Fachkräften (Honorar, Spesen, Unterlagen),
  … mit der Tagungsstätte u.ä. (Preise, Rücktrittsregeln, Räume, Technik, Verpflegung etc.),
  … mit der Versicherung von Personen- und Sachschäden?
- Wie sieht die Aufwands- und Ertragsrechnung aus?
- Wieviele Teilnehmende brauche ich, um auf meine Kosten zu kommen?
- Was kann die Zielgruppe tragen?

Wer diese Kosten einmal realistisch pro Jahr zusammengerechnet und mit den privaten Lebenshaltungskosten ergänzt hat, kommt auch ohne große Ansprüche an Luxus schnell einmal auf Größenordnungen von 150.000 bis 200.000 DM, die durch das Honorareinkommen zu decken sind. Das notwendige Mindesthonorar errechnet sich dann schnell, wenn man bedenkt, dass man auch als Selbständiger nur über maximal 200 Werktage pro Jahr verfügt, die für Projekte eingesetzt werden können, sofern man nicht auf Ferien und Weiterbildung verzichten und das Risiko von Krankheit verdrängen will. Und: Kaum jemand erhält für jeden dieser 200 Tage ein Honorar …

Am Ende dieser Kosten- und Ertragsrechnung kann sich natürlich die Frage stellen: Auf was muss ich verzichten oder was verstärken, um genügend Teilnehmende zu finden? Vielleicht helfen hier Überlegungen zur Kooperation mit Kollegen oder zum Marketing aus der Klemme.

Marktforschung betreiben

Wie groß ist der Markt – und die Konkurrenz?

- Gibt es überhaupt eine genügend große Zielgruppe, die sich unter den bisher gemachten Voraussetzungen für mein Thema interessieren könnte?
- Was gibt es an vergleichbaren Angeboten auf dem Markt?

Ein wenig Marktforschung kann nichts schaden, denn schließlich will ich ja genügend Anmeldungen erhalten, und da ich dies in der Regel mit einem recht begrenzten Werbeetat erreichen muss, lohnt sich die Frage nach dem derzeitigen Angebot auf dem Markt in mehrfacher Hinsicht:

- um Terminkollisionen zu vermeiden,
- um den Grad der Aktualität der Themenstellung oder der Art der Themenbearbeitung besser ermessen zu können,
- um Anregungen zu bekommen oder um mich selbst auf diesem Gebiet weiterbilden zu können,
- um Lücken zu erkennen, die die bisherigen Angebote nicht genügend abdecken,
- um Anknüpfungspunkte zu finden, von denen aus meine Arbeit die Angebote anderer ergänzt und fortführt. Das kann zu Absprachen führen in der Werbung, in der Nutzung von Adressen oder in der gegenseitigen Vernetzung und Empfehlung. Mein Angebot kann zu einem sinnvollen Baustein im Angebot anderer werden, den diese dann nicht selbst entwickeln müssen,
- um Aufschluss zu gewinnen, was im Markt auch mit öffentlichen Mitteln gefördert wird.
- Nicht zuletzt ergeben sich aus der Marktübersicht auch Hinweise auf Veranstalter, in deren Programm mein Angebot gut passen und bei denen ich mich damit auch gut aufgehoben fühlen würde.

Die optimale Teilnehmerzahl

Die optimale Teilnehmerzahl der Veranstaltung hängt von einer Reihe von Faktoren ab: Thema, Ziele, didaktische Überlegungen. Aus pragmatischen Gründen wird sie nicht immer erreicht oder manchmal überschritten. Raumgrößen setzen eine Grenze nach oben, meine finanziellen Kosten-Nutzen-Überlegungen eine nach unten.

Welche Teilnehmerzahl will oder muss ich (mindestens und höchstens) erreichen?

Abgesehen von diesen Grenzen, die der technisch-finanzielle Rahmen setzt, braucht man auch eine *Mindestzahl von Teilnehmenden*, will man eine gute Auflockerung mit verschiedenen Lernstrukturen anstreben, z.B. Arbeit mit verschiedenen Kleingruppen. Eine zu geringe Teilnehmerzahl bringt oft zuwenig Vielfalt und Unterschiedlichkeit in den Meinungen und in den persönlichen Erfahrungen der Teilnehmenden mit sich. Ebenso besteht die Gefahr, dass durch eine zu kleine Gruppe die entstehende Dynamik der Themenbearbeitung u.U. nicht mehr angemessen ist. Zehn bis zwölf Teilnehmende mar-

Kalkulationsschema für selbstausgeschriebene Kurse

A: Kosten der Veranstaltung

- **Sachkosten für die Vorbereitung**
  - Reisespesen und sonstige Kosten für Vorbereitungstreffen
  - Telefonkosten
  - Porti
  - Kopien und Büromaterial
  - Anteilige Büromiete und Bürokosten wie Heizung, Strom, Reinigung

- **Sachkosten für die Durchführung**
  - Eigene Reisekosten
  - Eigene Hotel- und Verpflegungskosten
  - Pausenerfrischungen, Mahlzeiten, u.ä. für Teilnehmende
  - Miete für Räumlichkeiten
  - Miete für Geräte, Videos, Film u.ä.
  - Stifte, Farben, Papier etc.
  - Flipcharts, Pinwände etc. (anteilige Abschreibungen)
  - Sonstige Materialien
  - Kopien für die Teilnehmenden
  - Bücher für die Teilnehmenden
  - Kosten für Ausflüge, Besichtigungen, Rahmenprogramme
  - Kosten für Transporte (Taxi, Bus)
  - Lizenzen, sonstige Abgaben (z.B. an einen Veranstalter)
  - …
  - …

- **Kosten von Drittpersonen** (andere Leiter, Fachkräfte, Hilfspersonal)
  - Honorare
  - Reisespesen für diese Personen
  - Hotelunterkunft und Verpflegung für diese Personen
  - Vorbereitungskosten (z.B. Unterlagen, Recherchen)
  - Sonstige Aufwendungen
  - …
  - …

Abbildung 6: Kalkulationsschema für selbstausgeschriebene Kurse

kieren in der Regel eine Untergrenze, zumal wenn mit wechselnden Strukturen (z.B. Plenum, Kleingruppen und Einzelarbeit) gearbeitet werden soll.

Eine *Obergrenze* wird sich ebenso aus Seminarthema und Zielsetzung ergeben, aus den Vorerfahrungen der Teilnehmenden und aus der Zusammen-

- **Werbung**
  - Programmdesign, Programmdruck
  - Inserate
  - Verpackungskosten (incl. Briefumschläge)
  - Porti

- **Sonstige direkte Kosten**
  - Reduktionen oder Stipendien für Teilnehmende
  - Steuern
  - Versicherungen:
  - Garantieleistungen bei Absagen
  - Sonstiges
  - …

B: Einnahmen aus der Veranstaltung

- Voraussichtliche Teilnahmegebühren
- Erträge aus Fördermitteln
- Spenden und Beiträge von Sponsoren
- Sonstige Einnahmen

C: Die eigenen Honorareinnahmen müssen neben den laufenden Lebenshaltungskosten auch anteilig eine Reihe von beruflichen Aufwendungen decken

- Sekretariatsmitarbeiter
- Bürokosten (Telekommunikation, Mieten, Büromaterial etc.)
- Abschreibung auf Büroeinrichtung und Geräte
- Eigene Weiterbildungs- und Supervisionskosten
- Bücher, Fachzeitschriften, etc.
- Mobilitätskosten (Bahn etc.)
- Bewirtungskosten für Kunden u.ä.
- Kosten für Buchhaltung, Abschluss, Steuerberatung
- Sach- und Sozialversicherungen
- Risikodeckung für Ausfall durch Krankheit oder Unfall
- Rücklagen für private Altersvorsorge
- Urlaub
- …

setzung und Qualifikation des Leiterteams. Hat man zu viele Teilnehmende für Inhalte, die Vertrautheit voraussetzen, um auf persönlicher Ebene behandelt zu werden, dann bewirkt allein schon der zu große Kreis, dass dieser Aspekt zu kurz kommt.

Gibt es eine optimale Gruppengröße?

Ein wichtiger Faktor bei der Bestimmung der optimalen Gruppengröße bin ich als Leiter selbst. Was ist für mich eine gute Gruppengröße, in der ich mich wohlfühle und in der ich gut arbeiten kann? Wenn die Gruppe zu klein ist, dann wird sie mir vielleicht zu dicht. Wenn sie eine bestimmte Anzahl übersteigt, verliere ich die Übersicht über die anwesenden Personen und ihre Bedürfnisse. Mein «inneres Auge» kann dann nicht alle genügend wahrnehmen. Ich merke das u.a. daran, dass ich schon eine Woche später auf der Teilnehmerliste Namen finde, zu denen ich sage: «Wer war denn das ...?».

Das Gespür, welche Gruppengröße für mich optimal ist, kann ich mit der folgenden Phantasie, für die ich etwas Ruhe und Zeit brauche, stärken:

> «Phantasiere dich in eine Menge dir fremder Leute, auf jeden Fall mehr, als dir lieb sind. Sobald du diese Menge fremder Menschen vor deinem inneren Auge hast, lass einen von den vielen auf dich zukommen und sich neben dich stellen. Wenn du im imaginären Nebeneinanderstehen dein Fremdheitsgefühl überwunden hast, nimm den nächsten hinzu – und noch einen – und noch einen, bis du spürst: Dieser letzte ist zuviel!
> Wenn du diesen zuletzt Hinzugetretenen aus deiner imaginären Gruppe wieder wegschickst, so wirst du die Gruppengröße haben, die dir besonders für den Anfang mit seinen besonderen Anforderungen angenehm ist. Lerne so die für dich innerlich richtige Gruppengröße immer besser kennen.»

Natürlich kann ich mir nicht immer aussuchen, wie viele Menschen ich in meiner Veranstaltung haben werde. Wenn ich mir aber bewusst bin, welche Gruppengröße für mich in etwa gut ist, dann kann ich mir auch rechtzeitig überlegen, ob ich eventuell jemanden als zweiten Leiter dazubitten will.

Die Ausschreibung: Botschaft und Kontrakt

Die Ausschreibung

- Wie kann ich die Ausschreibung so formulieren und gestalten, dass mein Angebot von der Zielgruppe verstanden und wahrgenommen wird?
- Wie kann ich mit der Ausschreibung die «richtigen» Personen ansprechen?
- Worauf muss ich achten, um keine falschen Erwartungen zu wecken?

Durch geeignete Ausschreibungstexte, durch die Art der Werbung sowie ggf. durch die Auswahlkriterien für die Zulassung der Teilnehmenden kann ich als Leiter auch bei offen ausgeschriebenen Seminaren die Zusammensetzung des Teilnehmerkreises steuern. Ich kann diese Chance nutzen für Vielfalt und gute Durchmischung des Teilnehmerkreises und kann damit auch bis zu einem gewissen Grad die spätere Vielfalt der Meinungen und vorhandenen Erfahrungen beeinflussen.

Auch die Ausschreibung ist ein Kontrakt

Indem ich in der Ausschreibung Angaben über Thema, Teilnehmerzahl, Teilnehmerkreis, Teilnahmekriterien und Teilnahmegebühren mache, gehe ich mit denen, die sich anmelden, einen Kontrakt ein. Diese Angaben bestimmen ihre Anmeldung mit. Sie müssen daher von mir später eingehalten werden. Wer sich bei der Anmeldung auf eine Gruppe von 16 Teilnehmenden einstellt, will dann nicht 25 vorfinden. Die Versuchung liegt nahe, das Seminar zu füllen (schließlich geht es ja auch um das eigene Geld) und dabei von der eigentlichen Zielgruppe bzw. den Zulassungskriterien oder der angekündigten Teilnehmerzahl abzuweichen. In jedem Fall muss ich größere Änderungen so frühzeitig bekanntgeben, dass sich jeder ohne Kostenfolgen neu entscheiden kann.

Das Leitthema formulieren

Mehr noch als das Layout des Programmheftes ist die Formulierung des Leitthemas und der Name (Bekanntheitsgrad) des Leiters ausschlaggebend. Vermutlich werden ebenso viele Entscheidungen zur Teilnahme personenbezogen (der Kursleiter interessiert mich) wie themenbezogen (das Thema interessiert mich) getroffen. Wenn man noch zu den Neulingen auf dem Weiterbildungsmarkt gehört, ist die Formulierung des Leitthemas um so wichtiger, denn es ist die Schwelle, an der der Leser zwischen Weiterblättern und Papierkorb entscheidet.

Fallen bei der Formulierung des Seminartitels

Mitunter fällt man bei der Formulierung des Seminartitels in eine Falle: Man ist vom Sachproblem fasziniert und leitet daraus direkt den Seminartitel ab, ohne genau hinzuschauen, ob ein solcher Titel nicht Abwehr bei den potentiellen Teilnehmenden hervorruft.

Ein Beispiel: Ausgehend von dem Interesse vieler Teilnehmenden an der Frage, wie mit Störungen und mit Widerstand in Lern- und Beratungsprozessen umgegangen werden könnte, entstand eine Ausschreibung mit dem Titel: «Widerstand und Störungen in Lern- und Arbeitsprozessen». Sachlich war der Titel in Ordnung, seine Relevanz wurde in Vorgesprächen überprüft und bearbeitet, Teilnehmende fanden sich nur wenige. Dem Titel fehlte zum einen der aktivierende Bezug, es war ein Buchtitel und kein Seminartitel. Gleichzeitig erzeugt er so, wie er dasteht, Abwehr bei denen, die sich erst eine Genehmigung zur Teilnahme holen müssen: Wer gesteht sich und seinem Vorgesetzten gern ein, dass er Probleme im Umgang mit Störungen und Widerstand in seinen Arbeitsteams hat.

Gutes Marketing – Basis für den Erfolg

Welche Möglichkeiten habe ich, um die gewünschte Zielgruppe zu erreichen?

- Mit welchen Medien kann ich werben?
- Über welchen Verteiler oder Veranstaltungskalender?
- Wie wirbt ggf. der Veranstalter?
- Welche «Verzerrungen» ergeben sich in Bezug auf die Zusammensetzung des späteren Teilnehmerkreises möglicherweise durch die Nutzung eines bestimmten Werbemediums?

Die finanziellen Mittel für die Werbung limitieren unter Umständen ebenso den geographischen Raum, aus dem die Teilnehmenden kommen werden, wie es die Zeitstruktur tut (z.B. ein Abendkurs oder ein Kurs über mehrere Einzeltage) oder die Kosten der Anreise für die Teilnehmenden. Wie stark ist meine Zielgruppe in dem Einzugsgebiet vertreten? Wo arbeitet, wo lebt sie? Habe ich die Adressen bzw. kenne ich diejenigen Stellen, die Informationen über den geplanten Anlass wirksam weiterleiten werden?

In Bezug auf die Werbung gilt die alte Regel des «The medium is the message». Das Medium, das ich für die Ansprache des Teilnehmerkreises benutze, bestimmt schon den späteren Teilnehmerkreis. Ein Inserat in der FAZ ergibt eine andere Zusammensetzung als ein Aushängen des Programms in den Volkshochschulen. Ein Prospekt auf Umweltschutzpapier spricht andere Leute an als ein ansonsten gleicher auf Hochglanzpapier.

Wie «vermarkte» ich mich selbst

- Was will ich
  … zu meiner Person,
  … zu meiner Kompetenz und
  … zu meinen Erfahrungen in der Ausschreibung bekanntgeben?

Ein Angebot, das ich offen auf dem Markt ausschreibe, bringt immer auch die Chance, über die Teilnehmenden oder über den angeschriebenen Verteiler mich bekannt zu machen und mit potentiellen neuen Kunden in Kontakt zu kommen. Dieser *Akquisitionsaspekt* ist für die berufliche Zukunftssicherung als Selbständiger von zunehmender Wichtigkeit im enger werdenden Markt. Schon der Seminarprospekt ist ein Instrument, durch den mich der Leser wahrnimmt und mit dem ich mich selbst darstelle – ob ich es will oder nicht. Die Selbstvermarktung ist natürlich eine Frage des Maßes – ein aus Sicht der Teilnehmenden auch im Abstand betrachtet guter Kurs ist immer noch die beste Referenz. Wenn ich jedoch davon leben muss, dann ist es durchaus sinnvoll, mein neues Angebot und seine und meine Darstellung im Werbematerial unter dem Aspekt zu beurteilen, inwieweit es auch einen Beitrag dazu leistet, meine professionelle Zukunft wirtschaftlich und fachlich abzusichern.

Planung schützt vor Hektik

Termin- und Maßnahmenplanung

- Welche Vorlaufzeit braucht es für die Werbung, für die Planung, für die Reservation des Seminarortes, die Einholung von Genehmigungen u.ä.?
- Wie liegt das Seminar in meinem eigenen Seminarkalender – bin ich frei von Zeitdruck, habe ich genügend Pufferzonen?

Die eigene Terminplanung ist über die Frage des ökonomischen Zeiteinsatzes hinaus auch eine Frage der Erhaltung der eigenen Gesundheit. In der Regel hat der Selbstausschreiber keinen Apparat im Hintergrund, der ihn an Termine erinnert, die ja noch sooo weit weg sind. Gute Tagungsstätten sind jedoch früh ausgebucht, bestimmte Zielgruppen brauchen längere Vorlaufzeiten, weil sie z.B. frühzeitig Mittel für diese Veranstaltung beantragen müssen.

Unter dem Aspekt der eigenen Gesundheit bzw. einer Reduktion von Hektik ist es ratsam, sich in seinem Kalender nicht nur die Seminartage selbst, sondern auch die Vor- und Nachbereitungstage und Reisezeiten einzutragen. Sonst sieht der Kalender verführerisch leer aus.

4 Das Feld abstecken: Grobplanung und allgemeine Vorbereitungen

4.1 Übersicht gewinnen

Die Grobplanung setzt die Ergebnisse der Vorklärungen und der Kontraktphase in einen Vorgehensplan um, der dann mit dem Auftraggeber, mit dem internen Projektleiter, meinen Co-Leitern und anderen abgestimmt werden kann.

Die Grobplanung macht eine gezielte Ausschreibung und Werbung möglich, da auf ihrer Basis inhaltliche, strukturelle und zeitliche Aussagen gemacht werden können. Sie hilft uns, Termine und Fristen zu planen. Sie ist die Basis für die Ausarbeitung des «Roten Fadens» der Veranstaltung, der die Einzelheiten der geplanten Veranstaltung beschreibt und in der Regel erst später erarbeitet wird.

Die Grobplanung konzentriert sich auf folgende Schritte:

- Konkretisierung des Konzeptes, mit dem die Ziele des Projektes in Bezug auf die Vermittlung von Wissen und Erfahrungen sowie auf die Stärkung von bestimmten Verhaltensweisen, Einstellungen und Werten erreicht werden sollen,
- Präzisierung des Teilnehmerkreises, der geworben oder eingeladen werden soll,
- Überprüfung und bei Bedarf Abänderung des bisherigen Kontraktes mit den Auftraggebern,
- Festlegung der Drittreferenten und Co-Leiter,
- Erarbeitung der Grundlagen für die Ausschreibung und Werbung bzw. Einladung,
- Zusammenstellung des Bedarfs an und die Beschaffung von Räumlichkeiten, Zeit, Material, Finanzen, Dienstleistern (z.B. Druckereien), etc.
- Teminierung und Terminüberwachung wichtiger Maßnahmen,
- Information und Ansprache von Personen, Stellen und Dienstleistern, die für die Realisierung des Projektes wichtig sind,
- Entwicklung der Grundlagen für den Roten Faden (vgl. Kapitel 5)

Im Prinzip ist die Grobplanung mit einer Ferienplanung vergleichbar: Einige Zeit vor der Abreise werde ich auf der Basis bereits eingeholter Informationen definitiv entscheiden, in welches Land ich reisen will, mit wem zusammen und mit welchem Verkehrsmittel, was ich unbedingt sehen möchte, was ich eher auf der Seite lasse und in welchem finanziellen Rahmen sich die Reisekosten bewegen sollen. Ich werde mich frühzeitig nach Impf- und Einreisevorschriften erkundigen und Buchungen vornehmen. Sicher aber werde ich noch nicht die Koffer packen, die detaillierte Reiseroute festlegen oder den Proviant besorgen.

Die Grobplanung basiert in Bezug auf die künftigen Teilnehmenden zum Teil noch auf Hypothesen, da sie relativ früh erfolgen muss. Verlässliche Informationen habe ich vor allem bei offen ausgeschriebenen überbetrieblichen Angeboten in der Phase der Grobplanung noch nicht. Deshalb werden in der Grobplanung neben der Planung der Vorbereitungsmaßnahmen die Leitlinien für Themen und Didaktik bestimmt, aber noch nicht ihre Einzelheiten.

4.2 Leitfragen und Notizen für die Ausarbeitung der Grobplanung

Wohin soll die Reise gehen?

Ziele des Projektes
Was sollten die Teilnehmenden am Ende wissen, können und erfahren haben (angestrebte Ergebnisse)?

Eine verständliche und klare Beschreibung des Konzeptes zur Erreichung der Anliegen und Ziele des Projektes ist nicht nur für meine eigene Vorbereitung und für die Orientierung des Auftraggebers wichtig. Sie bildet zusammen mit dem Leitthema und – mitunter – den Informationen (oder Phantasien) über die Person des Leiters die Basis, von der aus Interessenten ihre Teilnahme entscheiden werden. Mit der Präzisierung des Konzeptes gebe ich den potentiellen Teilnehmenden eine – hoffentlich verständliche – Möglichkeit an die Hand, mit der sie selbst Sinn, Zweck und Nutzen einer Teilnahme beurteilen können. Da Möglichkeiten zu klärenden Rückfragen selten genutzt werden, kommt der Formulierung des Anliegens und des Konzeptes große Bedeutung zu. Sie soll locken, ohne falsche Erwartungen zu erwecken, sie soll viele ansprechen und doch genügend abgrenzen, sie soll informativ sein, ohne den Leser mit zu frühen Details zu ermüden.

Wie steht's mit meinen Resourcen?

> **Mein Bezug als Leiter zur Seminarthematik und zum vorgesehenen Teilnehmerkreis**
> - Welche Vorerfahrungen habe ich in Bezug auf die Thematik und den Teilnehmerkreis gemacht?
> - Wie vertraut ist mir das Thema und das Arbeitsfeld der Teilnehmenden? Was bringt die Vertrautheit oder die Fremdheit an Chancen und Risiken für meine Planung und Leitung mit sich?
> - Welche Quellen und/oder Kollegen stehen mir zur Vorbereitung zur Verfügung, was muss ich mir noch erschließen?
> - Mit welchen Fachthemen muss ich mich noch befassen?

Das eigene Vorwissen hinterfragen

Eigene Kompetenz und Erfahrungen aus dem Berufsfeld der Teilnehmenden oder entsprechende Kenntnisse aus eigener Anschauung aus anderen Bereichen helfen, inhaltlich und sprachlich an die Erfahrungswelten der Teilnehmenden anzuknüpfen. Ein hohes Maß an Vertrautheit mit dem Thema und/oder der Zielgruppe kann freilich auch anfällig machen für Routine, nicht mehr überprüfte Annahmen aus der Vergangenheit oder auch für die Übertragung von «bewährten» Konzepten, die so für die aktuelle Gruppe nicht mehr stimmen. Wie sichere ich mir das kritische Hinterfragen meines Vorwissens und meiner Annahmen?

Das Gesamtsystem beachten

Im Kapitel 2 «Kontakt, Klärung und Kontrakt» haben wir bereits darauf hingewiesen, dass es ratsam ist, den Blick nicht nur auf die Gruppe selbst zu richten, sondern auch auf das Gesamtsystem, in das sie eingebettet ist. Das gilt erst recht für die Grobplanung: Speziell bei internen Projekten mit Organisationsentwicklungscharakter ist meine Zusammenarbeit und Kontaktaufnahme nicht nur auf meinen Co-Leiter, auf Drittreferenten, den Organisator oder die Teilnehmenden zu begrenzen. Da gibt es den Betriebsrat, einzelne Vorgesetzte oder übergeordnete Behörden, mit denen ich je nach Fall sprechen sollte, um sie zu informieren, ihre Anliegen an das Projekt zu verstehen und ihre Unterstützung zu haben. Es kann auch sinnvoll sein, mir ein Bild davon zu machen, wie andere Gruppen, die mit «meiner» Gruppe zusammenarbeiten, diese sehen.

Zur Vorausplanung gehört auch meine eigene Weiterbildung und Vorbereitung. Welche in Bezug auf das Projekt benötigten Kenntnisse und Fähigkeiten habe ich – und was muss ich mir vorher noch aneignen?

Der zeitliche Rahmen

Für die zeitliche Strukturierung scheint sich als Faustformel für Gruppen mit Lernanteilen im Bereich der Persönlichkeitsentwicklung, der Verbesserung der Kommunikation und der Verstärkung der Kooperation eine Mindestdauer von drei Tagen herausgestellt zu haben, mit vier bis fünf Lerneinheiten à 1,5 Stunden pro Tag. Die Anzahl von drei Tagen ist um so mehr eine Untergrenze, je mehr Lernen auf der emotionalen Ebene angesagt ist oder das Sachthema begleitet. Letzteres ist sicher der Fall, wenn im Kurs konkrete, verbindliche Entscheidungen und Maßnahmen beraten und entschieden werden sollen, die anschließend umgesetzt werden (Zeit für Maßnahmen- und Transferplanung).

Dauer und Zeitstruktur für die Veranstaltung

- Dauer des Seminars?
- Zeitliche Verteilung des Seminars (Tageskurs, Wochenseminar, Abendkurs etc.)?
- Was ergibt sich aus den Anreise- und Abreisemöglichkeiten für den zeitlichen Beginn und das Ende?
- Zeitliche Restriktionen bei Drittreferenten?
- Zeitliche Regeln im Veranstaltungszentrum (z.B. Pausenzeiten)?
- Jahreszeit und Ort: Welche Zeiten werden die Teilnehmenden gern für Aktivitäten wie Sport, Erholung, Kultur (evtl. auch nur als Fernsehzuschauer …) in Anspruch nehmen wollen?

Mehrtägige Veranstaltungen stoßen in Organisationen oft auf Widerstand. Neben den objektiven Gründen wie organisatorische Schwierigkeiten bei der gleichzeitigen Abwesenheit einer ganzen Gruppe oder einer größeren Zahl von Mitarbeitern besteht oft auch die Schwierigkeit beim Auftraggeber und bei den einzuladenden Teilnehmenden zu verstehen, warum und wofür «soviel» Zeit benötigt wird. Der aktuelle Kosten- und Produktivitätsdruck verlangt zurecht klarere Begründungen für Notwendigkeit und Nutzen.

Gruppen aus Institutionen mit einer sehr leistungsorientierten Kultur sträuben sich häufig, Mittagspausen von zwei und mehr Stunden zu akzeptieren, weil sie Effizienzverlust befürchten und ihre Leistungs-/Energiekurve auf einen Rhythmus ohne Mittagspause eingestellt ist. Die Erfahrung zeigt jedoch, dass speziell bei Veranstaltungen mit persönlichkeitsbezogenen Anteilen eine längere Mittagspause die Chance zur Erholung, zu wichtigen persönlichen Gesprächen, zum individuellen Nacharbeiten und Nachdenken bietet, die von den Teilnehmenden geschätzt wird, wenn sie es erst einmal ausprobiert haben.

Der örtliche Rahmen

Der Kursort hat auf die zeitliche Strukturierung Einfluss: Günstige An- und Abreisemöglichkeiten bestimmen Anfang und Ende. Manchmal entscheidet eine halbe Stunde, ob die Teilnehmenden öffentliche Verkehrsmittel benutzen können. Zeit- und Ortsplanung als Umweltschutz!

Die Palette von Freizeitmöglichkeiten und die Umgebung können sehr förderlich sein und für einen optimalen Ablauf genutzt werden. Andererseits kann hier ein zuviel oder zu schön auch ablenken.

Auch die Organisation und Architektur des Veranstaltungszentrums kann den Zeitrhythmus mitbestimmen. In manchen Veranstaltungszentren herrschen relativ starre durch die Küche diktierte Zeiten für Mittag- und Abendessen, die einengend wirken. Außenlärm, ungünstige Sonneneinstrahlung oder unzureichende Klimatisierung der Arbeitsräume veranlassen unter Umständen eine Veränderung der Zeit- und Arbeitsstrukturen, um die Auswirkung solcher Faktoren zu mindern.

Wer wird teilnehmen?

Auswahlkriterien spielen in einer Reihe von Seminaren eine Rolle. Als Kriterien der Vorbildung und Fachkompetenz werden oft z.B. eine annähernde Gleichverteilung der Geschlechter, eine bestimmte Alters- und Berufsdurchmischung oder die Zugehörigkeit zu bestimmten Hierarchieebenen gewünscht.

Kriterien für die Auswahl der Teilnehmenden

- ▶ Welche Auswahlkriterien sollen gelten?
- ▶ Wie können sich die Teilnehmenden über die Auswahlkriterien informieren und wo können sie ggf. nachfragen?
- ▶ Wer entscheidet darüber, ob die Zulassungskriterien im Einzelfall erfüllt wurden? Wer entscheidet über die Ausnahmen?
- ▶ Wie werden diese Kriterien bekannt gegeben und überprüft?

Die Auswahlkriterien sollten möglichst transparent und für den Teilnehmenden so verständlich sein, dass er selbst die Einschätzung von Sinn und Richtigkeit seiner Teilnahme vornehmen kann – und den Leiter oder andere Personen nur als Berater, nicht aber als Entscheider braucht, der stellvertretend für ihn die Entscheidung trifft. Es kann hilfreich sein, den Interessenten ausdrücklich z.B. am Telefon für entsprechende Rückfragen zur Verfügung zu stehen.

Ein Beispiel für Zulassungskriterien in einer Ausschreibung: «Als Voraussetzung für die Zulassung gelten: Besuch des Kurses I, zwei Jahre berufliche

Praxis als …, Erfahrung mit teilnehmerorientierten Lernmethoden sowie die Bereitschaft, nach dem Kurs an sechs Supervisionssitzungen teilzunehmen, in denen jeder Teilnehmende seine berufliche Praxis einbringt. Ansonsten werden die Anmeldungen in der Reihenfolge ihres Einganges berücksichtigt.»

Leitung: allein oder im Team?

Spätestens in der Phase der Grobplanung muss auch entschieden werden, ob ich das Seminar allein leite (eventuell abgestützt auf einige Fachreferenten) oder ob ich andere mit in die Leitung nehmen möchte. Die Option zur Bildung eines Leitungsteams gehört natürlich mit zu den Absprachen, die in der Kontraktphase mit dem Auftraggeber getroffen werden und ebenso in die Information an die Teilnehmenden.

Leite ich alleine oder mit einem Co-Leiter?

- ► Wonach richtet sich mein Entscheid?
- ► Was müssen wir miteinander rechtzeitig absprechen?

Bei manchen Themen ist eine Leitung zu zweit oder zu mehreren beinah unerlässlich, so z.B. bei einem Partnerschafts- oder Ehepaartraining, wo ein Mann und eine Frau die Leitung innehaben sollten. Aber auch bei einer Vielzahl anderer Themen kann die Leitung im Team Vorteile bringen, insbesondere, wenn es sich um größere Gruppen handelt, die sich mit Themen konfrontieren wollen, die neben der sachlichen Ebene auch ausgeprägte emotionale Inhalte und Beziehungsaspekte beinhalten.

Für die Zusammensetzung des Teams ist der Gedanke der «überlappenden Ergänzung» wegleitend. Überlappung sollte es im methodischen Bereich geben. Eine gemeinsame Basis und gemeinsam geteilte Konzepte für die Leitung von Gruppen sind unerlässlich. Ein Methodenpotpourri bringt wenig. Ergänzung wird gewünscht hinsichtlich der Geschlechter, Temperamente, Spezialkenntnisse, beruflichen Hintergründe und der Lebenserfahrung. Ausführlicher gehen wir auf die Fragen zur Leitung im Team im Kapitel 6.3 ein.

Vorarbeit bedeutet Vorauswahl

Die Notwendigkeit von Vorbereitungen z.B. in Form von Literaturstudium oder Aufbereiten von Fallberichten aus der eigenen Arbeit kann die Zusammensetzung des Teilnehmerkreises beeinflussen. Die Auswahl geschieht dabei zum einen durch den benötigten Zeitbedarf – nicht jeder kann oder will mehr als eine gewisse Zeitdauer in die Vorbereitung stecken –, zum anderen durch die damit geforderte Praxiserfahrung und schließlich durch die Offenheit, die ggf. nötig wird, wenn der Teilnehmende über einen eigenen Fall berichten soll. Als Leiter sollte man sich dieser «Nebenwirkungen» bewusst sein und sie bei der Dimensionierung der Vorbereitungsleistungen berücksichtigen.

Vorbereitungsleistungen der Teilnehmenden

- Lesen von Literatur, Erarbeiten von Materialien, Fallstudien etc.?
- Wie und wann erfahren die Teilnehmenden diese Anforderungen (in der Ausschreibung, durch Brief u.ä.)?

Die für die Vorarbeiten seitens der Teilnehmenden benötigte Zeit sollte bei einem Wochenseminar vier bis fünf Stunden nicht übersteigen, sonst sinkt die Wahrscheinlichkeit rapide, dass die Teilnehmenden wirklich an die Aufgabe gehen.

Ohnehin muss ich mir als Leiter im Klaren sein, dass solche Vorarbeiten meist zusätzliche Ungleichheiten schaffen, indem die Teilnehmenden sich sehr unterschiedlich intensiv damit befasst haben werden, wenn sie in den Kurs kommen. Ich muss wissen, wieviel von diesen Vorarbeiten abhängen soll, und das dann auch entsprechend deutlich und rechtzeitig den Teilnehmenden mitteilen. Die Formulierung «Empfohlene Literatur ...» reicht sicher nicht aus, um Verbindlichkeit zu schaffen. Wenn Vorbereitungsarbeiten verlangt werden, dann müssen sie auch zum Einsatz kommen, sonst «bestrafe» ich die «Fleißigen», wenn ich die Vorarbeiten gar nicht berücksichtige.

Der Veranstaltungsort beeinflusst Klima und Erfolg

Das Veranstaltungszentrum bzw. der Veranstaltungsort und ihre Möglichkeiten für Klima und Prozess werden, wie schon oben erwähnt, im Rahmen der Grobplanung hinsichtlich ihrer Auswirkungen und Potenziale für das Lernen und Leben der Gruppe überprüft, denn jetzt kann ich noch ändern und veranlassen. Das Zentrum, der Ort sowie der Standard bzw. die Kosten der Unterkunft bestimmen die Entscheidung zur Teilnahme mit: Was für den einen zu teuer ist, ist für den anderen zu einfach und unkomfortabel. Im Zeichen des Internet ist für manchen ein zweckmäßiger Arbeitsplatz mit Telefonanschluss und guter Beleuchtung ebenso wichtig wie Dusche oder schöne Aussicht. Welche Gruppe von potentiellen Teilnehmenden werde ich unter Umständen wegen der Unterkunft schwerer zu einer Teilnahme bewegen?

Anforderungen an die Veranstaltungsstätte und den Veranstaltungsort

- Plenums- und Gruppenräume
- Unterkünfte
- Verpflegungs- und Einkaufsmöglichkeiten
- Essenszeiten und Pausenzeiten
- Welche Gruppe ist sonst noch im Haus – und wo überschneiden wir uns z.B. in der Nutzung von Gruppenräumen oder Essenszeiten?
- Medien, Materialien und Technik
- Tageslicht, Beleuchtung und Verdunklungsmöglichkeiten
- Miete, Preis, Garantieleistungen, Buchungs- und Absagefristen?
- Freizeitangebot (Kultur, Sport, besondere Anlässe)
- Anreisemöglichkeiten
- Gesundheitliche, psychische oder physische Belastungen (z.B. durch Höhe oder Programm)? Ärztliche Versorgung
- Wer sind meine Vertrags- und Ansprechpartner?
- Wann erhalten die Teilnehmenden entsprechende Informationen?

Bei längeren Seminaren kann eine schlechte Übereinstimmung des Hotelstandards mit den Erwartungen der Teilnehmenden zu Unzufriedenheit und Spannungen führen.

In Gedanken können wir einen innenarchitektonischen Ausflug durch das Tagungszentrum machen, von der Beleuchtung über die Akustik bis zum Fußbodenbelag. Kann ich einen Kreis machen, so dass jeder alle Gesichter sehen kann? Arbeiten im Kurs setzt nicht zuletzt voraus, einander in Ruhe sehen und hören zu können. Heißt schöne Umgebung und Aussicht, dass ein Teil der Anwesenden ins Gegenlicht schauen muss und die anderen nur in Umrissen erkennen kann? Heißt «gut erreichbar», dass draußen die Straße und die Bahn vorbeiführen?

Wenn wir schon einen schönen Tagungsort ausgesucht haben, dann sollten wir die Teilnehmenden rechtzeitig über die Möglichkeiten für Freizeit, Sport und Kultur informieren. Manche Tagungszentren bieten zudem die Möglichkeit oder auch die Verpflichtung zur Selbstversorgung: Kochen, Aufräumen, Einkaufen etc. Das «Wir», die Beziehung zueinander, kann in solchen gemeinsamen Aktivitäten einen guten Nährboden finden, aber diese Tätigkeiten benötigen Zeit, die mir u.U. im Seminar fehlt.

Vertrauen ist gut, Überprüfung ist besser

Nicht immer kann ich die Räume und die Umgebung selbst vorher kennenlernen. Dann muss ich via Checklisten und anhand des Grundrisses der

Seminar- und Gruppenräume prüfen, ob die räumliche Infrastruktur, Technologien und Materialien vorhanden sind, die ich einsetzen möchte. Kann ich sie ggf. woanders besorgen oder muss ich auf bestimmte Übungen verzichten? Bei dieser Überprüfung ist Vertrauen gut, aber Kontrolle besser: Wer hat nicht schon als Gruppenleiter im Seminarhotel im Grünen mit wackeligen Flipcharts, falschen Videosystemen, Gruppenräumen im Keller oder mit dem Klavierspieler im Raum nebenan zu kämpfen gehabt?

Was darf's denn kosten?

Zur Grobplanung gehört auch die finanzielle Planung, und diese sollte nicht zu grob sein, denn speziell als Selbstausschreiber bin ich es, der sonst drauflegen muss. Da gibt es Reise- und Unterkunftskosten, Anzahlungen für das Hotel, Kosten für Druck und Versand, für Literatur und Kopien, Honorare für Dritte etc. (vgl. auch das Kalkulationsschema in Kapitel 3).

Kosten für mich, für den Träger, für die Teilnehmenden

- Welche Kosten fallen für wen an?
- Stehen die Kosten in einem vernünftigen Verhältnis zu dem, was bezahlt werden kann?
- Wer trägt welche finanziellen Risiken, z.B. im Falle einer Absage der Veranstaltung?
- Absagefristen für Teilnehmende?

Wer finanziert diese Kosten vor, bei wem bleiben sie im Falle einer Absage hängen? Will ich deshalb zur Absicherung von den Teilnehmenden eine Anzahlung oder die Einzahlung der Teilnahmegebühr bis zu einem bestimmten Termin? Ab wann sollen sich die Teilnehmenden an dem Verlust beteiligen, der durch ihre Abmeldung entsteht (Absageregelung)?

Informationen und Termine

Information über die Ergebnisse der Grobplanung

- Wer sollte informiert werden?
- Inwieweit haben sich Veränderungen gegenüber dem Kontrakt ergeben?
- Wie erfolgt die Rückkopplung und Abstimmung darüber?

Es ist nur natürlich, wenn sich im Lauf der Grobplanung inhaltliche Änderungen ergeben, die aufgrund des verbesserten Informationsstandes und der zusätzlichen Zeit zum Überlegen entstanden sind. Damit daraus nicht unter der Hand ein Wegdriften von dem wird, was ich mit dem Auftraggeber vereinbart habe, sollte ich diese Änderungen offen mit ihm besprechen. Solche «Zwischenhalte» können auch später sinnvoll sein, um sich mit dem Auftraggeber oder den Projektbeteiligten im offenen Gespräch über den Stand der Vorbereitungen und über die Erfahrungen aus den bereits durchgeführten Schritten auszutauschen.

Terminplanung

- Bis wann muss ich Absprachen treffen bzw. Reservationen machen für:
  ... Referenten und zusätzliche Leiter
  ... Tagungsstätte, Geräte, Material?
  ... Transporte?
  ... Subventionen, Bewilligungen u.ä. ?
  ... Aufnahme in Programmhefte, Terminübersichten etc.?
  ... Termine für Druckereien, Werbeaussendungen?
  ... Absagetermine?
- Termine auf Seiten der Teilnehmenden:
  ... Feier-/Ferientage?
  ... Bildungsurlaub?
  ... Hauptreisezeiten bei Ferienbeginn?
  ... Wichtige Messen und Kongresse?

Jede Planung hat nicht nur einen Inhalt, sondern auch einen Zeitplan. Eine Checkliste mit dem «Was» bis «Wann» mit «Wem» zu erledigen ist, erleichtert die Übersicht und hilft, Termine auch dann noch im Auge zu behalten, wenn die im Moment nach der Grobplanung noch frische Speicherung im Kopf langsam lückenhaft wird.

Vorsorge für mich selbst

Damit ich mich im Seminar ganz engagieren kann: Was brauche ich für mich in der Vorphase und während der Durchführung? Diese Frage führt zu mir selbst zurück: Es ist ja nicht nötig, dass das Projekt selbst perfekt vorbereitet ist und darüber z.B. meine Ferien und meine Familie vergessen wurden. Auch in diesem Bereich soll's stimmen: Im Zuge der Grobplanung kann ich für ein sinnvolles Nacheinander sorgen und vorhersehbare Belastungen besser ausgleichen.

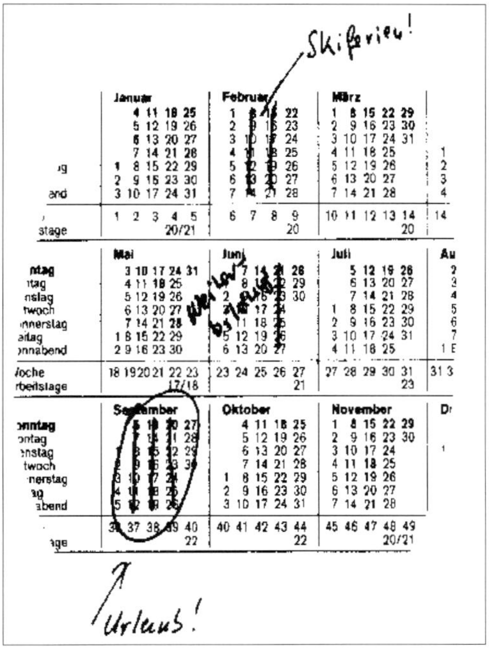

Abbildung 7:
Im Terminkalender für seine eigenen «Luftlöcher» sorgen.

5 Der Rote Faden wird geknüpft: Planung und Vorbereitung der Arbeit mit der Gruppe

5.1 Planung: Flexible Leitlinie statt Scheinsicherheit

Bevor der Leiter den Workshop beginnt, wird er sich einen Roten Faden knüpfen, der ihm und später den Teilnehmenden helfen soll, die Lern- und Arbeitsprozesse im Workshop zu gestalten und eine Balance zu sichern zwischen der Reaktion auf das, was in den Situationen und Interaktionen im Workshop geschieht und spontan wichtig wird, und der Erreichung der Workshopziele, die sich die Gruppe vorgenommen hat bzw. die ihr für ihre Arbeit vorgegeben wurden.

Der Rote Faden

Im Roten Faden verbinden wir unsere Vorstellungen von den Bedürfnissen und Erwartungen der Teilnehmenden sowie von den Zielen und Rahmenbedingungen des Workshops mit unseren Gedanken und Zielsetzungen, die wir während der Kontraktphase und der Grobplanung entwickelt haben. Das Bild von den Menschen, die später im Workshop sein werden, ist aufgrund der Anmeldungen und durch direkten Kontakt mit ihnen oder durch Besuche in ihrem Arbeitsfeld deutlicher geworden.

Der Rote Faden ist ein Spiegelbild der Vorstellungen, die ich mir aufgrund meiner bisherigen Überlegungen von einem zweckmäßig aufeinander aufbauenden Fluss von Themen und der sie stützenden Strukturen gemacht habe. Es handelt sich um einen deutlich erkennbaren Entwurf vom Ablauf des Workshops. Mit dem Roten Faden achten wir darauf, dass das Leitthema in seinen verschiedenen Aspekten ausgelotet werden kann. Er trägt zudem den Entwicklungsphasen von Gruppen Rechnung, die in jeder neu zusammenkommenden Gruppe durchlaufen werden. Diese Phasen sind in Kapitel 6.4 ausführlicher beschrieben.

Einen Roten Faden zu erarbeiten bedeutet nicht, sich die Welt durch Planung zu vernageln, denn: «Je genauer man plant, desto härter trifft einen der Zufall und der Prozess». Ein Roter Faden hat den Charakter eines Wegweisers und einer Wegmarkierung in unübersichtlichem Gelände. Er wird im Workshop eine Gefährtin erhalten müssen mit dem Namen «Flexibilität», ohne die der Rote Faden uns rasch die Hände binden würde. Ruth Cohn

(1997) drückt diesen Sachverhalt so aus:

> «Jeder Plan ‹muss› falsch sein, da nie alle Faktoren bekannt sein können und so auch nie der Prozess, der sich aus vielfältigen Geschehnissen zwischen verschiedenen Menschen und Sachlagen ergibt, genau vorhergesehen werden kann.
> TZI-Strukturierung bedeutet: Vorplanen mit allen bekannten Fakten und Wahrscheinlichkeiten und Offen-Sein für Wahrnehmung im Hier-und-Jetzt des Prozesses, um notwendige Umstellungen vornehmen zu können. Starre Planung und Planlosigkeit sind gleichermaßen unbrauchbar.» (S. 206).

Das Prinzip der Kombination aus Planung und Flexibilität heißt auch, stets mit dem Potenzial der Gruppe zu rechnen: Aus ihr werden zusätzliche Facetten des Themas entstehen, andere Bezüge zur Praxis wichtig werden und neue Themen im Rahmen des Gesamtanliegens des Workshops angesprochen werden, für die wir schon in der Planung Luft lassen und Strukturalternativen bereitstellen. In diesem Sinne wird die Gruppe auch zu einem – durchaus positiv gemeinten – «Störfaktor» für die Umsetzung meiner Vorplanung werden.

Planung beinhaltet immer auch eine *Illusion der Scheinsicherheit*, die unbeweglich macht gegenüber dem Unplanbaren und Unvorhersehbaren, das dann nicht mehr passieren kann, weil es nicht mehr passieren darf. Der Untergang der Titanic ist ein tragisches Beispiel dafür: Nach allen Regeln modernster Schiffbaukunst geplant und ausgeführt, angeblich unsinkbar, gut gerüstet und mit vielen Vorschusslorbeeren auf voller Fahrt voraus, und dann hält ein Eisberg sich nicht an die Planungen der Fachleute, schwimmt woanders, als er sollte, und ist auch noch unter dem Wasser größer und stärker als angenommen. Hat das Sichverlassen auf die perfekte Planung und Technik zu der Katastrophe beigetragen?

5.2 Leitfragen und Notizen zur Entwicklung des Roten Fadens

Es ist für uns immer wieder ein spannender Moment, wenn wir die erste, noch provisorische Teilnehmerliste in der Hand haben. Wer hat sich angemeldet, wieviele sind es? Plötzlich erhält die Zielgruppe Namen und Gesichter. Der Kreis der Teilnehmenden wird vorstellbar, erhält Profil. Wir haben gewissermaßen mit der Ausschreibung einen Stein ins Wasser geworfen und

nun laufen die Wellen zurück ans Ufer – und regen die Erarbeitung des Roten Fadens an.
Der Rote Faden soll mich in der Vorbereitung so nah wie möglich an die kommende Realität des Workshops und der Teilnehmenden heranführen.

Informationen nutzen
Die vorhandenen Informationen können mir schon ein Bild von der Zusammensetzung des Teilnehmerkreises, seinen Interessen in Bezug auf das Leitthema, seinem Potenzial an Fähigkeiten und Kenntnissen, seinen vielleicht bestehenden inneren Beziehungen und Führungs- und Machtstrukturen geben. Wenn ich bereits Kontakt hatte zum Praxisfeld der kommenden Teilnehmenden, dann gibt mir das ein zusätzliches Gespür für die vorhandenen Bedürfnisse und für die Möglichkeiten und Grenzen der Arbeit im Workshop.

Rückgriff auf die Informationen aus den Vorgesprächen, der Grobplanung und den Anmeldungsunterlagen der Teilnehmenden

- Anzahl der Teilnehmenden?
- Wer nimmt teil?
- Zusammensetzung des Teilnehmerkreises nach Alter, Geschlecht, Berufen, Individualitäten, persönlichen Besonderheiten etc.?
- Berufliches und privates Umfeld der Teilnehmenden?
- Kompetenz und Qualifikation der Teilnehmenden in Bezug auf das Leitthema und die Anliegen des Workshops?
- Erfahrung der Teilnehmenden mit Lernen und Arbeiten in Gruppen?
- Wer könnte unter Umständen Außenseiter in der Gruppe werden?
- Gibt es formelle hierarchische Strukturen in der Gruppe (Anwesenheit von Vorgesetzten und ihren direkten Mitarbeitern) oder sind Kollegen aus der gleichen Organisation anwesend?
- Wie freiwillig ist die Teilnahme?
- Wer ist sonst Gruppenleiter (Trainer) oder in leitender Position tätig und war vielleicht schon lange nicht mehr «nur» Teilnehmender?
- Mit wem hatte ich schon einmal Kontakt, gibt es «alte Bekannte»?
- Wer fehlt, mit dem ich gerechnet habe?

Das ist ein gewisser Balanceakt: Auf der einen Seite will ich mein Wissen und vorhandene Informationen nutzen, um die Umwelt der Teilnehmenden und ihre Interessen, Potenziale und Vorerfahrungen angemessen in meine Planung einbeziehen zu können. Auf der anderen Seite muss ich der Gefahr entgehen, *diese Informationen zu einer festen Meinung über die Gruppe* zusammenzubauen, von der gefärbt ich später das reale Geschehen interpretiere und steuere, statt mich zunächst einmal unvoreingenommen auf den Arbeitsprozess mit der Gruppe einzulassen.

Fakten und Interpretationen auseinander halten

Die von mir bisher aufgenommenen Informationen und Eindrücke sollen mir vor allem Fakten aufzeigen: über die Teilnehmenden und ihre Anliegen, über das für den Workshop relevante Geschehen im Unternehmen bzw. im Arbeitsbereich des Teilnehmenden. Wird dort etwas oder jemand zum Problem? Je bewusster ich dabei Fakten und meine Interpretation dieser Fakten auseinander halten kann, desto leichter wird es mir fallen, mich auf die Interpretationen der «Realität» durch die Teilnehmenden einzulassen statt meine Sicht als die einzig wahre zu verteidigen.

Außenseiter?

Jede Ausschreibung lockt eine Vielfalt von Menschen an, mit unterschiedlichen Charakteren und beruflichen Tätigkeiten (oder auch derzeit ohne Arbeit!). Diese *Vielfalt* ist wichtig für unser Lernen. Wir sollten trotzdem die Zusammensetzung des Teilnehmerkreises auf «Außenseiter» hin überprüfen. Außenseiter sind alle, von denen ich annehmen muss, dass es für sie selbst und die anderen schwierig oder gar unmöglich sein wird, sich im Workshop zu integrieren und ungehindert mitzuarbeiten. Ein Ausländer, der die Sprache der anderen kaum spricht, ein einziger Mann, eine einzige Frau, ein 70-jähriger unter lauter Jungen. Dabei geht es nicht darum, Personen auszuschließen, sondern frühzeitig und offen mit ihnen darüber zu sprechen, ob unter diesen Gegebenheiten eine Teilnahme sinnvoll ist oder nicht – und ggf. später im Prozess der Gruppe hinzuschauen, ob ein Integrationsproblem entsteht.

Teilnehmende aus gleichen Organisationen

Die zufällige oder abgesprochene Teilnahme von mehreren Mitarbeitern aus der gleichen Organisation – aus den gleichen oder aus unterschiedlichen Hierarchieebenen – kann eine eigene Teildynamik in den Workshop bringen und bremsend wirken speziell bei persönlichen, emotional besetzten Themen, die zu ihrer Bearbeitung einen schützenden Rahmen brauchen. Die Herstellung von Vertrauen und von offen angesprochenen, verlässlich respektierten Spielregeln kann dann ein wichtiges Thema in der Anfangsphase werden.

Qualifikation

Die Kompetenzen und Qualifikationen der Teilnehmenden steuern nicht nur meine Auswahl der Themen und Übungen. Ich kann im Roten Faden auch Strukturen und Themen vorsehen, durch die diese Qualifikationen für alle Teilnehmenden nutzbar gemacht werden können, sei es bei der Vorbereitung oder Leitung bestimmter Sitzungen, sei es durch die Darstellung eigener Fälle und Erfahrungen oder durch Kurzvorträge zu einem Fachthema.

Teilnehmende aus Führungspositionen

Einige Teilnehmende sind vielleicht «draußen» in leitender Position tätig, sei es als Vorgesetzte oder als Gruppenleiter. Für sie erfordert das «Nur-Teilnehmender-Sein» oft eine gewisse Umstellung. Sie wissen manchmal gar nicht mehr, wie man Teilnehmender ist. Die Experten vom Fach spüren eventuell die Versuchung, auf die Beobachterebene zu gehen, um zu beobachten, wie «der das denn macht». Sie stehen dann mit einem Bein draußen und verpassen dadurch Chancen. Manche knabbern an Konkurrenzproblemen herum, studieren an Fragen wie: «Wie hätte ich das denn gemacht?» oder glauben, ihre – gar nicht in Frage gestellte – Kompetenz beweisen zu müssen. In den Pausen möchten sie mit dem Leiter über den Prozess oder die Interventionen fachsimpeln. Statt dessen kann ich die Teilnehmenden anregen, für sie wichtige Fragen nicht mit mir oder anderen in den Pausen zu besprechen, sondern diese lieber im Plenum zur Sprache zu bringen, sofern sie mit unserer Arbeit hier oder in den Gruppen zu tun haben. Andererseits kann die Teilnahme von «Kollegen vom Fach» auch für mich als Leiter eine Verunsicherung bedeuten: Ich fühle mich beobachtet oder will besonders gut sein.

Alte Bekannte

Ähnliche Ambivalenzen können übrigens auch entstehen, wenn unter den Teilnehmenden «alte Bekannte» von mir sind. Gemeinsame Vergangenheit kann die Arbeit fördern, aber auch behindern durch ein Gefühl des Beobachtetwerdens, der Rivalität oder der Angst vor Blamage – oder durch «Reste» auf der persönlichen Ebene. Meistens werde ich mit diesen Gefühlen das Opfer meiner Phantasie über die Motive des anderen.

Wer muss teilnehmen?

Wenn es im Workshop um die Bearbeitung von Problemen geht, die die Gruppe miteinander teilt – z.B. Lösung eines Konflikts oder einer Reorganisation in der Abteilung –, dann gibt es Personen, die unbedingt teilnehmen sollten, weil ohne ihren Beitrag die Problemlösung stark behindert wäre. Dann kann ich es als Leiter nicht passiv hinnehmen, wenn diese fehlen, sondern muss u.U. an den Kontrakt erinnern oder persönlich für eine Teilnahme werben.

Vorbereitungen seitens der Teilnehmenden?

Was war mit den Teilnehmenden als Vorab-Aktivitäten vereinbart?

- Wie und wann sollen die Ergebnisse in der Workshoparbeit verwendet werden?
- Was will ich vorsehen, wenn einige unvorbereitet kommen?

Wenn in der Ausschreibung die Teilnehmenden gebeten werden, Vorarbeiten zu leisten (Literatur lesen, eine Problemanalyse anfertigen u.a.m.), dann haben es meist nicht alle gleich intensiv getan. Manche haben es gründlich gemacht und sind enttäuscht, wenn im Workshop diese Vorarbeit keine große Bedeutung hat. Andere haben ihre Aufgaben nicht oder erst auf der Anreise erledigt und sind vielleicht überfordert, wenn das Material gleich Ausgangspunkt der gemeinsamen Arbeit werden soll. Deshalb ist es sinnvoll, zu Beginn auf diese Vorarbeiten zu sprechen zu kommen und noch einmal klarzumachen, wann sie benötigt werden und welchen Stellenwert sie für die Arbeit haben sollen. Ihr Einsatz empfiehlt sich erst am zweiten Tag – das gibt jedem die Gelegenheit, nicht Getanes nachzuholen.

Nicht-Vorbereitung als Signal für Widerstand

In diesem Zusammenhang – und als kleiner Vorgriff auf die spätere Arbeit mit den Teilnehmenden – der Hinweis, dass nicht geleistete Vorarbeiten auch ein Fingerzeig für Widerstand sein können, der sich nicht offen formulieren konnte. Bei internen Workshops kann zum Beispiel Misstrauen oder Angst die Ursache sein, wenn Teilnehmende eine offene Problemanalyse nicht oder nur bruchstückweise vorbereitet haben. Vielleicht ist auch die Energie oder das Interesse zur Veränderung noch nicht vorhanden, und die Teilnehmenden denken: „Laßt mich doch in Frieden, es ändert sich ohnehin ja nichts.“ Wie dem auch sei, in diesen Fällen wird die Nachfrage nach den Hintergründen dieses Widerstandes für die Anfangsphase ein Stichwort sein.

Anfangsphase am «Stressgepäck» ausrichten

Was werden die Teilnehmenden von der Anreise und aus ihrem beruflichen Alltag an «Stressgepäck» mitbringen?

Für die Gestaltung der Anfangsphase braucht man eine Vorstellung davon, was die Teilnehmenden an Stress, innerer Belastung und Anspannung von der Anreise oder aus den vorherigen Arbeitstagen mitbringen werden. Der Anfang hat eine andere Dynamik, wenn alle schon am Vorabend angereist und miteinander gegessen haben, als wenn alle noch den Vormittag «im Geschäft» waren, bevor am frühen Nachmittag nach einer zusätzlich stressenden Anreise der Workshop beginnen soll.

Hier – bei der Ausarbeitung des Roten Fadens – kann ich das zunächst einmal durch die Zeitspanne berücksichtigen, die ich der Anfangsphase (mit Blick auf die insgesamt zur Verfügung stehende Zeit) zumessen will. Diese Dauer wird natürlich auch bestimmt durch die persönlichen Anspannungen, die ein Thema oder ein bestimmter Teilnehmerkreis bei jedem einzelnen auf der psychischen Ebene auslöst. Meine Einschätzung der Anspannung und Hektik, die die Teilnehmenden mitbringen, steuert dementsprechend die Auswahl der Übungen und Themen für den Anfang, die dann stärker auf das Entspannen und Entstehen von Vertrauen ausgerichtet sein müssen.

Was habe ich zugesagt und wo liegen die heißen Eisen?

Was war im Kontrakt vereinbart oder in der Ausschreibung zugesichert?

- Welche Inhalte sind durch Kontrakt oder Ausschreibung vorbestimmt und müssen in entsprechenden Einheiten ihren Niederschlag finden?
- Welches Wissen soll vermittelt werden?
- Welche Verhaltensweisen sollen gestärkt werden?
- Zu welchen Erfahrungen soll angeregt werden?
- Was sollte aufgrund der Information über die Teilnehmenden hinzukommen, was wegfallen?
- Welche Veränderungen muss ich mit dem Auftraggeber besprechen?

Es mag merkwürdig klingen, aber es ist doch oft so, dass ich selbst als Leiter nicht mehr genau präsent habe, was ich in der Ausschreibung oder im Kontrakt mit dem Auftraggeber zugesagt habe. Vielleicht haben sich auch meine Interessen verschoben, oder es sind in der Zwischenzeit neue Ideen entstanden. Ausgangspunkt der Überlegungen müssen trotzdem der Kontrakt und die Ausschreibung bleiben. Der Wunsch, vom Kontrakt oder von der Ausschreibung abzuweichen, entsteht nicht selten durch Teilaspekte des Themas, die mir selbst unheimlich sind oder die ich besonders gern habe.

In jedem Fall sollten substantielle Veränderungen im Vergleich zum Kontrakt oder neue Ideen bezüglich der Umsetzung mit dem Auftraggeber abgesprochen werden.

Welches könnten nach der vorliegenden Information die emotional schwierigen Aspekte der Zusammenkunft und die heißen Eisen sein?

Einen gewissen Vorentscheid trifft der Leiter bei der Planung des Roten Fadens auch in Bezug auf die Behandlung der «heißen Eisen», die für die Gruppenmitglieder mit dem Workshopthema verbunden sein können. Beispielsweise werden bei internen Gruppen die durch eine Reorganisation bewirkten Veränderungen an den Arbeitsplätzen und im Statusgefüge solche heißen Eisen bilden.

Neben dem Leitthema des Workshops kann auch die Zusammensetzung des Teilnehmerkreises ein schwieriger Aspekt sein: Die Anwesenheit unterschiedlicher Hierarchiestufen oder das Aufeinandertreffen von verfeindeten Gruppierungen können für Anspannung vor Beginn sorgen, die in der Anfangsphase aufgefangen und in positivere Energien umgewandelt werden muss.

Der Vorentscheid bezieht sich auf die Zeit und die Interventionen, die bei der Entwicklung des Roten Fadens für das Besprechbarmachen und die Bearbeitung dieser heißen Eisen vorgesehen werden. Zusammen mit den Interventionen steuert die Zeit auch die Tiefe der Bearbeitung mit. Die Interventionen (Übungen, Arbeitsgruppen, Informationseinheiten u.ä.) – soweit ich sie jetzt schon vorausplanen kann – zielen vor allem darauf ab, diese schwierigen Themen besprechbar zu machen, ohne in Gewinner-Verlierer-Spiele zu geraten.

Wir sprechen von einem Vorentscheid deshalb, weil wir erst im konkreten Prozess des Workshops die wirkliche Temperatur der heißen Eisen erfahren werden und die Feuer klarer sehen, die das Eisen heiß halten. Erst dann können wir gemeinsam entscheiden, wieviel Zeit und Energie wir auf die heißen Eisen verwenden wollen und müssen. Nicht zuletzt ist es die Gruppe, die entscheiden muss, ob sie die schwierigen Themen wirklich anpacken will oder nicht. Der Leiter kann den Entscheidungsprozess begleiten, nicht aber stellvertretend für die Gruppe die Entscheidung fällen.

Welche didaktischen Mittel für welche Themen?

Auswahl der Einheiten* und Materialien zur Bearbeitung und Umsetzung des Leitthemas des Workshops

- ▶ Was sind wichtige Unterthemen und Aspekte des Leitthemas?
- ▶ Was sind zweckmäßige, am Anliegen des Workshops orientierte Einheiten (Lektionen, Übungen, Einzelarbeiten etc.), mit denen die Bearbeitung und die Umsetzung des Leitthemas ermöglicht werden kann?

* Mit Einheit bezeichnen wir hier die thematischen abgegrenzten größeren Schritte (meist von ca. $1\frac{1}{2}$ Std. Dauer), mit denen das Workshopthema bearbeitet werden soll.

- Was könnte ein zusätzliches Wahlangebot werden, wenn wir Zeit dazu haben?
- Geeignete Theorie- und Informationstexte? Fallbeispiele?
- Übungen und Spiele, Medien und Materialien?
- Was wähle ich jetzt aus – aufgrund welcher Prioritäten?

Wie in einem Brainstorming kann ich – wenn's geht, mit jemandem zusammen – sammeln, was mir an Assoziationen, Ideen, Übungen, Stichworten und Themen in den Sinn kommt. Wenn ich das möglichst frei und ohne Selbstzensur (meine Vorlieben bergen auch meine geheimen Schätze!) tun kann, dann werde ich mehr Möglichkeiten finden, um das Workshopthema zu realisieren. Dies ist die kreative Phase der Entwicklung des Inhaltes, deren Überfülle und Auswüchse ich nachher noch anhand von Prioritäten beschneiden oder durch systematisches Suchen ergänzen muss. Finden und Auswählen sind jedoch zwei Paar Stiefel, die so wenig durcheinander gebracht werden sollten wie heißes und kaltes Wasser, wenn das Ergebnis nicht nur lauwarm sein soll.

Das kalte Wasser des Auswählens kommt hinzu, wenn ich mit der Kenntnis über die Teilnehmenden und deren Interessen sowie mit Blick auf die Notwendigkeiten aus Kontrakt oder Ausschreibung themen- und zeitbezogene Strukturen aufbaue, die dem Ziel des Workshops gerecht werden.

Die didaktischen Qualitäten

- Welche Einheiten bedürfen lehrender, informierender Eingaben durch die Leiter oder Dritte?
- Welche Einheiten will ich mit bestimmten Medien oder Übungen unterstützen, um die notwendigen Erfahrungen machen zu lassen, auf die weiter aufgebaut werden kann?
- Welche Themen schöpfen ihre Lebendigkeit und Konkretisierung erst aus den Interaktionen und aus der Reflexion des Prozessverlaufs?

Ich muss mich entscheiden, was ich als fachlichen Input eingeben will, was durch Erfahrungslernen und Austausch unter den Teilnehmenden erarbeitet werden soll und welche Aspekte des Leitthemas in der einen oder anderen Weise unbedingt behandelt werden müssen. Es gibt keinen Königsweg, der allein richtig ist. Die Gruppe muss nicht alles neu erfinden, sie kann auf bestehendes Wissen z.B. im Rahmen eines Vortrages oder der Lektüre zurückgreifen. Sie will aber auch nicht alles vorgekaut bekommen, weil sie dann in eine Konsumentenhaltung verfällt, statt eigene Erfahrungen zu machen und Eigenverantwortung zu praktizieren.

Die Abendeinheit eignet sich auch sehr gut für die spielerische Pflege des «Wir» der Gruppe. Dagegen sollten abends im Prinzip keine zu schwergewichtigen Themen aufgegriffen werden, die für den Teilnehmenden belastend wären und die erst am nächsten Morgen zu Ende geführt werden können. Die Unterbrechung durch die Nacht oder generell durch eine lange Pause macht zudem das Wachhalten der Thematik und die Anknüpfung schwierig und lässt manches Unerledigte wieder wegsacken. Wenn eine längere Pause sinnvoll erscheint, damit der einzelne seine Erlebnisse innerlich aufarbeiten kann, dann muss die Einheit davor zu einem sinnvollen Zwischenhalt führen und nicht zu einer Vertagung aus Zeitgründen.

Stimmt die dynamische Balance

Lernprozesse in der Gruppe sind mitbestimmt durch das Wechselspiel von «Futter erhalten», selbst «Futter suchen» und «Futter verdauen», zum Beispiel als Wechselspiel von Kurzreferaten, Gruppenarbeiten zur Bearbeitung eines Themas und Reflexionszeiten, in denen in Einzelarbeit oder Kleinstgruppen der Bedeutung des bisher Gehörten und Erlebten für einen selbst nachgegangen wird. Dieses Wechselspiel ist nur eines von mehreren, durch die die Balance von Ruhe und Bewegung in den Strukturen des Workshops angestrebt wird.

Prüfen der Balance

- Wechsel von Einzelarbeit, Gruppenarbeit, Plenum?
- Balance von emotionalem Lernen und Sachlernen am Thema?
- Balance zwischen der Zeit für die Bedürfnisse jedes einzelnen Mitgliedes und für die der gesamten Gruppe?
- Wechsel von Stillsitzen und Zuhören bzw. sich bewegen und Eigenaktivität?

Plenum oder Gruppe?

Ein wichtiges Wechselspiel ist die Folge von Einzelarbeit, Gruppe und Plenum. Gruppenarbeit wird meist als emotional wärmer, dichter und produktiver erlebt als die Arbeit im Plenum. Plenumsarbeit erfordert von den Teilnehmenden eine gewisse Geduld und Gelassenheit. Sie erfordert mehr Mut, um sich zu exponieren, was in der überschaubaren Kleingruppe leichter geht. Gerade deshalb ist das Plenum ein wichtiges Übungsfeld, und es wäre schade, wenn es zu einem Ort degeneriert, an dem nur die Themen bekanntgegeben werden, die Ergebnisse der Gruppenarbeiten gesammelt und administrative Hinweise publiziert werden. Dann passiert wirklich alles Interessante in den Untergruppen, und im Plenum ist die «Luft raus».

Das Plenum ist zudem der Ort gemeinsamer – mitunter mühsamer! – Entscheidungsfindung und Planung. Es ist der Ort, an dem sich das «Wir» der Gesamtgruppe entwickelt, durch Gedankenaustausch und Interessenausgleich. Das Plenum ist meist auch der geeignete Ort für die Vermittlung von Theorien und Informationen, die für alle relevant sind. Visualisierung und die Nutzung von aktivierenden Elementen wie Nachbarschaftsdiskussionen, Fishbowls, Präsentation von Gruppenarbeitsergebnissen helfen, auch trockenere Stoffe vermitteln zu können.

Das Plenum ist normalerweise nicht der Ort für langwierige Detailarbeit an spezifischen Themen. Das gilt besonders für sachorientierte, eher «kopflastige» Themen, bei denen schneller Ermüdungserscheinungen und der Wunsch nach Abwechslung entstehen. Arbeitsgruppen eignen sich dann gut zur Diskussion von Ursachen sowie zur Sammlung und Erarbeitung von Lösungsvorschlägen, die im Plenum besprochen und verabschiedet werden können.

Themen und Arbeitseinheiten im Zeitablauf betrachtet

- Ergeben sie einen kontinuierlichen Fluss, der die wichtigsten Aspekte des Leitthemas mit sich trägt und den Prozess der Problemlösung fördert?
- Ist genügend Raum für die Mitplanung der Teilnehmenden und für die Bearbeitung ihrer eigenen Themen vorhanden?
- Wie stellt sich das Gesamtbild dar in Bezug auf den Spielraum für Unerwartetes oder erst im Prozess auftauchende Themen?

Ein Zeitplan mit allen Einheiten gibt auch visuell einen guten Überblick über den Verlauf des Roten Fadens. Es ist so leichter, die zeitliche und thematische Folge zu überblicken und aufeinander abzustimmen. Dieser Zeitplan wandert mit auf dem Umsetzungsweg durch den konkreten Workshop.

Ein Thema, das man bei der Zeitplanung leicht vergisst: Jede gemeinsame Arbeit braucht Zeit für Planung und Auswertung, mindestens bei Halbzeit und zum Ende hin. Dafür muss ich im Roten Faden genügend «Löcher» lassen, «Planungslöcher», in denen auch die Mitbestimmung der Gruppe Platz hat.

Wenn ich diese meine eigene Seminarausschreibung erhalten würde:

- Würde ich mich angesprochen fühlen?
- Was höre ich mich sagen?
- Kann ich mir diese Planung als einen lebendigen Prozess vorstellen?

Jede Planung ist immer nur ein «Als-ob-Geschehen», in dem der wichtigste Faktor noch fehlt: Der lebendige Prozess zwischen den Teilnehmenden. Sie füllen den Roten Faden mit Leben – oft dadurch, dass sie ihn verändern. An dieser Stelle kann ich mich nur fragen, ob ich mir diese Planung, so wie sie jetzt vor mir liegt, als Wegweiser zu einem lebendigen Prozess vorstellen kann. Wenn dabei das Gefühl überwiegt, dass ich schon alle Häuser und Bäume am Weg im Plan eingetragen habe, dann habe ich eventuell ein Schiffstau und keinen Roten Faden geknüpft. Wen wollte ich damit festbinden? Der Rote Faden sollte bleiben, als was er gedacht war: Leitlinie und ein Vorrat an Möglichkeiten, auf die ich in der aktuellen Situation zurückgreifen kann.

Leitung im Team

- Wie teilen wir uns die Leitung einzelner Einheiten untereinander auf?
- Welche Inhalte will ich auf jeden Fall selbst leiten?
- Haben wir genug Zeit zur Planung und Abstimmung?
- Sind Co-Leiter vorgesehen, die in Ausbildung stehen?
  - … Was erfordert ihr Einsatz von mir an Betreuungsleistungen und Anleitung?
  - … Welche Einheiten wären für ihn als Übungsstück geeignet?

Über das Leiten im Team haben wir im Arbeitspapier 6.3 einige Gedanken zusammengestellt. Hier geht es darum, die Rollen- und Aufgabenteilung abzusprechen, die eine entsprechende Vorbereitung der Beteiligten ermöglichen soll.

Sicher ist sicher: Steht am Tagungsort wirklich zur Verfügung, was ich dort brauche?

Auf die Bedeutung des Tagungsortes wurde bereits hingewiesen. Um sicher zu sein, ob alles, was ich dort benötige, auch vorhanden ist oder von mir mitgenommen werden wird, greife ich gern auf eine Checkliste zurück, ähnlich wie beim Kofferpacken. Diese Liste kann ich mit den Angaben zu Programm und Zeitablauf, Raumbedarf, Ausstattung, Technik etc. an die Verantwortlichen des Tagungszentrums zur Information und Erledigung schicken.

6 Zwischenhalt: Arbeitspapiere zum Verständnis von Gruppen- und Leitungsprozessen

Bevor wir auf die weiteren Schritte im Ablauf des Arbeits- und Lernprozesses kommen (Anfangsphase, Prozessbegleitung und rollende Planung, Endphase und Transfer), wollen wir einige Arbeitspapiere einschieben, die als Hintergrundwissen für die Gestaltung und für das Geschehen in diesen Phasen nützlich sein können.

Die Papiere stehen an dieser Stelle, weil ihre Themen zum gemeinsamen Fundus für die nächsten Phasen im Prozess gehören. Wir haben uns dabei auf folgende Themen konzentriert:

Übersicht über Kapitel 6

6.1 Themenzentrierte Interaktion (TZI): Grundlage für lebendiges Lernen und Arbeiten in Gruppen
6.2 Wie Anliegen zum Thema werden
6.3 Rolle, Aufgabe und Selbstverständnis des Leiters
6.4 Entwicklungsphasen von Gruppen: ihre Bedeutung für die Vorbereitung, Planung und Leitung
6.5 «Ich sehe was, was du nicht siehst» – Materialien zur Wahrnehmung
6.6 Wenn's kritisch wird: Ursachen, vorbeugende Interventionen und Vorsorge für den Ernstfall

6.1 Themenzentrierte Interaktion (TZI): Grundlage für lebendiges Lernen und Arbeiten in Gruppen

Übersicht über Kapitel 6.1

6.1.1 Entstehung und Fundament von TZI
6.1.2 Das runde Dreieck – der Schlüssel für das lebendige Lernen
6.1.3 Dynamische Balance anstreben
6.1.4 Axiome der TZI
6.1.5 Die Postulate der TZI
6.1.6 Regeln für die Kommunikation in Arbeits- und Lernprozessen

6.1.1 Entstehung und Fundament von TZI

Das gedankliche Konzept des Leitens von Gruppen und des teilnehmerorientierten interaktionellen Lernens in Gruppen, das diesem Buch zugrunde liegt, lehnt sich an einen Ansatz an, der von der Psychoanalytikerin Ruth Cohn in den 70er Jahren entwickelt wurde. Als «Themenzentrierte Interaktion», kurz TZI genannt, hat dieser Ansatz, der sich der humanistischen Psychologie zuordnet, weite Verbreitung gefunden. Die beiden Begriffe im Namen besagen, dass hier thematisch-sachbezogenes Arbeiten und ein menschenwürdiger Umgang in der Kommunikation und Interaktion aufeinander bezogen werden und gemeinsam für effektives Arbeiten und Lernen verantwortlich sind. Neben der Begegnung von Mensch und Mitmensch ist es eine anthropologische Grundannahme der TZI, dass ein Mensch erst ganz Mensch wird durch die Themen und Aufgaben, die er sich zu eigen macht. Der Bezug auf das Thema ist ein unterscheidendes Moment der TZI im Verhältnis zu anderen Gruppenmethoden. Ein weiteres unterscheidendes Element ist der Einbezug des «Globes», auf den wir weiter unten noch eingehen.

Anstoß für die Entwicklung der TZI war für Ruth Cohn die Frage, wie die persönlichkeitsstärkenden Faktoren therapeutischer Arbeitsmethoden für das Lernen und Arbeiten in nicht-therapeutischen Gruppen und im alltäglichen Leben nutzbar gemacht werden könnten, in denen sowohl sachliche Aspekte (z.B. aus Arbeits- und Forschungsbereichen, Lernanliegen sowie politische Fragen) im Kontext mit den individuellen Anliegen und den sozialpsychologischen Faktoren der Kommunikation in Gruppen bearbeitet werden sollen und auf die jeweils relevante Umwelt bezogen werden.

Anders und kürzer gesagt: TZI findet immer dann ein fruchtbares Anwendungsfeld, wenn sich zwischen Menschen ein Prozess entwickeln soll, der personenbezogen ist und zugleich zu anderen, zu Inhalten und zur Umwelt Bezug nimmt.

Das Menschenbild in der Humanistischen Psychologie

Die Humanistische Psychologie, die sich als dritte Kraft neben Psychoanalyse und Verhaltenstherapie sieht und der sich auch die TZI zuordnet, schafft keinen neuen Menschen und setzt ihn auch nicht voraus, um mit ihrem Konzept zu arbeiten. Sie akzeptiert Menschen wie sie sind und appelliert an ihre wachstumsorientierten und gesunden Kräfte, die auch im Stande sind, schwierige Entwicklungswege zu beschreiten. Sie fördert das, was den Menschen ausmacht, nämlich seine Fähigkeit zu schöpferischer Formgebung, zu abstraktem Denken und Zuordnen von Fakten und Gefühlen. Sie nutzt sein

Vergangenheitsbewusstsein ebenso wie das Bewusstsein für Mitverantwortung an der Gestaltung der Umwelt.

Allen Zweigen dieser Bewegung gemeinsam ist ein Optimismus, der auf die positiven menschlichen Möglichkeiten und auf die Fülle ihrer Entfaltung setzt, indem er dem Menschen von Kindheit an Gutes zutraut und ihn ermutigt, anstatt ihm von vornherein mit Misstrauen und Demütigungen zu begegnen.

Das Bild vom Menschen, wie es die Humanistische Psychologie und die aus ihr entwickelten Konzepte sehen, entspricht einem Menschen, der

- an seiner Vergangenheit interessiert ist,
- seine Zukunft entwickelt,
- in der Gegenwart handelt,
- der die Interessen anderer Menschen und die der Umwelt wahrnimmt und einbezieht,
- der Andersartigkeit akzeptiert,
- der die Chance, voneinander zu lernen, nutzt und
- der nicht stehen bleibt, wenn es Entwicklungsmöglichkeiten gibt, die mehr Freiraum und Eigenentscheidung bedeuten.

Damit ist zugleich auch die ethische Perspektive von TZI umrissen. Die Umsetzung von TZI und der Einsatz der dabei verwendeten Methoden lässt sich von dieser ethischen Perspektive nicht trennen.

Hilfen von TZI in Lern- und Veränderungsprozessen

Mit diesen Voraussetzungen ist TZI ein gedankliches Konzept, welches Lern- und Veränderungsprozesse in Gruppen unterstützt:

- Sie ermöglicht es, die Entstehung und die einzelnen Aspekte einer problematischen Situation ganzheitlicher zu erfassen.
- Sie belässt es weder bei einer rein sachlichen Beurteilung, noch belastet sie einzelne Personen als alleinige Urheber von Situationen.
- Sie glaubt nicht an schicksalhaft vorgegebene Grenzen der Kommunikation und schiebt nie ausschließlich den Verhältnissen die Schuld an der Situation zu.
- Sie hilft, Lösungen für Probleme so zu gestalten, dass sie realistisch und umweltbezogen und zukunftsorientiert sind und vor allem von den beteiligten Personen getragen werden.
- Sie regt zu einer Art der Leitung von Arbeits- und Lerngruppen an, die persönliche, soziale und sachliche Bedürfnisse gleichwertig in den Prozess der Zielerreichung einbezieht.

In den methodischen Kontext von TZI lassen sich eine Vielzahl von Instrumenten und Methoden des persönlichen und sozialen Lernens und der Wissensvermittlung einsetzen, solange ihr Einsatz die ethischen Grundsätze unterstützen helfen.

6.1.2 Das runde Dreieck – der Schlüssel für das lebendige Lernen

Verdeutlicht werden kann diese ganzheitliche Sichtweise der TZI zunächst mit dem vermutlich vielen Lesern bereits vertrauten Bild des Dreiecks in Abbildung 8 auf der folgenden Seite.

Es ist die zentrale Denkfigur der TZI, die mit ihrem pragmatischen Ansatz sowohl den ethischen Hintergrund als auch die methodische Handhabung symbolisiert. Wir stellen das Dreieck in den Mittelpunkt unserer Beschreibung von TZI. Wir sehen seine Bedeutung verstärkt als Ausgangspunkt und Zielpunkt von Veränderungsprozessen bei einzelnen, in Gruppen oder in Institutionen, die Dauerhaftigkeit und Ganzheitlichkeit versprechen.

Die Relevanz dieses Dreiecks für das Vorbereiten und Leiten von Gruppen soll in dieser Darstellung deutlich werden:

Lernen in Gruppen wird produktiv,

- wenn den Teilnehmenden gemeinsam klar wird, an was sie mit welcher Zielsetzung arbeiten können,
- wenn wir in der Arbeit am Thema auch an persönlichen Stärken und Schwächen arbeiten können,
- wenn die Interaktion untereinander auch Gegenstand des Lernens und der Reflexion wird,
- wenn die Teilnehmenden ihre persönlichen Energien freisetzen und einbringen können,
- und schließlich (aber nicht zuletzt!), wenn das Ergebnis des Lern- und Arbeitsprozesses die relevanten Bedürfnisse der Umwelt im weiteren Sinne berücksichtigt und das Ergebnis in ihr umgesetzt werden kann.

Chancen und Grenzen des Dreiecks

Die drei Pole des Dreiecks stehen in einer Wechselbeziehung zueinander, die zugleich erweiternd und begrenzend wirkt. So öffnet zum Beispiel das Wechselspiel zwischen dem Thema und dem Einzelnen oder dem Thema und der Gruppe die Chance zu vertiefter Bearbeitung des Themas, da emotionale Bezüge und bisherige Erfahrungen des Einzelnen oder der Gruppe in die Diskussion und die Ausgestaltung einer Lösung eingehen, die dann vermutlich

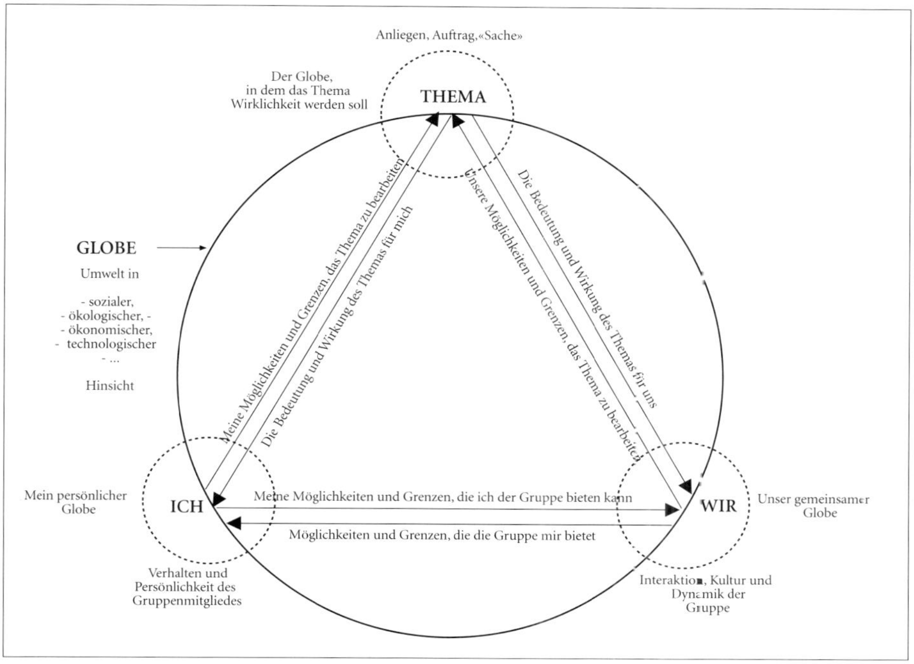

Abbildung 8: Das TZI-Dreieck im Globe

auch in der Phase der Realisierung auf stärkere Akzeptanz und engagierteres Mittragen treffen wird.

Andererseits sind die psychischen und praktischen Kenntnisse und Fähigkeiten des Einzelnen und der Gruppe nicht beliebig groß und auch nicht beliebig vermehrbar. Sie begrenzen daher die Zahl und die Qualität der denkbaren Alternativen für eine Problemlösung. Entsprechendes gilt auch für das Wechselspiel zwischen dem ICH und dem WIR: Mit dem eigenen Potenzial an Fähigkeiten ist das einzelne Mitglied eine wichtige Quelle für das Lernen der Gruppe und zugleich auch eine Grenze dafür. Die physische, geistige und psychische Belastbarkeit steckt die Breite und Tiefe des Lernfeldes ab. Andererseits regt die Gruppe das Lernen ihrer Mitglieder an, kann aber durch ihre Dynamik und ihre Eigenziele dieses Lernen auch behindern.

Der Globe

Der «Globe» ist ein wichtiger Teil des TZI-Konzeptes. Sein Einbezug macht das Dreieck «rund». Mit dem Globe ist sinnbildlich die natürliche, soziale und gesellschaftliche Umwelt gemeint, die zunächst die Rahmenbedingungen für die Arbeit der Gruppe setzt. Die Arbeit der Gruppe kann sich natürlich auch auf die Veränderungen dieser Rahmenbedingungen beziehen – kurzfristig sind sie jedoch feste äußere Gegebenheiten. In längerer Perspektive kann sich allerdings auch der Globe durch die «Arbeit am Dreieck» verändern, sofern das Lernen handlungsorientiert betrieben wird. Partizipation in Entscheidungsprozessen, Teamarbeit in Produktion und Schule, Toleranz gegenüber anderen Lebensformen sind Beispiele solcher möglichen Auswirkungen: Sie wirken auf gesellschaftliche Werte und Vorstellungen zurück.

Zusätzlich bringt jeder der drei Pole des Dreiecks auch seinen eigenen Globe mit. Der einzelne lebt in seiner eigenen spezifischen Welt mit eigenen sozialen Beziehungen, mit seiner eigenen Arbeitswelt und seinen eigenen

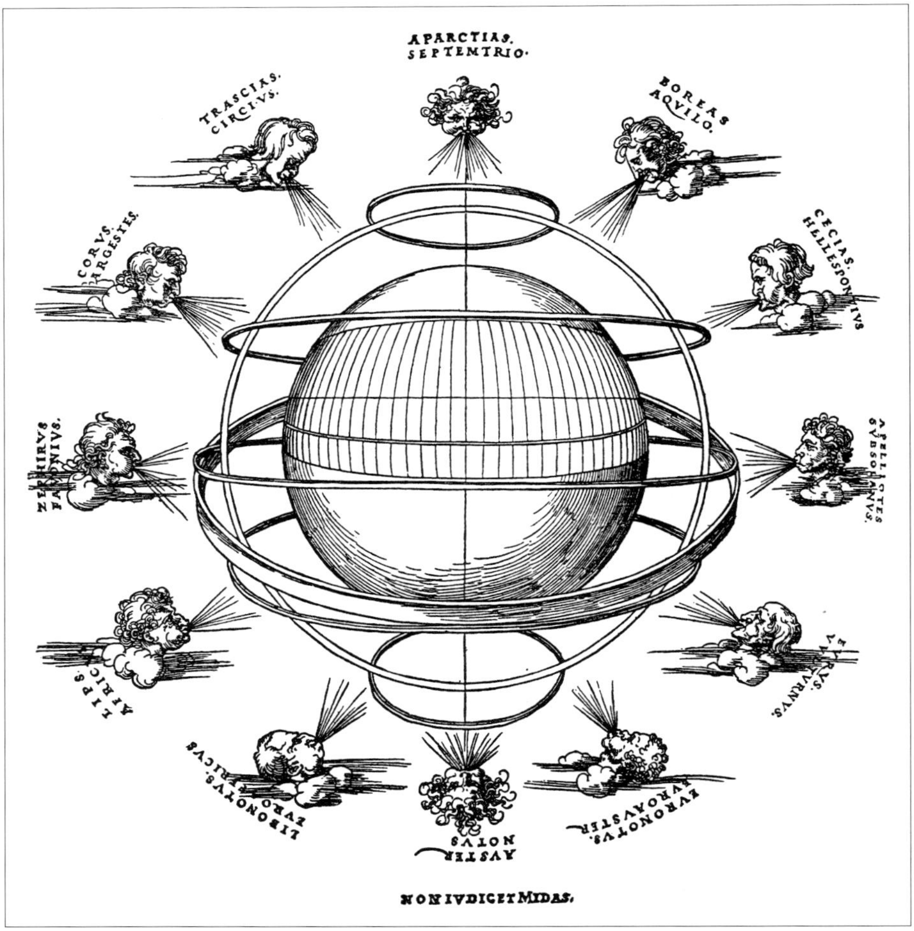

Abbildung 9: Windrose – auch ein Symbol für den Globe

Sichtweisen, mit denen er den Lauf der Dinge erklärt und die er sich im Lauf des Lebens zurechtgelegt hat.

In der Gruppe andererseits entstehen eine bestimmte Kultur und gemeinsame Sichtweisen darüber, wie «die Welt funktioniert» und was wichtig und richtig ist und was nicht. Diese Gruppenkultur, ihre Normen und Werte bilden den Globe der Gruppe, der noch erweitert wird durch Elemente einer gemeinsamen Arbeitswelt, aus der die Gruppe kommt.

Schließlich hat auch das Thema seinen eigenen Globe, seinen Ausschnitt aus der Wirklichkeit, auf den es Bezug nimmt und in der es sich bewähren soll – der Globe eines Krankenhauses zum Beispiel, einer Schule oder eines Unternehmens. Alle Lern- und Veränderungsprozesse haben nur dann eine Zukunft, wenn sie mit dem jeweiligen Globe in Verbindung bleiben. Der Globe ist nichts Starres, eher ein Sammelbegriff für die vielfältigen Kräfte, die von außen auf das Vorhaben einwirken, es fördern oder ihm Grenzen setzen. In diesem Sinne hat uns auch das Bild von der Windrose in Abbildung 9 zugesagt. Der Globe bleibt letztlich die bedingende Komponente.

6.1.3 Dynamische Balance anstreben

Lernprozesse in Gruppen sind begleitet von einer ständigen Reflexion der dynamischen Balance der oben beschriebenen Pole und des Globes untereinander. Dynamische Balance deutet an, dass diese Balance immer wieder neu reflektiert und gegebenenfalls hergestellt werden muss. Das geschieht nicht von selbst. Immer wieder droht das Aus-der-Balance-geraten:

- Ein eiliges Sachziel dominiert die emotionale Ebene;
- ein Beziehungsproblem lässt die Sacharbeit in den Hintergrund treten;
- vor lauter Arbeit am «Wir» kann sich der Einzelne zu wenig entfalten;
- gelegentlich wird der Umwelt eine Priorität eingeräumt, die jede Entwicklung im Dreieck blockiert.

Die dynamische Balance des Ich-Wir-Themen-Dreiecks immer wieder herzustellen ist eine der wichtigen Aufgaben der Leitung.

Es gehört zur Kunst des Gruppenleitens, innerhalb des Lern- und Arbeitsprozesses die Ansprüche und Bedürfnisse der drei Pole miteinander auszugleichen und den Bezug zum Umfeld dabei nicht aus dem Auge zu verlieren. Die Reflexion des in den Globe eingebetteten Dreiecks zeigt dem Leiter (zum Thema «Leiten und Leiterselbstverständnis» s. Kap. 6.3), wo Stagnation einzutreten droht oder die Überbetonung eines der Pole bzw. des Globes den ganzheitlichen Lernprozess behindert.

Im laufenden Prozess sollte immer wieder neu gefragt werden, was die einzelnen Personen jetzt brauchen (Ich-Ebene), damit sie als Gruppe (Wir-Ebene) arbeits- und lernfähig werden und bleiben und die Sache voranbringen (Themen-Ebene), um derentwillen sie zusammengekommen sind und die sie in ihrem Alltag (Globe-Ebene) umsetzen wollen. Die Aufgabe des Leiters ist es, dieses Wechselspiel zu einem sinnvollen Fluss zu gestalten, der der Gruppe und ihren Mitgliedern hilft, ihre Ziele zu erkennen und zu erreichen.

In dieser gegenüber der ursprünglichen Form etwas erweiterten Darstellung bietet das TZI-Konzept einen tragfähigen Rahmen zur Analyse, Vorbereitung und Begleitung von Lernprozessen in Gruppen, der im folgenden durch drei wichtige Bausteine der TZI erweitert werden soll: die *Axiome*, die *Postulate* und die *Kommunikationsregeln* der TZI.

6.1.4 Axiome der TZI

Die Axiome der TZI – formuliert aus der vorne beschriebenen ethischen Grundeinstellung und der Formulierung von Ruth Cohn (siehe z.B. Cohn & Farau, 1997) – drücken ihr Anliegen in thesenhafter Form aus. Sie beeinflussen die Auswahl und den Einsatz aller methodischen Schritte im Lernprozess. Ihre Präsenz ist ausschlaggebend dafür, wie Entscheidungen getroffen werden, bei denen der Mensch selbst und eine nachhaltig lebensfähige soziale, wirtschaftliche und ökologische Umwelt als Maßstäbe gelten.

Die Axiome werden von einzelnen Autoren verschieden zugeordnet und sind in der Wortwahl selbst bei Ruth Cohn unterschiedlich. Von Inhalt und Aussage her sollten sie jedoch gleich sein. Unserer Darstellung hier liegt der Text aus Cohn und Farau (1997) zugrunde.

Das erste Axiom: Ganzheitlichkeit des Menschen

Der Mensch ist eine psycho-biologische Einheit. Er hat physische, emotionale, intellektuelle und spirituelle Bedürfnisse, Erfahrungen und Antriebe.

Sie repräsentieren Facetten derselben Persönlichkeit und können nicht voneinander losgelöst betrachtet werden. Es ist wie ein Mobile, das ich im Zimmer hängen habe: Berührt man einen Teil, so reagiert das ganze Mobile, und doch wird nicht immer wieder das gleiche oder das nächsthängende Teil in eine ähnlich starke Schwingung versetzt. Häufig sind es die unbeachteten Teile an der Peripherie, die überraschend stark in Mitleidenschaft gezogen werden. Nicht viel anders ist es bei dem Menschen: Wird eine Facette der Persönlichkeit zu wenig in ihrer Entwicklung berücksichtigt oder in ihrer Bedeutung wahrgenommen, dann leidet der ganze Mensch.

Das zweite Axiom: Freiheit und Verantwortung

Der Mensch ist autonom und interdependent, eigenständig und allverbunden. Er ist Teil des Universums. Freie Entscheidung geschieht innerhalb der inneren und äußeren Grenzen, deren Erweiterung möglich ist.

Der Mensch befindet sich immer im Prozess mit anderen. Er ist weder völlig autonom auf sich selbst gestellt noch völlig abhängig von anderen. Es ist ein Lernanliegen der TZI, den Raum innerhalb bestehender Grenzen, die eine Realität jeden Lebens und Zusammenlebens sind, auch wirklich als Freiraum zu nutzen. Nicht selten begehren wir gegen Grenzen auf, bevor wir sie genau angesehen und den Raum, der bis zur Grenze zur Verfügung steht, konsequent ausgelotet und genutzt haben. Je gesünder, geistig und zwischenmenschlich interessierter wir uns fühlen, um so konstruktiver können wir diesen Raum füllen – und, wo notwendig, die Grenzen verschieben oder aufheben. Abgrenzungen sind lebensnotwendig und sind nicht das Gleiche wie Ausgrenzungen, die den Lebensraum anderer beeinträchtigen.

Das dritte Axiom: Menschlichkeit und Schutz der Schöpfung

Ehrfurcht gebührt allem Lebendigen und seinem Wachstum.

Dieses dritte Axiom beinhaltet den Respekt vor allem Geschaffenen und Geborenen, den Respekt vor allem Wachstum, das dem Leben dient und Humanität fördert und bewahrt. Alles Inhumane ist lebensbedrohend, wobei sich diese Bedrohung auch auf das Vernachlässigen oder Unterdrücken von seelischen, geistigen und zwischenmenschlichen Fähigkeiten bezieht.

Die Auswirkung der Axiome

In der Praxis des Lernens in Gruppen finden diese Axiome ihren Ausdruck in verschiedenen Qualitäten:

- in der Herstellung von *Gleichrangigkeit* zwischen der Arbeit am jeweiligen Thema, der Interaktion in der Gruppe und dem Beteiligtsein jedes Einzelnen: Die Sache ist ebenso wichtig wie ich wichtig bin und du und unsere Interaktion und die Welt, in der wir leben,
- im Beachten und Einbeziehen des *Umfeldes* der Gruppe und des Umfeldes ihrer Mitglieder: Die Realität des Umfeldes ist letztlich die Entscheidungsinstanz für die Umsetzung und Beibehaltung der Lernergebnisse der Gruppe,

- in einer deutlich wahrnehmbaren *Leitung* (siehe auch Kap. 6.3): Sie ist auf Förderung der sachlichen und sozialen Kompetenz des Einzelnen ausgerichtet sowie auf die Entwicklung der Sensibilität sich selbst und anderen gegenüber,
- im konsequent durchgehaltenen *Themenprinzip:* Jede Einheit steht unter einem ausdrücklichen Thema, an dem die Gruppe arbeiten will – damit unterscheidet sich die TZI von anderen Methoden der Gruppenarbeit, in denen eher der Prozess selbst Quelle des Lernens ist und zum Thema wird (siehe auch Kap. 6.2),
- im gelebten Respekt und gelebter wechselseitiger *Wertschätzung* der Andersartigkeit des anderen und der Vielfalt der Meinungen und Erfahrungen, ohne die Entwicklung wenig Chancen hat,
- nicht zuletzt im Anerkennen der *Balance zwischen Autonomie und Einschränkung.* Es wird zunehmend wichtiger, dass Menschen in ihrem Lebens- und Arbeitsumfeld ihre Autonomie wahrnehmen können, um die ihnen übertragenen Aufgaben so zu tun, wie sie es für richtig halten und dabei mit gleicher Aufmerksamkeit sich an den Grenzen und Zielen orientieren, die im Gesamtinteresse gesetzt sind,
- in der praktischen Anwendung der Postulate und der ergänzenden Spielregeln für Kommunikation und Zusammenarbeit, um die es im Folgenden gehen soll.

6.1.5 Die Postulate der TZI

Für die Arbeit in Gruppen haben in der TZI zwei sogenannte Postulate Bedeutung gewonnen, die im folgenden kurz erläutert werden sollen. Während die Axiome die Grundwerte der TZI beschreiben, sind die Postulate und Kommunikationsregeln (Kap. 6.1.6) Verhaltensregeln, die helfen, eigenständiges Lernen vor dem Hintergrund der Axiome zu fördern.

Sei Dein eigener Chairman!
So lautet das erste der beiden Postulate im Originaltext von Ruth Cohn. «Chairman» (oder neutraler: «Chairperson») ist schwer ins Deutsche zu übersetzen. Neben der schwierigen Übersetzung ist diese Aufforderung auch schwierig als Postulat im eigentlichen Sinn zu verstehen, nämlich als «eine Annahme, die ohne Beweis bzw. Erklärung einsichtig und glaubhaft einfach praktiziert wird» (Duden, Bd. 5 1960, S. 511). Die Praxis zeigt, dass es gar nicht selbstverständlich ist, dieser Forderung zu folgen. Es bedarf des Anstoßes und einer oft längeren Einübung.

Um wirklich mein eigener Chairman zu werden, bleibe ich – zwar mit wachsendem Erfolg – immer auf dem Lernweg. Dieses Postulat fordert auf, im ständigen Wechselspiel nach innen und nach außen zu sehen. Nach innen, um sich selbst bewusst wahrzunehmen, seine Ideen, Gedanken, Phantasien, Wünsche und Gefühle zu akzeptieren und wichtig zu nehmen. Nach außen, um die anderen und die gemeinsame Aufgabe im Blick zu haben und dann auszuwählen, was ich anbieten und um was ich bitten möchte. Nur das zweifache Hinschauen – nach innen und außen – verhindert Egoismus, der den anderen vergisst, oder eine Helferhaltung, die sich selbst vergisst.

Barbara Langmaack (2000, S. 74) erläutert den Inhalt dieses Postulates so:

> «Höre auf deine inneren Stimmen – deine verschiedenen Bedürfnisse, Wünsche, Motivationen und Ideen. Gebrauche alle deine Sinne – höre, sieh, rieche und nimm wahr. Gebrauche deinen Geist, dein Wissen, deine Urteilskraft, deine Verantwortung. deine Denkfähigkeit. Wäge Entscheidungen sorgfältig ab. Niemand kann dir deine Entscheidungen abnehmen und niemand kann dir die Kosten abnehmen, die dir durch Entscheidungen entstehen. Du bist die wichtigste Person in deiner Welt, so wie ich in meiner. Wir müssen uns untereinander klar aussprechen können und einander sorgfältig zuhören, denn dies ist unsere einzige Brücke von Insel zu Insel.»

Störungen haben Vorrang!

Das zweite Postulat hängt inhaltlich eng mit dem ersten zusammen und regt dazu an, dem zur Zeit abgelenkten Teil der Person angemessenen Raum zu geben und zu schauen, was er mit dem Thema oder dem Prozess der Gruppe zu tun hat. Schmerzen, starke Abneigung oder unausgeräumte Vorurteile können der aktuellen Mitarbeit in der Gruppe ebenso im Wege stehen wie große Heiterkeit oder freudige Ereignisse. Unterschwellig schwächen sie die Konzentration auf das eigentliche Vorhaben und binden Energie, die der Arbeit fehlt.

Man kann dieses Postulat so übersetzen: «Unterbrich' das Gespräch, wenn du nicht wirklich teilnehmen kannst, weil dich Belastendes oder Faszinierendes ablenkt oder du aus einem anderen Grunde unkonzentriert bist.» Wenn dieses beachtet wird, so hilft sich der Einzelne meist selbst aus seiner derzeitigen Position heraus, und die Gruppe erfährt, was in ihm vorgeht und welchen Anteil sie daran hat.

Warum Störungen wichtig sind

Wo soll das hinführen, mag manch einer denken! Gewiss, der Umgang mit dieser Art von Störungsbearbeitung bedarf der Einübung. Manchmal hält dieses

Vorgehen im Moment den Arbeitsablauf auf. Oft genug fördert es ihn auch, da die Störung, die der Einzelne ausspricht, meist auch mit Problemen in der Gruppe zusammenhängt, die auch andere empfinden, ohne sie im Moment aussprechen zu können. Einer ist hier der Mund für einen Teil der Gruppe oder für alle.

Die Folgen der Nichtbeachtung von Störungen können schwerwiegend sein, weil sie das Lernen und die Arbeit behindern oder gar verhindern. Die Gruppe kann Störungen zwar ignorieren, wirksam sind sie trotzdem. Störungen nehmen sich den Vorrang. Sie zu ignorieren ist wie fliegen wollen, ohne das Gesetz der Schwerkraft zu beachten. Eine Gruppe, die Störungen ihrer Mitglieder offen und akzeptierend bearbeiten kann, gewinnt die scheinbar verlorene Zeit durch konzentriertere und intensivere Arbeit zurück.

Störungen sind oft durchaus willkommen. Sie zeigen Veränderung bzw. Entwicklung an: Lernen löst im Grunde immer Störungen aus und muss das auch tun. Es stört Gewohntes und bringt bestehende, hemmende oder nicht mehr sinnvolle Muster aus dem Gleichgewicht. Diese Muster haben bisher Halt und Sicherheit gegeben, selbst wenn sie eigentlich nicht mehr hilfreich waren. Störungen geben auch Einblicke in die Dynamik der Gruppe, sind meist Hinweis auf eine Unbalance oder eine inadäquate Zeitstruktur. In diesem Sinne sind Störungen durchaus produktiv und sollten nicht gleich als Krise interpretiert werden, die möglichst rasch «bewältigt» werden oder vermieden werden muss.

Der Umgang mit Störungen

Störungen werden in der Regel «nur» so weit bearbeitet, wie sie den momentanen Fortgang der Gruppenarbeit hemmen. Das ist meistens in der vorhandenen Zeit zu leisten. Grundsätzlichere Störungen sind mit kurzen Interventionen allerdings nicht genügend aufzulösen. Sie sollten ihre «Stunde der Bearbeitung» finden und gegebenenfalls als Thema eingebracht werden, das den Beteiligten hilft, die Ursachen dieser Störung zu verstehen und damit umgehen zu lernen.

Individuelle Störungen, die ihre Ursache nicht primär im Prozessverlauf, im Thema oder in der Gruppe haben, sondern in tieferen Persönlichkeitsschichten, werden meist nicht im Workshop bearbeitet werden können. Die Betroffenen brauchen jedoch eine Hilfestellung, damit die Störung Ruhe findet, bis sie an geeignetem Orte weiterbearbeitet werden kann (zum Thema «Krisen» siehe Kapitel 6.6).

6.1.6 Regeln für die Kommunikation in Arbeits- und Lernprozessen

Im Rahmen der TZI sind eine Reihe von Regeln angesiedelt worden, die aus dem Erfahrungsschatz («common sense») gelungener Kooperation und Kommunikation stammen. Sie helfen, die Kommunikation untereinander offener und klarer zu gestalten, Denken und Fühlen in Einklang zu bringen, Wahrnehmungsfähigkeit und das Lernen voneinander zu fördern und Entwicklung zu erleichtern. Sie hängen miteinander zusammen und sollten immer in ihrer Vernetzung gesehen und gehandhabt werden.

Vertritt dich selbst in deinen Aussagen: Sprich per «ich» und nicht per «wir» oder per «man»!

Aussagen einzelner Gruppenmitglieder, wie «Die Gruppe denkt, dass ...», «Wir langweilen uns alle», «Die meisten hier sind anderer Meinung als du», «Wir wollen eine Pause», stimmen so oft nicht. Das pauschale «wir» oder «man» zwingt die, die anderer Meinung sind, in die Abwehr, oder es beginnt das große Rätselraten, wer wohl wirklich gemeint ist. Es sind quasi unerlaubte Übergriffe auf andere, die Übereinstimmung voraussetzen, die gar nicht abgeklärt wurde.

Die verallgemeinernden Wendungen von «wir» wie z.B. in «wir glauben», «man tut», «niemand sollte» sind fast immer persönliche Versteckspiele. Der Sprechende übernimmt nicht die volle Verantwortung für das, was er sagt. Er versteckt sich hinter der öffentlichen Meinung oder einer behaupteten Mehrheit, um sich selbst und seine Zuhörer zu überzeugen. Wenn ich Bestätigung brauche oder wünsche, muss ich per «Ich» von meinen Bedürfnissen und Wünschen sprechen und überprüfen, ob die anderen mir wirklich zustimmen.

Wenn du eine Frage stellst, so sage, warum du fragst und was die Frage für dich bedeutet.

Ohne Frage: Fragen sind aus unserer Kommunikation nicht wegzudenken. Dennoch werden Fragen schnell einmal als inquisitorisch, bedrängend und suggestiv erlebt. Ausweichende Antworten oder Gegenfragen sind die Folge. Das Interview ersetzt dann den Dialog. Wenn dagegen Fragen mit persönlichen Aussagen verbunden werden, inspiriert das zu weiteren Interaktionen.

Sobald sich der Frage auch der Hintergrund des Fragens hinzugesellt, kann für den anderen ein Denkanstoß daraus werden. Die Frage gewinnt an Transparenz und lässt deutlich erkennen, warum diese Frage gestellt wird.

Sei authentisch in deiner Kommunikation. Mache dir bewusst, was du denkst und fühlst, und wähle aus, was du sagst und tust!
Authentisch sein heißt, Kontakt zu seinen eigenen Gedanken und Gefühlen zu halten. Sie geben mir Auskunft darüber, was ich jetzt brauche, wünsche oder tun sollte. Jedoch nicht alles von dem, was ich denke und fühle, werde ich sagen oder in Handlung umsetzen. Ich werde den anderen, die Tragfähigkeit der Beziehung, die Sache, um die es geht, die äußeren Umstände und meinen eigenen Mut dabei im Auge haben. Das bedeutet verantwortliche Auswahl. In dieser Weise authentisch zu sein, ist der dritte Weg zwischen undifferenzierter Offenheit und ängstlicher Zurückhaltung.

Seitengespräche als Signale aufnehmen
Seitengespräche stören den Verlauf des Gesprächs und deuten auf Bedürfnisse hin, die sich Vorrang genommen haben. Wenn Teilnehmer Seitengespräche führen, so sind sie mit großer Wahrscheinlichkeit stark beteiligt – oder gar nicht! Es kann sein, dass ein Teilnehmer etwas sagen will, was ihm wichtig ist, sich aber scheut, es zu tun; oder er kommt nicht gegen schnellere Sprecher auf und braucht Hilfe, sich in der Gruppe zu exponieren. Er kann auch aus dem Gruppenprozess herausgefallen sein, signalisiert Langeweile, die andere auch schon plagt, und versucht nun, auf einem Privatweg die Langeweile zu beenden. Diese Regel weist auf die Bedeutung des Störungspostulats hin.

Nur einer zur gleichen Zeit bitte!
Niemand kann mehr als einer Äußerung zur gleichen Zeit zuhören. Damit man sich auf jeden Beitrag konzentrieren kann, müssen sie nacheinander erfolgen. Gruppenzusammenhalt entsteht auch aus dem konzentrierten Interesse füreinander, was durch aktives Zuhören gefördert wird. Diese Regel gibt jedem Teilnehmer die Chance, gehört zu werden.

Beachte Signale aus deinem Körper und achte auf solche Signale auch bei den anderen!
Wer die Sprache seines Körpers beachten lernt, wird genauer verstehen, wie Gedanken und Aussagen von ganz bestimmten Körpergefühlen begleitet werden und wie diese ihrerseits eine Aussage machen. Bei sich selbst und bei anderen auf die Sprache des Körpers zu achten, verschafft wichtige zusätzliche Informationen und Austausch über das Gesprochene und Gehörte hinaus. Der eigene Körper signalisiert Zutrauen oder Ablehnung, Freude oder Ärger sehr deutlich und in der Regel eher, als es aussprechbar wird. Ein Kloß im Hals signalisiert mir u.U. frühzeitiger und eindringlicher, dass die momentane Situation für mich nicht entspannt ist.

Jedoch ist Vorsicht geboten beim Gegenüber und seinem Körperausdruck. Körpersprache ist keineswegs eindeutig! Nicht jedes unnötige Spiel mit den Fingern muss Ablehnung, Ärger oder Langeweile signalisieren. Hier hilft eine Weile beobachten, um dann nachzufragen mehr als einfach deuten nach dem Schema «Wenn …, dann …!»

Verwende den Dreischritt «Ich nehme wahr, dass … und das bedeutet für mich … und deshalb will ich tun …».
Der Sprung von der Wahrnehmung («Was sehe, rieche, höre ich?») zur Interpretation («Wie deute ich das, was ich sehe, rieche, höre?») läuft oft gar nicht mehr bewusst ab. Schnell ist das Urteil gefällt. Jedes Urteil, jede Interpretation ist freilich auch die Basis für unser Tun und Lassen. Ohne Interpretation der Informationen, die ich aufnehme, bin ich nicht handlungsfähig. Aber wie oft blockieren meine Interpretationen und meine Vor-Urteile nicht nur mein darauf folgendes Handeln, sondern auch meine darauf folgende Wahrnehmung. Sie passt sich meiner Interpretation einfach an. Deshalb ist der «Dreischritt»

- von «Was nehme ich wahr?»
- über «Wie deute ich das bzw. was bedeutet es für mich?»
- hin zu «Was will ich deshalb tun oder lassen?»

in der Kommunikation eine Regel, die vorschnelles Reagieren vermeiden hilft und Abwehr mindert. Sie hilft, besser zu verstehen, worum es eigentlich geht und Verständnis für einander zu schaffen.

Diese Kommunikationsregeln sollen Interaktion erleichtern und sie direkter und lebendiger machen. Sie bieten eine Hilfe an, auch wenn sie zunächst ins Bewusstsein gehoben, verabredet und eingeübt werden müssen. Ihre Verbindung mit den Axiomen und Postulaten soll dafür sorgen, dass diese Regeln nicht bürokratisch oder rechthaberisch angewandt werden, sondern als Leitlinie für das eigene Verhalten in der Kommunikation mit anderen.

Fazit

TZI bietet ein offenes, entwicklungsorientiertes Konzept zur Vorbereitung und Begleitung von Lern- und Veränderungsprozessen. Es lässt Raum für den Einsatz vieler unterschiedlicher Elemente. Die klare Wertorientierung von TZI lässt jedoch diese Offenheit nicht zur Beliebigkeit verkommen.

Die einzelnen Axiome, Postulate und Kommunikationsregeln sind «an sich» einsichtig und auch nicht von der TZI neu erfunden. Zusammen mit der Dreiecksbalance und dem Ernstnehmen der Einflüsse und relevanten Aspekte aus dem Globe ergeben sie einen anspruchsvollen und wirksamen Ansatz im Umgang mit Lernen und Verändern speziell in Gruppen.

6.2 Wie Anliegen zu Themen werden

Übersicht über Kapitel 6.2

6.2.1 Das Thema als Schlüssel zur Arbeit der Gruppe

Wenn Menschen in Lern- oder Arbeitsgruppen zusammenkommen, haben sie immer offizielle und inoffizielle Anliegen sowie Interessen und Ziele, die den Grund ihres Zusammenkommens bilden.

Bertholt Brecht nennt es in seinem Bühnenstück «Die Mutter» (1931) die «Dritte Sache».

LOB DER DRITTEN SACHE:
Immerfort hört man, wie schnell
Die Mütter ihre Söhne verlieren, aber ich
Behielt meinen Sohn. Wie behielt ich ihn? Durch
Die dritte Sache.
Er und ich waren zwei, aber die dritte
Gemeinsame Sache, gemeinsam betrieben, war es, die
Uns einte.
Oftmals hörte ich Söhne
Mit ihren Eltern sprechen.
Wieviel besser war doch unser Gespräch
Über die dritte Sache, die uns gemeinsam war.
Vieler Menschen große, gemeinsame Sache!
Wie nahe waren wir uns, dieser Sache
Nahe! Wie gut waren wir uns dieser
Guten Sache nahe!

Im Alltagsleben sind Anliegen, Interessen und Lernaufgaben die Dritte Sache, wofür wir miteinander in Beziehung treten! Fehlt die Dritte Sache oder ist sie beendet, dann wird auch die Begegnung zähflüssig und unsinnig, weil inhaltslos.

Anliegen, Interessen und Ziele müssen für ihre Bearbeitung durch den Leiter – ggf. in Zusammenarbeit mit der Gruppe – erst in eine Folge von Zwischenschritten übersetzt werden, die aufeinander aufbauen und jeweils unter ein Thema gestellt werden. *Mit Thema bezeichnen wir den Teilaspekt eines Gesamtanliegens, um den sich die Gruppe gerade zentrieren will oder soll.* Im Laufe der Themenfolge werden mit dieser Focussierung die individuellen und gemeinsamen Anliegen schrittweise geklärt, abgegrenzt, mit den Anliegen der anderen koordiniert und durch Zusammenführen von Ideen, Wissen und Erfahrungen bearbeitet.

So wird die Themenkette zur Grundlage und zum Energiespender für die inhaltliche Arbeit. Dieses Zusammenspiel in der Themensetzung von Anliegen, Zielorientierung und inhaltlichem Weg zum Ziel soll im Mittelpunkt dieses Kapitels stehen. Dabei steht der Begriff «inhaltlich» für sachliche ebenso wie für emotionale und soziale Fragen.

Die Bedeutung der Themenformulierung

Um die Gruppe zum genannten Erfolg zu führen, bedarf das Thema besonderer Zuwendung beim Entwickeln, Formulieren und Einführen in die Gruppe. Adäquat formuliert setzt es wichtige Impulse, die der Gruppe helfen, ihre Ideen und Energien zu erschließen, zu bündeln und umsetzbar zu machen. So werden die Sachfragen aus Umwelt, Gesellschaft und Wirtschaft durch die passende Formulierung als Thema zum Material für das Verstehen und Verändern von Situationen. Ebenso kann die persönliche oder zwischenmenschliche Problematik in ein Thema gefasst werden, welches es ermöglicht, effektive Schritte auf dem Weg zu Verständnis und Veränderung zu gehen und dabei übergeordnete Aspekte einzubeziehen.

Eine begriffliche Abgrenzung muss getroffen werden, wenn wir im Folgenden von Seminar- bzw. Workshop-Thema sprechen: Diese sind gleichzusetzen mit den Anliegen und Zielen, die den Anlass des Zusammenkommens überschreiben. Das Thema selbst bezeichnet nur einen Schritt zur Erreichung des Workshopthemas.

Durch die Art der Formulierung des Themas und seine Erläuterung, auf die wir näher eingehen wollen, werden die Fragestellungen der Gruppe meist erst aus ihrer anfänglichen Anonymität und Unverbindlichkeit herausgeholt und in gestaltende Beziehung zu den Menschen gesetzt, die von ihnen betroffen sind. Das soll dazu beitragen, dass auch zu schwierigen und wenig attraktiven Aufgaben ein persönlicher Bezug hergestellt und der Zugang erleichtert wird.

Der Leiter führt das Thema ein

Damit das Thema in der Gruppe seine Wirkung entfalten kann, braucht es die Unterstützung durch die *Einführung* des Leiters. In der Einführung wird er das Thema erläutern, es in Beziehung setzen zu eigenem Erleben hier in der Gruppe oder woanders, wird transparent machen, wie es mit dem zusammenhängt, was bisher in der Gruppe gemeinsam getan wurde. Sich die Einführung zu überlegen, ist so etwas wie die Planung einer Anfangsphase im kleinen, denn jede Sitzung braucht ihren eigenen Start.

Wenn das Thema in der laufenden Folge der Themen den Teilnehmenden sinnvoll erscheint und der Leiter den Kontext deutlich machen kann, dann gleicht es einem bald anfahrenden Zug, in den der Teilnehmende einsteigen will, wenn auch vielleicht mit Herzklopfen, weil ihn die Fahrt und das Reiseziel reizen. Themen, die erst wie ein blockierter Zug angeschoben werden müssen, stimmen aus irgendeinem Grunde nicht, sei es, dass sie zu einem Zeitpunkt angesprochen werden, an dem die Gruppe noch nicht bereit dafür ist, sei es, dass sie in einer Struktur bearbeitet werden sollen, die ungewohnt, ängstigend oder zu theoretisch ist.

6.2.2 Bevor ich formuliere: Fragen auf dem Weg vom Anliegen zum Thema

Bevor wir in die systematische Seite der Themenentwicklung einsteigen, möchten wir zu einem «Gespräch des Leiters mit dem Thema» anregen. Das Thema, die Struktur, in der es angeboten wird, und die Teilnehmenden berühren den Leiter in vielfältiger Weise. Bestimmte Aspekte des Themas sind ihm vertraut, er freut sich auf sie. Andere Aspekte des Themas würde er lieber weglassen, weil sie ihn stören oder weil er zu wenig informiert ist. In der Gruppe gibt es Menschen, die er mag oder innerlich ablehnt bzw. fürchtet.

Einige Fragen für das «Gespräch mit dem Thema»

- Was verbindet mich mit dir?
- Was stört mich an dir?
- Wie wird es uns beiden in der Gruppe und mit einzelnen Teilnehmenden gehen?
- Was werden sie von dir und mir wollen, was ablehnen?
- Welche Struktur würde mir, dir und den Teilnehmenden helfen, aus dir und mit dir zu lernen?

In einem *«Gespräch mit dem Thema»* kann er sich mit diesen Bezügen auseinandersetzen, statt ihnen auszuweichen und erst in der Leitungssituation auf ihre Schatten zu treffen. So bin ich selbst dem Thema einen Schritt näher, bevor ich es mit den Teilnehmenden teile.

Die nun folgenden sieben Fragen liegen im Vorfeld des Formulierens und sollen helfen, die Brücke zu schlagen zwischen den Anliegen des Auftraggebers und der Teilnehmenden und den Themen, die in ihrer Abfolge zum Prozess der Umsetzung werden. Ein Anliegen könnte z.B. sein, dass die Teilnehmenden nach dem Seminar mit ihrem Zeitbudget effektiver umgehen können. Ein erstes Thema auf diesem Weg könnte lauten: «Wie gerate ich in Zeitnot und welche Faktoren haben dazu beigetragen?» oder «Wenn ich Herr/Herrin meiner Zeit wäre, dann würde ich …, aber …»

1. Auf welcher inhaltlicher Ebene sollte sich der nächste Lernschritt bewegen, um die Gruppe und ihre Mitglieder in Richtung auf Anliegen und Ziele weiterzubringen?

Themen stehen im Zusammenhang zueinander, zumal sie jeweils ein prozessorientiertes Teilergebnis auf dem Weg zu einem Gesamtziel sind. Ich mache mir klar, was jetzt als Nächstes geschehen, besprochen und getan werden sollte, um dieses Gesamtziel zu erreichen. Welches Thema baut auf der bisherigen Themenfolge auf, wofür sollte es vorbereiten?

Auch ein Blick auf die Absprachen mit dem Auftraggeber kann zur thematischen Fokussierung hilfreich sein: Welche Interventionen werden benötigt, damit zwischen den Zielsetzungen von außen – z.B. eines Auftraggebers – und denen der Teilnehmenden Übereinstimmung erreicht wird?

Das Thema und die Struktur für seine Bearbeitung müssen auch den bisherigen Prozess im Auge behalten:

- Haben wir viel mit dem Kopf gearbeitet, und kam dabei das ICH oder WIR ein wenig zu kurz?
- Oder war im Gegenteil bisher die Entwicklung des WIR im Vordergrund, und es wird jetzt Zeit, das eigentliche Arbeitsthema ins Zentrum zu rücken?
- Haben wir vorher Übungen gemacht, für die wir jetzt eine verstehende Nacharbeit brauchen?
- Welcher Bezug zur Welt der Teilnehmenden muss deutlicher hergestellt werden?
- Inwieweit berücksichtigt der Prozess bisher die Situation der Teilnehmenden in ihrer Arbeitswelt oder in ihrem persönlichen Umfeld?

2. Welche Voraussetzungen bringt der bisherige Prozess für das neue Thema?

- Wie ist im Augenblick das Klima in der Gruppe, um das Thema gedeihen zu lassen
  - in Bezug auf die soziale Kompetenz und das Vertrauen untereinander,
  - in Bezug auf die Belastbarkeit des Einzelnen,
  - in Bezug auf ihre Ziele und Bedürfnisse,
  - in Bezug auf bereits erworbene Fähigkeiten?
- Wie sehen die derzeitige Dynamik und die Interaktion in der Gruppe aus? Wie wirken sie sich auf Zusammenarbeit, Motivation, Sicherheit u.ä. aus? Was soll der nächste Schritt in dieser Hinsicht beitragen?
- Welche und wessen Ziele dominieren zur Zeit in der Gruppe? Was steht im Hintergrund dieser Ziele, und was davon soll durch Thema und Struktur aktiviert und bearbeitet werden?
- Was braucht die Gruppe oder der einzelne Teilnehmende jetzt als Thema, an Informationen, Feedback, Schutz oder Anregung, um weiterzukommen?
- Womit würde ich die Gruppe jetzt über- oder unterfordern und aus welchem Grunde?
- Welchen Bedürfnissen z.B. nach Ruhe oder Bewegung, Gespräch oder Zuhören muss die Struktur – Plenum, Gruppe, Einzelarbeit – jetzt gerecht werden?
- Welche Ereignisse und Reste aus dem vorhergehenden Prozess binden noch Energien und Aufmerksamkeit – und enthalten damit auch Ansatzpunkte für das neue Thema?

3. Die dynamische Balance: Welchen Schwerpunkt im TZI-Dreieck sollte ich jetzt setzen?

Die Themenzentrierte Interaktion bietet uns eine Aufschlüsselung in Ich-Themen, Wir-Themen und Sach-/Lern-Themen an, die mit dem Umfeld, in dem sie später wirksam werden sollen, abgestimmt sein müssen. Jedes Thema versteht sich dabei als Teilaspekt des Ich-Wir-Themen-Dreiecks (vgl. Abbildung 8, S. 91). Manchmal ist es notwendig, sich zunächst der Sachaufgabe zuzuwenden, manchmal ist es aber für den Gesamtprozess zuträglicher, sich zunächst um Themen zu kümmern, die Vertrauen aufbauen oder persönlichen Widerstand mindern. Wird diesen Anliegen Raum gegeben, so haben auch unattraktive Sachanliegen große Chance zur Bearbeitung.

Wenn ich also den bisherigen Prozess im Hinblick auf die Dreiecksbalance reflektiere: Hat die Gruppe in den letzten Sitzungen überwiegend – oder zu viel – an der Sache gearbeitet oder war die Entwicklung der Gruppe als solche stark im Mittelpunkt der Diskussion, so dass die Sache – oder ein personenbezogener Aspekt – wieder in den Vordergrund treten sollte?

4. Rahmenbedingungen und Grenzen, die bei der Bearbeitung des Themas eine Rolle spielen?

- Welche fachlichen und sozialen Grenzen bestimmen den Alltag der Teilnehmenden, über die sie auch hier bei der Bearbeitung des Themas nicht hinausgehen können oder müssen?
- Welche Aspekte sollten möglichst vermieden werden und warum? Welche Informationen habe ich diesbezüglich aus den Vorgesprächen oder Anmeldungen?
- Wie weit sollte/darf ich in die Tiefe gehen, bei einzelnen oder bei Beziehungsproblemen untereinander?
- Welche inhaltliche Einschränkung gebieten u.a. Herkunft, aktuelle Problemlage Einzelner oder aller? Welche soziale Kultur oder auch Sprachbarriere setzt mir und meiner Planung Grenzen?
- Zeitliche Bedingungen: Auswirkungen der Tageszeit und Dauer der nächsten Sitzungen? Wieviel Zeit steht insgesamt noch zur Verfügung?
- Aktuelles Umfeld der nächsten Sitzungen: Räumlichkeiten und vorhandene technische Hilfsmittel, aber auch irgendwelche Beeinträchtigungen oder Chancen durch äußere Ereignisse, Einflüsse etc.

Die Themensetzung muss diverse äußere Rahmenbedingungen berücksichtigen. Diese bestehen einerseits in den Fähigkeiten und Handlungsspielräumen der Teilnehmenden, zu denen auch kulturelle Faktoren gehören können. Andererseits sind auch die zeitlichen, räumlichen und institutionellen Gegebenheiten zu berücksichtigen, die sich aus der Tageszeit und dem Tagungsort ergeben.

Natürlich bleibt es wichtig zu überprüfen, ob die Grenzen und Möglichkeiten wirklich so bestehen. Mitunter gibt es sie nur in der Vorstellungswelt des Leiters und wirken als Schere im Kopf, als Zensur, die der Überprüfung zusammen mit den Teilnehmenden nicht stand hält.

5. Welche inhaltlichen Ressourcen stehen mir jetzt zur Verfügung?

- Wie weit bin ich für den nächsten Schritt über meine Leitungsrolle hinaus auch als Lehrender angesprochen, z.B. mit einem Referat?
- Wer sonst kann jetzt einen lehrenden Input übernehmen?
- Wo hat gerade diese Gruppe ihre Stärken, die ich inhaltlich einsetzen kann? Oftmals sitzen Fachleute unter den Teilnehmenden, die höheres Interesse an der Zielerreichung und an dem Weg dorthin zeigen, wenn zu beidem ihre Fachkompetenz als Baustein dienen kann.
- Welche Medien kann ich einsetzen (Texte, Übungen, Video, Film, Dias u.ä.)?

Das Thema braucht auch sein inhaltliches Material, um sich daran zu entfalten. Referate, Videofilme oder Literatur können eine Quelle dafür sein, Fallbeispiele aus dem Teilnehmerkreis eine andere.

6. In welcher Struktur soll das Thema angeboten werden?

Das Thema und die von ihm abzudeckenden Aspekte erhalten ihre Unterstützung durch die Art und Weise, wie das Thema bearbeitet wird: In welcher Struktur soll es eingeführt, bearbeitet und beendet werden? Ist Einzelarbeit, eine kleine Gruppe oder ein Plenum jetzt angemessen? Gebe ich z.B. zunächst eine fachlich-theoretische Orientierung, an die ich die Teilnehmenden dann eigene Erfahrungen mit dem Thema verknüpfen lasse, die sie anschließend in Untergruppen gemeinsam auswerten und generalisieren können?

7. Was ist mein eigener Bezug zum Thema? Was bedeutet es für mich?

- In welchem Zusammenhang sind mir Aspekte des Themas schon einmal selbst begegnet?
- Wo ist dieses Thema für mich positiv besetzt, wo negativ?
- Spüre ich in mir Widerstand diesem Thema gegenüber und wogegen richtet er sich? Wie kann ich ihn soweit auflösen, damit ich die Gruppe leiten kann?

In der Regel wird das Thema in irgendeiner Form meine Aufmerksamkeit als Leiter wecken, mich selbst berühren, interessieren oder meine Abwehr herausfordern. Wenn ich persönlich am Thema interessiert bin, wenn ich mich von ihm angezogen fühle, werde ich auch bei der Gruppe Interesse wecken können. Gleichzeitig muss ich freilich mich und die Teilnehmenden davor schützen, ihre Arbeit am Thema durch meine Betroffenheit zu blockieren oder in eine stark dadurch bestimmte Richtung zu lenken. Wie kann ich meine Vorurteile dem Thema gegenüber soweit auflösen, dass ich die Gruppe gut leiten kann?

Ein Leiter, der selbst Fragen an das Anliegen des Seminars hat, der auf eigene Erfahrungen zurückgreifen kann, der selbst nach Antworten sucht und einige gefunden hat, der wird es verständlicherweise leichter haben, Themen für die einzelnen Sitzungen zu finden, zu formulieren und zu leiten. Darüber hinaus sollte er auch nach seinen eigenen blinden Flecken fragen, die ihn bestimmte Teile des Themas nicht sehen oder überbetonen lassen. So kann er sich den nötigen Abstand verschaffen, der ihn erkennen lässt, wie das Thema in das jeweilige «System» passt, in dem es bearbeitet wird.

Die Frage nach der persönlichen Nähe und Distanz zum Thema wird immer wieder neu gestellt werden müssen und zwar auf inhaltlich-fachlicher wie auf emotionaler Ebene. Emotionale Nähe kann mich auch gegenüber der Realität blind machen. Lässt mich das Thema dagegen kalt, um so mehr Energie kostet es, mich überhaupt dafür zu engagieren. Je mehr ich zudem vom Inhalt selbst kenne und durchgearbeitet habe, um so schwerer fällt es mir, mich auf ein langsames Arbeitstempo der Gruppe einzulassen und darauf, dass sie andere Schwerpunkte setzen möchte und zu einem anderen Ergebnis findet.

Mit diesem Verweis auf den eigenen Bezug und die unterschiedlichen Bezugsrahmen, in denen das Thema steht, vermeide ich eine zu frühe und zu subjektive Formulierung, bei der sich die Inhalte, die Spannweite und das Ziel des Themas für die Teilnehmenden nicht recht entfalten können.

6.2.3 Das Thema formulieren – Handwerkskunst des Leiters

In dem von uns angebotenen Konzept sind die Themen immer zentraler Fokus der Aufmerksamkeit für den Weg zwischen Anliegen und Zielerreichung. Wenn die Teilnehmenden es ein erstes Mal hören – oder lesen –, sollte es «Klick» im öffnenden Sinn machen und zu weiterer Arbeit anregen.

Unser Konzept will in besonderer Weise – abgeleitet aus der Dreiecksbalance der TZI – die Zusammengehörigkeit von Sachen, Menschen und Beziehungen fördern. Deshalb gehen wir sehr bewusst und mit allem kreativem

Potenzial an diesen vorbereitenden Schritt zur Bearbeitung des Themas heran und berücksichtigen in der Formulierung sowohl sachliche als auch persönliche und zwischenmenschliche Aspekte.

Die folgenden Anregungen skizzieren wichtige Aspekte für die Formulierung des Themas und sollen helfen, diese möglichst zielgruppen- und prozessorientiert einsetzen zu können.

An den Erfahrungen der Teilnehmenden anknüpfen

Das Thema bzw. seine Bearbeitung sollte an das persönliche Potenzial (Erfahrungen, Kenntnisse) der Teilnehmenden anknüpfen und es besprechbar machen. Die Verbindung von Erleben und Verstehen des Erlebten öffnet im sachlichen wie im persönlichen Bereich Energien für bleibende Veränderungen.

Das gilt auch bei «trockenen» Sachthemen, selbst wenn es hier schwieriger sein kann, den persönlichen Bezug herzustellen. Solche Bezüge lassen sich jedoch bei fast allen Sachthemen entweder zu aktuellen Problemen, Anforderungen und Geschehnissen im Lebens- bzw. Arbeitsfeld des Teilnehmenden herstellen oder zu seinen Bedürfnissen und Wünschen, die er realisieren will, und schließlich auch zu seiner Zukunft und seinen Hoffnungen.

Bekanntes und Neues mit dem Thema verbinden

Jedes Thema sollte etwas Bekanntes enthalten, an dem der Teilnehmende seinen eigenen Anknüpfungspunkt findet. Jedes Thema muss zugleich etwas Neues und Herausforderndes ansprechen, das die Neugier weckt. Das Thema wird anziehend durch eine gute Balance von Bekanntem und Neuem.

Offen für unterschiedliche Zugänge

Jeder sieht das Thema, das der Leiter setzt, aus seiner Sicht, so wie er es gerade sehen will oder kann oder vielleicht sehen muss. Das heißt, dass es in der Gruppe unterschiedliche Zugänge zum Thema gibt, die weitgehend zugelassen werden sollten. Jeder kann zwar dem anderen seine Sichtweise mitteilen, aber sie ihm nicht aufzwängen. Das Thema ist deshalb offen und öffnend zu formulieren. Beispiel: «Was kann ich dazu beitragen, das Problem zu lösen und wo brauche ich noch weitere Unterstützung?» statt: «Was sind meine Stärken und Schwächen, um das Problem zu lösen?»

Das Thema soll öffnen und zugleich abgrenzen

Das Thema muss offen formuliert sein, das es Spielraum für eigenständige Überlegungen gibt und die Teilnehmenden motiviert, unperfekte Gedankengänge und unkonventionelle Ideen zunächst einmal ohne Perfektionsdruck zu äußern. «Wenn wir könnten, wie wir wollten …», kann ein Hinweis auf ein zu offenes Thema sein. «Was lässt sich bei uns umsetzen und was nicht? Warum?» als zweiter Halbsatz bringt es jedoch in eine Balance zwischen offen und abgegrenzt.

Ist das Thema zu breit gehalten, so hat die Gruppe nur geringe Chance, konstruktiv und im Zeitrahmen zu einer wirklichen Zielerreichung zu gelangen und nicht «nur mal darüber zu reden».

Das Thema kann der Gruppe um einen Schritt voraus sein – wir sehen es dann klarer, als wenn es unter unseren Füßen liegt. Das Thema soll zum Stellungsbezug anregen, zum Probehandeln oder Probedenken und damit auch ein wenig Mut vom einzelnen verlangen. In der Gruppe darf jedoch – wie auf einer Probebühne – einmal ausgesprochen und in seiner Wirkung erprobt werden, was sonst gleich strenger Beurteilung unterliegt. Das gilt auch für den Ausdruck von emotionaler Betroffenheit.

Fragen mit Bezug zum Hintergrund der Frage

Wenn ein Thema *nur als Frage* formuliert ist, dann läuft man Gefahr, dass auch nur Antworten auf die Frage abgeliefert werden, aber keine oder nur spärliche Interaktion entsteht, die zu einem zielorientierten Schritt führt. Das kann beim Sammeln von Arbeitsanliegen durchaus angebracht sein, über die noch nicht diskutiert werden soll, weil man sich erst einen Überblick verschaffen will. Ansonsten sind für den Austausch entweder offene Fragen günstig, die Interaktion für ihre Beantwortung benötigen (z.B. «Was brauche ich von dir, um hier gut arbeiten zu können?»), oder Fragen, die einen kurzen thematischen Vorspann haben, aus dem deutlich wird, welche Diskussion die Frage einleiten soll und in welchem Kontext sie steht. «In der Urlaubszeit stehen weniger Arbeitskräfte zu Verfügung. Wir haben trotzdem viel zu tun. Wie könnten wir anders koordinieren, was lässt sich zurückstellen?»

Positive Anstöße

Themen sind positiv zu formulieren. Die Formulierung «Wege, um uns besser zuzuhören …» öffnet eher als «Wir hören uns nie zu – was sollten wir vermeiden …»

Das Thema soll fordern, nicht überfordern

Mit dem Thema soll der Einzelne angeregt werden, Aussagen über sich selbst zu machen und seine eigenen Sichtweisen und Gedanken einzubringen. In Gruppen, in denen noch wenig Vertrauen herrscht, sollten die Themen allerdings nur so persönlich formuliert werden, dass sie nicht angstauslösend und damit blockierend wirken. Das gleiche gilt für Gruppen, bei denen die Teilnehmenden in Abhängigkeit voneinander stehen, wie es bei Gruppen aus Firmen und Institutionen der Fall sein kann. So können Feedbackrunden am Anfang noch zu früh sein, weil das Vertrauen fehlt, das der Teilnehmende braucht, um offen Kritik zu äußern und aufnehmen zu können.

Nicht tiefer gehen als sinnvoll

Mit der Themenformulierung und der Wortwahl wird auch die Interventionstiefe vorbestimmt, wobei die Einführung noch verstärkend wirken kann. Grundsätzlich sollte in ein Thema sachlich und persönlich nur so tief eingestiegen werden, wie es für das anvisierte Ziel in Bezug auf Erkenntnis oder Problemlösung sinnvoll ist – und wie es die für die Themenbearbeitung eingeplante Zeit zulässt.

Nicht jeder Konflikt liegt in Personen begründet. Oft genug sind es im Alltag unklare Rollen oder Aufgaben, die Schwierigkeiten erzeugen und nicht die Unverträglichkeit der Charaktere. Wo es sich um eine Problembearbeitung oder Konfliktlösung handelt, bedarf es manchmal nur eines kleinen praktischen Anstoßes oder organisatorischen Änderung, um das Problem zu lösen. Allerdings haben auch kleine technisch-organisatorische Änderungen mitunter ein größeres emotionales Echo, auf das dann tiefer eingegangen werden muss.

Das Thema ist noch nicht die Antwort

Im Thema soll nicht schon das Resultat vorweg genommen sein. Wortwahl und Ausdrucksweise können unter der Hand Wertungen in das Thema schmuggeln, die die Arbeit in eine bestimmte Richtung drängen. Mit der Formulierung kann – auch unbeabsichtigt – sich jemand ausgeschlossen oder eingeengt fühlen.

So lässt das Thema: «Auch ein Weg von tausend Meilen beginnt mit einem ersten Schritt – will ich ihn tun, und was brauche ich dazu?» mehr eigene Möglichkeiten und Entscheidungen offen als die ähnliche Formulierung: «Auch ein Weg von tausend Meilen beginnt mit einem ersten Schritt – und dieser ist immer der schwerste – wie kann ich ihn schaffen?» Die Aussage, dass der erste Schritt auch der schwerste sei, kann bereits zu Widerspruch führen, denn wer entscheidet, dass dem so sei, wenn ich als Teilnehmender ganz andere Erfahrungen habe.

Das heißt nicht, dass ich als Leiter meine Einsichten hintanstellen oder verstecken muss, aber sie dürfen die Themenformulierung nicht so bestimmen, dass die Arbeit der Gruppe dadurch schon in «meine» Lösungsrichtung gedrängt wird. Im Arbeitsprozess gibt es genug Raum, sie zu nennen und damit als «teilnehmender Leiter» persönlichen Einfluss zu nehmen, aber als Person und nicht verdeckt über die Themenformulierung.

Themen handlungsorientiert formulieren

Der in die Zukunft weisende, handlungsorientierte Anstoß sollte in der Themenformulierung nicht fehlen. Mit der Themenformulierung wird dieser Schritt unterstützt. Thementeile wie «... wofür will ich sorgen?» oder «... was will ich tun?» sind Beispiele für eine Formulierung, die das eigene Tätigwerden ins Bewusstsein rücken.

Verben im Thema beleben mehr als zu viele Substantive. Die Benutzung von «will» ist handlungsaktiver als «sollte»: «Was will ich verändern?» aktiviert zu realistischeren Überlegungen als die Formulierung «Was sollte ich verändern?»

Anfangsthema ohne Druck

Besonders bei Anfangsthemen ist es wichtig, dass diese niemanden unter Druck setzen, etwas sagen zu müssen, was er noch nicht sagen will. Auch hier geht es um die Balance zwischen der Ermutigung zum selbstbestimmten Risiko und dem Druck zu letztlich unfreiwilligem Handeln.

Leicht verständlich und einfach formulieren

Das Thema ist leicht verständlich und einfach auszudrücken. Verschlüsselungen, Symbole und komplizierte Sätze erschweren die Arbeit. Das Thema ist dann auch durch eine gute Einführung nicht mehr zu retten. Symbolische Begriffe im Thema bringen das Gespräch leicht auf eine symbolische und abstrakte Ebene. Wir haben es dann schwer, das Gesagte auf die reale Handlungsebene zu bringen und müssen uns doppelt anstrengen, den Klartext aus den Symbolen herauszuhören. Was kann z.B. ein Satz wie «Traditionen sind wie ein Baum» bedeuten: Stärke? Standfestigkeit? Verwurzeltsein? Alles überschattend? Machen wir es uns also nicht unnötig schwer, indem wir durch die Themenformulierung zu solchem Rätselraten anregen, es sei denn, wir wollen dies nutzen.

Es gilt das gesprochene Wort ...

Wenn man sich das Thema aufschreiben muss, um es in der Sitzung richtig wiederzugeben, dann ist es sicher zu lang geraten. Alles Abgelesene entbehrt der Lebendigkeit des frei gesprochenen Wortes. Es gibt Fälle, in denen man das Thema trotzdem auf ein Plakat aufschreiben will oder muss. Dann sollte man beachten, dass die Graphik (Schreibweise, Schriftgröße, Farbe des Filzstiftes etc.) dem Thema mitunter Akzente und Betonungen gibt, die man als Leiter gar nicht beabsichtigt hat. Durch das Aufschreiben entsteht ein visuelles Bild des Themas, welches die Aufmerksamkeit vom gesprochenen Wort ablenkt.

Themen selbst formulieren
Ein wichtiger Merksatz ist der folgende: «Leite nur Themen, die du selbst formuliert hast!» Themen zu leiten, die andere formuliert haben, ist problematisch, weil man selbst den Weg der Schöpfung dieses Themas nicht mitgegangen ist.

Den eigenen Weg und den der Gruppe mit dem Thema möglichst treffsicher zu finden, dazu sollen die vorangegangenen handwerklichen Überlegungen dienen. Bleibt als nächstes eine Brücke zu schlagen, auf der sich Thema und Teilnehmende ein erstes Mal treffen und anfreunden können.

6.2.4 Nach dem «Was» das «Wie»: Themen mit Strukturen verbinden

Gruppen brauchen in aller Regel ein Thema und eine für dieses Thema geeignete Struktur, in der es sich entfalten kann. So ist die Themenplanung immer mit einer Strukturplanung verbunden.

Bei dieser Wahl spielt neben dem Thema auch die Tageszeit, zu der seine Bearbeitung stattfindet, eine Rolle. So wird man Menschen nach einer größeren Mahlzeit z.B. eher über eine aktivierende Struktur engagieren können als über einen längeren Vortrag.

Mehr noch als die Tageszeit beeinflusst die Art der Gruppenzusammensetzung und die derzeitige Prozesssituation die Strukturwahl. Hier heißt es ein weiteres Mal, die Teilnehmenden in einen angstfreien Raum zu führen. So wird man Menschen, die gewöhnt sind, mit Wort und Schrift zu arbeiten, eher für einen Vortrag oder eine Diskussion gewinnen können als für das Arbeiten mit Ton und Farbe, noch dazu in einer ihnen fremden Kleingruppe oder in einer hierarchischen Abhängigkeit.

Im Folgenden sollen einige Strukturmöglichkeiten exemplarisch aufgeführt werden, in denen sich ein Thema entfaltet und Gestalt annimmt.

Kleingruppe oder Plenum?
Ein und dasselbe Thema wird unterschiedliche Wirkung auslösen, wenn es in einem größeren Plenum oder in einer geschützten Kleingruppe angeboten wird. Letzteres schafft schneller Vertrautheit, Tiefe und Engagement. Deshalb eignet es sich meistens für intensivere persönliche Arbeit am Thema.

Das Plenum muss nicht unpersönlich sein, nur bietet es auf Grund der für den Einzelnen zur Verfügung stehenden Zeit weniger Chancen für eine aktive Mitwirkung. Es führt dadurch zu weniger Interaktionen. Es lässt dem Einzelnen dafür mehr Zeit zum Nachdenken über Anstöße, die er von den anderen Teilnehmenden erhält. Aktivität als solche ist noch keine Garantie dafür, dass etwas bewegt wird.

Berichte, Kurzvorträge oder Thesen

Sie geben einen kognitiven Denk- oder Diskussionsanstoß, der später mit Erfahrungen ebenso wie mit emotionalen Aspekten zum Thema erweitert werden kann.

Der Leiter selbst kann solche Anstöße vortragen oder sachkundigen Teilnehmern übertragen, worauf sie allerdings vorbereitet sein sollten. Auch Referenten, die nur sporadisch dazu kommen, können diesen Part übernehmen, wenngleich sie je nach Stand der Dynamik der Gruppe auch wie ein Fremdkörper im Prozess wirken können.

Übungen

Sie führen auf einer erlebnisorientierten Ebene ins Thema ein und bedürfen anschließend außer der kognitiven Ergänzung vor allem der Reflexion und Auswertung des Erlebten:

- Wie habe ich mich in dieser Übung erlebt? Was war mir fremd, was neu?
- Wie habe ich mein Zusammenspiel mit anderen erlebt?
- Welche wichtige Erfahrung nehme ich mit, welchen heißen Tipp gebe ich mir selbst?

Fallarbeit: Konkrete Konflikte aus dem Arbeitsfeld

Wenn ich das Thema mit einer dieser Strukturen aufleben lasse, dann hat es immer eine mehrdimensionale Wirkung. Die Hauptakteure können sich unmittelbar selbst im Thema erleben und sich unverzüglich Feedback holen, was im Alltag so nur selten möglich ist. Die nicht direkt Beteiligten können ihr Potenzial beratend einbringen und für sich am Fall oder Rollenspiel der anderen aktiv mit lernen.

Darüber hinaus beeinflusst diese Art des Angebotes unübersehbar den Gruppenprozess, indem es die Personen in bisher noch unbekannten Facetten sichtbar werden lässt und dadurch die Beziehungen zu einander neu mischt, Vertrauen fördert oder auch mindert.

Schweigen, Nachdenken, Einzelarbeit

Anfänglichem Schweigen wird das Belastende genommen, wenn es als Teil der Einführung sozusagen offiziell zugelassen wird. Jeder, der will, kann in

Ruhe seinen Gedanken nachgehen, wissend, dass er nicht gleich gestört wird und dass man noch nicht gleich etwas von ihm erwartet.

Zu welcher Auswahl dieser und weiterer Strukturmöglichkeiten (Kleingruppenarbeit, Gespräche zu zweit, Einbeziehen von Texten) ich mich auch entscheide, sie spielen immer eine dienende Rolle und sollen nicht das inhaltliche Fortkommen beeinträchtigen.

6.2.5 Die Einführung – Brücke zwischen Thema und Teilnehmenden

Der Leiter wird mit der Einführung verdeutlichen, was er ermöglichen will, wie das Ziel in etwa aussieht und welche Schritte in der Themenbearbeitung er gehen will. Wenn möglich, leistet er hier einen kleinen persönlichen Beitrag, der den Teilnehmenden zeigt, vor welchem Hintergrund das Thema für ihn steht. Die Einführung soll

- verständlich machen, wie es zu der Wahl dieses Themas gekommen ist,
- die Strukturen erläutern, in denen gearbeitet werden soll,
- aufzeigen, welche Erfahrungen in diesem Schritt gemacht werden können,
- den zeitlichen Rahmen vorgeben.

Obwohl Thema und Einführung immer zusammengehören, sind sie doch deutlich voneinander zu trennen. Ob man zuerst das Thema nennt und es dann einführt oder ob man erst mit ein paar Sätzen zum Thema hinführt, ist letztlich zweitrangig. Das Thema darf jedoch nicht im Schwall der Worte untergehen, es muss deutlich abgegrenzt angesagt werden.

Die Einführung soll nicht so ausführlich geraten, dass sie den Teilnehmenden die eigenen Denk- und Gefühlsanstöße nimmt. Sie ist kein Referat zum Thema. Die Einführung soll gewissermaßen das Thema dem Kopf verständlich machen, es mit der Gefühls- und Erfahrungsebene verbinden und zur Aktivität ermutigen.

Der Weg der Teilnehmenden in die Bearbeitung des Themas kann auf mancherlei Art angeregt werden:

- durch Übungen, um über das Erleben einzusteigen,
- durch Berichte oder Kurzvorträge (kurz!) zu dem Problem, zu einem Buch oder einem Geschehen – was immer Anstoß für das Thema war,
- durch ein kurzes Gespräch zwischen den Mitgliedern der Vorbereitungsgruppe im Plenum darüber, wie es zu dem Thema kam,
- durch Einbeziehen von vorab geleisteten Arbeiten der Teilnehmenden,

- durch einige Minuten Schweigen, damit jeder sich in Ruhe dem Thema zuwenden kann, um z.B. an eigenes, früheres Erleben anzuknüpfen.

Auf Hinweise für Widerstände achten

Während dieses einführenden Teiles sollte der Leiter Augen und Ohren sehr offen halten – auch für die nonverbalen Reaktionen der Teilnehmenden und ggf. nachfragend reagieren. Das Nonverbale kann Hinweise auf Widerstand gegen das Thema signalisieren, der nicht durch mehr Erläuterung zu beseitigen ist und der nicht vorschnell überspielt werden darf nach dem Motto: «Nun, wir probieren es einfach mal ...» Dabei ist es nicht so einfach herauszufinden, wo es sich um wirklichen Widerstand handelt, der der klärenden Zuwendung bedarf, oder wo etwas nur ungewohnt ist, eine kleine Ermutigung und etwas Zeit braucht, die dann die Brücke begehbar macht. Auf den Umgang mit Widerstand gehen wir in Kapitel 6.2.8 noch näher ein.

6.2.6 Der Weg der Themenbearbeitung in der Gruppe

Der Weg läuft über die Einführungsphase, die Phase des Verstehens und Benennens, die Phase der Alternativensuche und Entscheidung und mündet in einen abschließenden vierten Schritt, durch den eine Integration des Neugelernten und sein Tranfer in den Alltag gefördert werden sollen.

Einführung

Hier stellt der Leiter den Teilnehmenden das geplante Thema vor, und schlägt die Brücke von den Vorüberlegungen über das Thema zu möglichen Zielen. Er spricht über sein eigenes Interesse am Thema, seine Beziehung zu ihm und erläutert den strukturellen und zeitlichen Rahmen.

Die zeitlich-räumliche Perspektive

Die Arbeit am Thema kann sich in dieser Phase auf drei zeit- und ortsbestimmten Ebenen bewegen, die aufeinander einwirken:

- auf der Ebene des «Dort und Damals» der Vergangenheit,
- auf der Ebene des «Hier und Jetzt» der Gegenwart und des aktuellen Geschehens,
- auf der Ebene des «Dorthin und Später» der Zukunft.

Alle drei Ebenen stehen miteinander im Zusammenhang. Im Prozess der Themenbearbeitung sollte dieser Zusammenhang sichtbar werden. Zumindest sollte ihn der Leiter im Auge behalten, um in den folgenden Einheiten die eventuell unterbelichtet gebliebenen Ebenen wieder anzusprechen. Das Thema bzw. eine bestimmte Themenfolge für mehrere Sitzungen hintereinander und die Leitung des Themas sollen deshalb

- Erfahrungen wecken und wiederbeleben (Was löste das bei mir aus? Welche Erfahrungen verbinde ich damit?),
- den Bezug zum aktuellen Geschehen und Erleben herstellen (Wie geht es mir mit diesem Thema jetzt zur Zeit? Welche Muster von damals passieren mir hier?),
- Veränderung und das Anders-machen-Können-und-Wollen unterstützen (Welche Möglichkeiten habe ich? Was will ich tun?).

In allen drei Fällen geht es um das *Erkennen und das Benennen*. Es sind eigentlich zwei Aspekte, die dabei schwierig sein können: zunächst einmal die Augen aufzumachen und zu dem zu stehen, was man sieht, statt es rasch wieder zu verdrängen.

Der zweite Schritt erfordert den Mut, diese Einsichten auch auszusprechen und dadurch ggf. einen Konflikt auszulösen, weil etwas ausgesprochen wird, das bisher sorgfältig unter dem Teppich gehalten wurde.

An welcher der drei Ebenen man anknüpfen will, hängt auch davon ab, was vor der Sitzung getan wurde und geschah, vom Klima in der Gruppe, von der Zielsetzung und dem Zeitvolumen der gesamten Veranstaltung. Aus der Themenformulierung sollte ersichtlich sein, auf welcher Zeit- und Ortsebene die Arbeit in dieser Einheit beginnen soll. Dazu ein Beispiel:

Das Thema knüpft im «Hier und Jetzt» an

«Wir wollen die Aufgabenverteilung in unserer Abteilung überprüfen: Was finde ich gut und möchte es weiterführen, wo sehe ich Probleme, welche Fragen stellen sich mir?»

Anliegen dieser Themenformulierung ist die Erarbeitung einer Bestandsaufnahme und Ist-Analyse. Es geht darum zu klären, über welche Probleme und Fragen gesprochen werden muss, wenn Verbesserungen erreicht werden sollen. Es wird das aktuelle Geschehen und die augenblickliche Erlebnisebene angesprochen.

Das Thema knüpft am «Dort und Damals» an

Dieser Ansatz soll Erinnerungen wecken, sie neu beleben und infrage stellen. Das Anliegen dieses Schrittes ist es, sich mit der Geschichte des Themas auseinanderzusetzen und festzustellen, was so nicht mehr stimmt und einer Veränderung oder eines Umdenkens bedarf.

Eine konkrete Formulierung zu diesem Ansatz könnte z.B. lauten: «Wir wollen die Aufgabenstellung in unserer Abteilung überprüfen. Wie war es eigentlich ursprünglich geplant? Welche Erfahrungen habe ich damit gemacht? Was hat sich überlebt und was sollte weiter leben?»

Das Thema knüpft im «Dorthin und Später» an

«Wir wollen die Aufgabenverteilung in unserer Abteilung überprüfen und Veränderungen ermöglichen. Was sind aus der Sicht eines jeden von uns Elemente und Ziele für eine optimale künftige Lösung?»
Bei dieser Themenstellung wird der Blick in die Zukunft gerichtet und dazu angeregt, sich Gedanken zu machen, was zu einer optimalen Lösung alles dazugehören würde. Anliegen des Themas ist es, durch die Arbeit zu Zielvorstellungen zu kommen, aufgrund derer die Gruppe dann Lösungsvorschläge erarbeiten und entscheiden kann.

In der Regel eignet sich dieser Ausgangspunkt erst, wenn vorher einiges Vertrauen aufgebaut werden konnte, damit wirklich jeder seine Ideen und Wünsche für die künftige Lösung offen auszusprechen gewillt ist.

Alternativensuche und Entscheidung

Während der vorausgegangene Schritt nach dem Ist-Zustand, nach seiner Entstehung oder nach unseren Vorstellungen für die Zukunft fragt, steht hier die Frage nach den Veränderungsschritten im Vordergrund: Was will die Gruppe als Ganzes oder was das einzelne Mitglied tun, wovon Abschied nehmen, was ändern, was neu ausprobieren? Es ist die Phase der Entscheidung, in der wir fragen, was wir in Zukunft tun wollen und welche Alternativen wir dafür zur Verfügung haben. Das kann auch heißen, dass wir den bisherigen Zustand beibehalten wollen.

Integration und Transfer

In der Regel folgt der Entscheidung die Unsicherheit auf Seiten der Teilnehmenden. Persönliche Fragen beunruhigen sie: Kann ich das, was wir hier beschlossen haben? Werde ich es durchhalten? Was sagen die anderen dazu? Welche Gefahren bringt es mit sich? Die Chance in dieser Phase ist die des Ausprobierens, des Probehandelns. Die Teilnehmenden können die Entscheidung mit anderen zusammen durchspielen. Dabei können sie ihren Mut zur Veränderung überprüfen und kleinere oder größere Schritte ausprobieren, die ihre Entscheidung ein wenig risikofreier gestalten.

Die getroffenen Entscheidungen müssen in die Realität des Alltags eingebaut werden, und hier sind oft auch Dritte beteiligt oder werden – gewollt oder ungewollt – von der Entscheidung betroffen. Eine wirkliche Integration der Entscheidung in den Alltag kann erst dort geschehen. Hier in der Gruppe können wir den Transfer unterstützen, indem wir uns mit den Problemen auseinandersetzen, die im Alltag auf uns zukommen werden und unsere Entscheidung umstoßen könnten: Was kann schief gehen? Mit welchen Widerständen und Hindernissen muss ich rechnen? Habe ich die Realität der beteiligten Personen genügend berücksichtigt, so dass ich sie und mich nicht zu stark überfordere? Mit dieser Art Fragen – unterstützt z.B. durch Rollenspiele – werden die Möglichkeiten entdeckt, was ich für mich und die Realisierung meiner Entscheidung jetzt und später tun kann.

6.2.7 Hinweise für das Leiten des Arbeitsprozesses

Im Folgenden sind einige Anforderungen beim Leiten des Arbeitsprozesses am Thema zusammengestellt, die zum Handwerkszeug des Leiters gehören.

Das Thema nennen, wenn es Zeit dazu ist
Das Thema sollte erst zu Beginn der Sitzung genannt werden, also nicht schon vorher zu einer anderen Gelegenheit. Es verliert sonst an Neuigkeit und reizt nicht mehr zum gemeinsamen Beginn und zur gemeinsamen Arbeit. Kopf und Gefühl haben sich längst vor der Zeit an die Arbeit gemacht.

Ein Thema pro Einheit
In der Regel sollte der Leiter für jede Sitzung nur ein Thema und eine Struktur anbieten, das ggf. in mehreren Untergruppen unter verschiedenen Aspekten bearbeitet werden kann. Ein Auswahlangebot braucht Zeit und Energie für die Entscheidungsfindung. Es aktiviert zudem schnell Themen, die unterschwellig im Gruppenprozess schwelen und vielleicht bis jetzt wenig Gelegenheit hatten, sich zu Wort zu melden. Solche Themen können z.B. lauten: «Wer bestimmt denn hier über wen und was – und will ich das zulassen?» Damit wären wir beim Thema Macht und Rivalität und nicht beim vorgesehenen Thema.

Mitwirkung der Teilnehmenden
Sitzungen zur Planung des weiteren Vorgehens oder zur Entscheidungsfindung über die zu bearbeitenden Themen können durchaus sinnvoll sein. Zum einen, weil sich der Leiter selbst nicht sicher ist, wie es weitergehen soll

und wohin die Energien der Gruppe tendieren. Hier wäre eine Kopplung mit einer Prozessanalyse oder einem «Blitzlicht» (kurze Benennung des eigenen Standorts bzw. der eigenen Wünsche und Absichten) oft zweckmäßig.

Zum anderen kann es z.B. bei Problemlösegruppen wichtig sein, dass die Gruppe entscheidet, an welchen Themen aus einer Problemlandkarte sie jetzt weiterarbeiten will. An einem solchen Entscheidungsprozess kann nebenbei die Prioritätensetzung geübt und die Bereitschaft getestet werden, an wichtige und schwierige Fragen wirklich heranzugehen. Aber auch in diesen Fällen werden schnell einmal unerledigte Themen aus dem Untergrund aktiviert. Dementsprechend ist genügend Zeit einzuplanen, um nicht nur die Entscheidung zu treffen, sondern auch den Entscheidungsprozess und seine Dynamik reflektieren zu können.

Themenbearbeitung in Untergruppen

Wenn man für die folgende Arbeit in Untergruppen mehrere Themen im Plenum anbietet, die jeweils von einer Gruppe bearbeitet werden sollen, dann sollte man im Plenum nur die Themen ansagen und Verständnisfragen klären. Eine inhaltliche Diskussion sollte nicht angefangen werden, da sonst das Plenum nur schwer auseinandergeht und die Gruppenarbeit vorweggenommen wird.

Inhaltliche Zurückhaltung des Leiters

Schaltet der Leiter sich zu intensiv in den Gesprächs- und Arbeitsprozess ein, wirken seine Voten bei unsicheren, abhängigen Menschen oft viel schwergewichtiger, als er es beabsichtigt hat. Sie wirken dann wie ein Schlusspunkt, auf den erst einmal das Schweigen folgt. Bei anderen Teilnehmenden kann ein zu starkes Engagement des Leiters speziell in der frühen Phase des Seminars Widerspruch auslösen, der nicht inhaltlich motiviert ist, sondern eher aus Rivalität, um ihm z.B. einmal zu zeigen, dass auch andere gut Bescheid wissen.

Das bedeutet aber nicht völlige Abstinenz für den Leiter. Die meisten Menschen bekommen mehr Sicherheit, über ihre Probleme zu sprechen, wenn sie sehen, dass auch der andere seinen Bezug zum Thema und seine Überlegungen transparent macht.

Pausen haben Wirkung

Ein nicht beendetes Thema wird durch eine längere Pause abgeschnitten und kann in der Regel nicht unverändert weitergeleitet werden, so als hätte es die Pause nicht gegeben. Der Spannungsbogen ist unterbrochen, auch wenn die Arbeit noch so engagiert war. Hier ist es sinnvoll, beim nächsten Treffen einen weiterführenden Themenanstoß zu geben.

Pausenthemen

Sie haben einen wichtigen Zusammenhang mit den offiziellen Sitzungen. Wer sich während der Sitzung keine Stimme verschaffen konnte oder wollte, sucht sich hier sein Ventil, auch beim Leiter selbst. Der Prozess macht vor der Pause nicht halt, überspringt sie nicht. Beobachtungen in der Pause sind eine Informationsquelle für die weitere Planung. Auch die Interaktionen und die Stimmung in der Pause geben Aufschluss, welches Echo das Thema wirklich ausgelöst hat.

Weniger kann mehr sein

Wenn das Thema als Ganzes zu umfangreich für die Bearbeitung in einer Zeiteinheit ist, dann sollte man es lieber teilen und in mehreren Sitzungen nacheinander als Themenkette behandeln, es vorher aber auch so ankündigen, damit das Vorgehen für alle transparent bleibt und sie wissen, auf was sie warten können.

Manches kommt erst «fünf vor zwölf»

Mitunter tauchen kritische Aspekte des Themas erst «fünf vor zwölf» auf, d.h. kurz vor Sitzungsende oder sogar erst nachher. Die Frage nach dem «Warum» dieser Verzögerung sollte nicht zu lange aufgeschoben werden. Was ist im Gruppenprozess und im Gruppenklima angelegt, dass sich Wichtiges – und meist auch Konfliktbehaftetes – erst kurz vor Schluss melden kann?

6.2.8 Wenn das Thema zum Thema wird: Gedanken zum Umgang mit Widerstand

Wenn die Gruppe das Thema nicht annimmt, wenn sie mauert, sich offen oder versteckt verweigert, wenn sie vom Thema abschweift, sich «dumm» stellt, unnötig viel fragt, wenn einzelne einfach nur schweigen, andere bagatellisieren oder meine Einführung auch nach der dritten Erläuterung nicht verstehen, dann kann ich vermuten, dass Widerstand im Spiel ist.

Auf keinen Fall sollte man auf Grund des Widerstandes gegen das vorgeschlagene Thema ein anderes aus dem Hut ziehen, sondern Gelegenheit geben, den Widerstand zu artikulieren. Oft lösen schon das Ansprechen der Situation und eine kurze Reaktion darauf die Spannung auf und geben dem Thema – leicht ergänzt oder variiert – Raum.

Widerstand ergründen

Widerstand hat immer einen Anlass und birgt wichtige Anliegen in sich: Die Teilnehmenden möchten sich selbst oder etwas ihnen Wichtiges schützen oder aber sie haben zu wenig Gelegenheit zum Mitbestimmen. Anstatt lange herumzudeuteln oder unangemessen für ein Thema zu werben, sollte ich mir selbst, am besten aber den Teilnehmenden die Frage stellen: «Wovon ist die Energie einzelner oder der ganzen Gruppe so gebunden, dass sie mit dem angebotenen Thema keinen Kontakt aufnehmen können?» Vielleicht steht das Thema tatsächlich quer zum Prozess. Vielleicht sind aber noch Reste von vorher da, die stören. Vielleicht ist das Thema so nah an einem empfindlichen Punkt der Gruppe, dass sie darauf noch nicht eingehen mag, weil es z.B. an Vertrauen untereinander oder zu mir fehlt.

Manchmal ist es damit nicht getan. Mit dem Widerstand verbindet sich dann ein Interesse, das für einen größeren Teil der Gruppe zunächst gelöst werden muss. Beispielsweise kann der Wunsch auftreten, den Prozess, der bisher gelaufen ist, besser zu verstehen. Dann kann man eine Möglichkeit verabreden, wann dieser Aspekt zum Mittelpunkt einer Sitzung gemacht wird. So wird das augenblickliche Vorhaben nicht behindert, und jeder weiß, wann «es» drankommt. Das ist insbesondere dann zweckmäßig, wenn die Störung nicht alle gleichermaßen betrifft und eher auf der Sachebene angesiedelt ist.

Schließlich gibt es Störungen, die keinen Aufschub dulden. Ihre intensive Präsenz drängt jedes andere Thema in den Hintergrund. Es hätte keinen Sinn, auf dem gesetzten Thema zu bestehen, weil doch niemand aufmerksam dabei sein würde. Das gilt bei Beziehungskonflikten oder Vertrauensproblemen ganz besonders.

Die Erkenntnis darüber, aus welcher Quelle der Widerstand gespeist wird, gibt mir Aufschluss über Möglichkeiten der Auflösung:

- Was will die Gruppe, was wollen Einzelne schützen?
- Womit wollen sie sich nicht konfrontieren?
- Was vermissen sie?
- Wo bin ich zu schnell, wo überfordere ich im Moment?
- Bin ich zu theoretisch oder zu handlungsorientiert?
- Sind die angebotenen Übungen zu fremd?
- Gibt es einen Grund, der außerhalb der Gruppe angesiedelt ist?

Ebenso wie bei allen anderen Störungen ist auch bei Widerständen gegen das Thema zu klären, was *jetzt* an- und abgesprochen werden muss, damit alle wie vorgesehen mitmachen können oder sich auf eine Änderung einigen. Ein zu tiefes Eingehen auf einen Widerstand würde nur neue Störungen bei anderen auslösen, die eigentlich sich dem Thema zuwenden möchten.

6.2.9 Nach der Sitzung – ein Blick zurück auf den Arbeitsprozess am Thema

Nach der Sitzung ist es auch in Hinblick auf die weitere Planung nützlich, sich als Leiter noch einmal mit dem Thema zu befassen:

- Welche Unter- oder Nebenthemen habe ich durch meine Wortwahl herausgelockt, von deren Auftauchen ich während der Sitzung überrascht wurde?
- Welche der von mir erwarteten Themenaspekte kamen nicht zur Sprache?
- Wie ermöglichte oder verhinderte die Themenformulierung meine Zielsetzung?
- Wodurch entstand eine Differenz zwischen dem, was ich eigentlich erwartet hatte, und dem, was wirklich geschah?
- Habe ich das Thema so benannt, wie ich es geplant hatte?
- Was hatte ich mir als Einführung vorgenommen, und wie war es dann tatsächlich?
- Wie stiegen die Teilnehmenden auf Thema und Einführung ein?
- Wo hielt sich die Gruppe heraus und wo entstand viel Energie?
- Wie bin ich mit meiner Leitung zufrieden und warum?
- Welche Aspekte wurden von bestimmten Teilnehmenden vermieden oder vermisst?
- Welcher neue Themenaspekt hat sich für die Gruppe bzw. für mich ergeben?

Nicht alle Fragen werden jedesmal relevant sein. Die Reflexion dieser Fragen kann die Planung des weiteren Prozesses unterstützen, die Übersicht erleichtern und ist nicht zuletzt Teil des persönlichen Lernprozesses des Leiters.

6.3 Rolle, Aufgabe und Selbstverständnis des Leiters

Übersicht über Kapitel 6.3

6.3.1 Person und Rolle

Die Persönlichkeit und ein kritisches Selbstverständnis des Leiters sind ebenso wie seine fachliche und soziale Kompetenz wichtige Bestandteile für das Lernen der Gruppe. Er ist immer auch ein Modell für die Teilnehmenden, als Anreger ebenso wie als Kontrapunkt. Über seine Leitungsfunktion hinaus ist er als Person eine wichtige Lernquelle.

Die Person wirkt mit

Jede Intervention des Leiters wirkt immer im Verbund mit seiner Persönlichkeit und seinen Verhaltensweisen. Sie wirkt quasi durch seine Person hindurch. Er ist – mal mehr, mal weniger – immer Teil der Intervention. Die Art und Weise, mit der er Themen einbringt, auf Widerspruch reagiert, Feedback gibt oder sich in kritischen Situationen verhält, schafft bei den Teilnehmenden ein Bild von seiner Persönlichkeit, oft ohne dass er sich dessen bewusst ist. Ausgehend von diesem Bild werden sie ihm mehr oder weniger Kompetenz zuschreiben, werden sie rasch oder zögernder Vertrauen entwickeln oder seinen Aussagen Glaubwürdigkeit geben. Selbstwahrnehmung und Sensibilität für die eigene Wirkung auf andere sind in diesem Zusammenhang wichtige Themen in der persönlichen Reflexion des Leiters.

Der Leiter ist als Person besonders gefragt und gefordert in Spannungssituationen. Er kann Konflikte und Krisen besser lösen helfen, wenn er als Person reagiert und sich nicht (nur) hinter seiner Rolle verschanzt. Lernen führt fast immer durch Phasen, in denen einzelne Teilnehmende oder die Gruppe in Spannung geraten, die Konflikte und Krisen nach sich ziehen. Ob und wie er Spannungssignale wahrnimmt und darauf reagiert, hängt unter anderem auch von seiner Persönlichkeitsstruktur und von seinen Vorkenntnissen und Erfahrungen im Umgang mit Konflikten und Krisen ab (siehe dazu auch Kapitel 6.6). Je nachdem wird er eine Situation eher als bedrohlich empfinden und anders reagieren. So werden ihn z.B. Unsicherheit und Angst vor schwer kontrollierbaren Situationen zu frühzeitigen Interventionen veranlassen, durch die er eine an sich fruchtbare Austragung eines Konfliktes behindert. Die Person des Leiters hat mit interveniert.

Das Rollenprofil des Leiters

Jeder Leiter sollte eine Methode des Gruppenleitens in ihrer Tiefe und Breite wirklich selbst erfahren und erlernt haben. Sie ist dann sein Grundkonzept, das er durch erweiternde Elemente ergänzen kann, so wie es für die jeweilige Gruppe förderlich ist und für den speziellen Arbeitsauftrag zweckmäßig erscheint. Dabei wird er auch herausfinden, welche Methode am besten zu seiner Person passt.

Die Rolle des Leiters ist in unserem Konzept aktiver, sichtbarer und teilnehmender, als es im klassischen gruppendynamischen Training der Fall ist, bei dem der Leiter auf die Vorgabe von Themen und Strukturen weitgehend verzichtet und im Wesentlichen mit dem Material arbeitet, das der gruppendynamische Prozess zwischen den Teilnehmenden hervorbringt.

Das hier angewandte Leitungsmodell grenzt sich auch gegenüber dem klassischen Modell des Lehrens ab, bei dem der Lehrer durch Vortrag oder Übungen den vorbestimmten «Stoff» vermittelt und in dem er die zentrale Quelle für den Erwerb von Wissen darstellt. Die emotionale Ebene wird hier eher zurückhaltend behandelt oder systematisch unterdrückt, aber selten als eigenes Lernthema in den Lernprozess einbezogen. Natürlich steht auch der Leiter in unserem Modell mit seinem Expertenwissen, das er in bestimmten Gebieten hat und das er ggf. auch in Vortragsform weitergibt, zur Verfügung. Es ist jedoch nicht seine wesentliche und hauptsächliche Aktivität.

Der Leiter als aktiver Lernhelfer

Die Rolle des Leiters ist die eines aktiven Lernhelfers, der durch die von ihm angebotenen Themen, Lernstrukturen und Interventionen die Gruppe bei der Arbeit an ihrer Aufgabe fördert und sie gleichzeitig bei ihrer Entwicklung zu einer arbeitsfähigen Gruppe unterstützt. Er ist in dieser Rolle verantwortlich

- für den Kontrakt mit dem Auftraggeber, in dessen Auftrag das Projekt durchgeführt wird und mit dem er Ziele vereinbart und Zusagen gemacht hat, die er in der Gruppe vertreten muss,
- für die Klärung der inhaltlichen Lernziele der Gruppe und ihre Erreichung in der vorhandenen Zeit,

- dafür, dass die Gruppe und ihre Mitglieder fähig werden, ihre Ziele eigenverantwortlich im Sinne der Balance des TZI-Modells anzustreben,
- für eine transparente Konfliktlösung, wenn die Ziele der Gruppe im Widerspruch zu den Anliegen des Auftraggebers stehen,
- dafür, dass offene Interaktionen und Kommunikation stattfinden können,
- dafür, dass die Arbeitsergebnisse und Veränderungswünsche an der Realität des Umfeldes, in dem die Teilnehmenden leben, auf ihre Durchführbarkeit hin überprüft werden,
- für einzelne Teilnehmende und ihre Position in der Gruppe, sofern diese Stützung und zeitweiligen Schutz brauchen, z.B. um in einer bestimmten Situation keinen Schaden zu leiden oder um aus einer Außenseiterrolle herauszukommen,
- und schließlich für sich selbst mit seinen Bedürfnissen, Fähigkeiten und Grenzen.

Diese Aspekte können untereinander in Widerspruch geraten, insbesondere wenn einer längere Zeit überbetont wird. Ein wichtiges «Gegenmittel» ist der aufmerksame Blick auf die Balance dieser Punkte zueinander und im Prozessverlauf.

Die Rolle der Gruppendynamik

Der Fokus der hier im Zentrum stehenden Lern- und Arbeitsgruppen liegt auf der Bearbeitung eines Themas oder einer Aufgabe, bei der sachliche Inhalte mit emotionaler Beteiligung und mit dem Bezug zum «Globe» verbunden sind. Das Verknüpfen von Arbeiten auf der Sachebene und auf der emotionalen Ebene verlangt ein entsprechendes Leitungsmodell, das Kopf und Gefühl der Teilnehmenden gleichermaßen aktiviert.

Natürlich spielt Gruppendynamik auch in dem hier vertretenen Lernkonzept eine Rolle. Es gibt keine Gruppe ohne Dynamik, und jeder Leiter weiß, dass die Nutzung und Steuerung dieser Dynamik zugunsten des Lernprozesses der Gruppe zu seinem Handwerkszeug gehören muss. Nur wird sie in den Lern- und Arbeitsgruppen, die nach unserem Konzept arbeiten, nur so weit Gegenstand des Lernens sein, wie es für die Förderung der Arbeitsfähigkeit der Gruppe nötig ist.

6.3.2 Leiteridentität: Biografische Spurensuche

Wenn ich anderen Menschen begegnet wäre,
dann wäre ich ein anderer geworden.
Hätte ich andere Bücher gelesen,
würde ich anderes denken.
Als Sohn eines anderen Landes
hätte ich andere patriotische Gefühle.
Von einer anderen Religion umfangen,
spräche ich andere Gebete.
In einem anderen Jahrhundert beheimatet,
strebte ich anderen Idealen nach.
Wäre ich auf andere Fragen gestoßen,
würde ich andere Antworten suchen.
Von welchen Voraussetzungen bin ich abhängig?
Welche Fäden halten mich am Leben?
An welchen Bedingungen hängt meine Existenz?
(aus: Betz & Betz, 1982, S. 41)

Dieser Text von Otto Betz erinnert daran, dass wir Leiten nicht nur in Kursen oder in der eigenen beruflichen Praxis gelernt haben, sondern mindestens ebenso stark in der Auseinandersetzung mit Menschen und Situationen, denen wir auf unserem Lebensweg begegnet sind. In der Familie, in der Schule, in Jugendgruppen und Vereinen und natürlich am Arbeitsplatz haben wir Modelle und Vorbilder von Leitung und Leitern bzw. Leiterinnen erlebt, an denen wir uns mehr oder minder bewusst orientieren – und sei es nur, dass wir «so» ganz bestimmt nicht leiten wollen. Diese Begegnungen haben Spuren hinterlassen und Muster mitgegeben für das eigene Leitungsverhalten.

Spurensuche

Leitung wird im Leben gelernt und bereits in der Kindheitsfamilie vorgelebt. In manchen Familien gibt es formelle, für alle erkennbare und anerkannte Leiter. In anderen geschah die Übernahme von Leitung eher situativ, zufällig oder in Konkurrenz untereinander. Nehmen Sie sich doch an dieser Stelle ein wenig Zeit für die Rückbesinnung auf der folgenden Seite.

Diese allerersten Bilder haben ihren Einfluss auf uns. Wo immer wir leiten, die *Prägungen früherer Leiter* sind dabei. Sie melden sich vor allem dann, wenn wir unter Stress stehen und schnell handeln müssen in Situationen, die für uns neu und unsicher oder belastend sind. Für diese Situationen haben wir meist noch keine eigenen Modelle oder trauen ihnen noch nicht recht.

Übung zur biografischen Spurensuche

Lassen Sie Bilder aus Ihrer Kindheitsfamilie vor Ihrem inneren Auge auftauchen. Vermutlich tauchen rasch die allgemein anerkannten, «offiziellen» Leiter auf. Suchen Sie jedoch weiter nach den Leitern im Hintergrund der Familiensituation. Identifizieren Sie auch Ihren eigenen Standort in diesem Bild, und stellen Sie sich dann im Hinblick auf Leitung folgende Fragen:

- Welches Bild, welche Konstellation ergibt sich?
- Wer war die Leitfigur für mich?
- Woran war sie erkennbar?
  Wie war ihr Verhalten, ihre Stimme, ihre Bewegung?
- Was gefiel oder missfiel mir damals an Person und Situation?
- In welcher Nähe bzw. Distanz stand ich hauptsächlich zu dieser Person?
  Wie erinnere ich den Größenunterschied?
  Was tat sie gemeinsam mit wem?
- Wie waren andere Menschen in dieses Bild einbezogen?
- Welche alten Gedanken, Gefühle und Leitsätze fallen mir wieder ein?
- Gibt es eine typische Aussage dieses Leiters über Leitung und über die zu Leitenden, die mir noch jetzt im Ohr klingt und die mich betrifft?
- Welche Gefühle und Gedanken löst die Leitfigur jetzt spontan bei mir aus?

Sie können diese Übung weiterführen, in Bezug auf andere Personen, die Sie als Vor- oder Antibilder von Leitern erlebt haben, auch später in Schule, Freizeit oder Beruf. Hier werden sich neue Leiter melden, deren Vorbild oder Negativbild eventuell noch spürbarer auf Sie einwirkt.

Dann ist der Rückgriff auf «bewährte» Vorbilder rasch – und meist unbewusst – gemacht.

Die persönliche Reflexion hilft und ist notwendig, diese Schatten zu sortieren und ggf. aufzulösen, damit sie uns nicht unzweckmäßig ins Handwerk pfuschen. Ihre Chance wird dadurch geringer, sich unreflektiert einzuschleichen und unser Verhalten vom Hintergrund her entscheidend mitzusteuern. Als Leiter sollte ich meine Persönlichkeitsentwicklung – und die daran beteiligten Baumeister – kennen und ihre Wirkung auf mein heutiges Handeln in etwa verstehen. Vermutlich ist da auch einer der Schlüssel zu finden, warum ich überhaupt leitend tätig bin und warum gerade in diesem Bereich und mit diesen Menschen. Wessen Ansprüche erfülle ich damit eigentlich? Welcher meiner Hintergrundfiguren musste ich mich mit dieser Berufswahl beweisen – und muss ich es heute noch?

Jeder hat sein Bild von Leitung

Auch die Teilnehmenden haben ihre Bilder von Leitung entwickelt. Diese Bilder beeinflussen ihre aktuellen Vorstellungen, Wünsche und Erwartungen an den aktuellen Leiter und verstellen damit den unbefangenen Blick auf die Person, die sie momentan leitet.

Während der Leiter das frühere Erfahrungspotential eher nachahmend oder gegenteilig verwendet, indem er seine guten und seine schlechten Lehrer identifiziert, verwendet der Teilnehmende es meist wiederholend.

Aus *Leitersicht* heißt das oft unbewusst: «Ich werde das so machen wie …, das hat mir imponiert und hat sich bei ihm offenbar bewährt.»

Aus *Teilnehmersicht* erleben wir eher: «Alle Leiter sind meistens …, darum ist es gut, wenn ich zunächst mich so und so verhalte … ».

So weckt jeder Leiter bei den Teilnehmenden alte Erfahrungen auf. Und weil alte Erfahrungen sich als schneller erweisen als noch ungeübte Verhaltensweisen, steht der «unkorrigierte Nachdruck» früherer Situationen – auch Übertragung genannt – zwischen Leiter und Teilnehmenden. Als Leiter bin ich dann z.B. mit überraschender Ablehnung oder Angepasstheit konfrontiert, die ich mit dem Prozess oder meinem Verhalten nicht erklären kann. Hier aufmerksam zu sein hilft, Probleme in der Leiter-Teilnehmer-Beziehung besser zu erkennen und auseinander zu sortieren.

6.3.3 Immer nur geben? Anmerkungen zur Psychohygiene des Leiters

Leiten fordert die Person

Als Leiter bin ich über meine Funktion hinaus als Person stark gefordert. Mit meinem Tun und Lassen bin ich immer Modell – auch in dem, was die Teilnehmenden gerade deshalb nicht übernehmen wollen – und Ressource für ihr Lernen. Ich kann mich nicht «nicht-verhalten», sondern muss mit einem Auge immer mich selbst beobachten und die Auswirkungen meines Verhaltens auf den Prozess und auf das Verhalten der Teilnehmenden reflektieren.

Dies erfordert Energie, an der weitere, *widersprüchliche Anforderungen* zehren: Ich sollte als Leiter teilnehmend sein können und trotzdem Distanz wahren. Ich sollte Menschen mögen, obwohl manche mir zunächst einmal unsympathisch erscheinen. Ich sollte immer wieder mit Menschen in Kontakt treten, obwohl mir vielleicht gar nicht danach zumute ist. Ich sollte weiter aufmerksam sein können, auch wenn ich gerade müde bin oder abgelenkt, weil ich angegriffen wurde. Ich ziehe als Leiter Groll auf mich, weil der von mir geleitete Prozess die Auseinandersetzung mit heiklen Themen in sich birgt und sie mich für dieses Ungemach verantwortlich machen. Ich sollte mich intensiv auf Menschen, Prozesse und Probleme einlassen und mich distanzieren können, um den klaren Blick zu behalten und mich wieder neu einlassen zu können. Dieser – unvollständige – Katalog soll darauf hinweisen, dass die professionelle Ausübung von Leitung eine kräftezehrende Aufgabe sein kann, für die ich einen Ausgleich brauche, um nicht auszubrennen oder in Routine zu verfallen.

Energie tanken und Ausgleich finden

Wie und wo hole ich mir also die Energie und den Ausgleich für diese Arbeit? Wie gut sorge ich für mich selbst? Wie und wo lade ich ab? Wo finde ich meine innere Ausgeglichenheit, und wo bekomme ich meine «Streicheleinheiten», damit ich nicht durch meinen Hunger nach Anerkennung, Liebe, Status oder Macht die Teilnehmenden und den Prozess auf Punkte hinlenke, die mehr mit meinen eigenen Bedürfnissen zu tun haben als mit dem Gesamtgeschehen in der Gruppe.

Dieser Fragenkomplex wird gern als «Psychohygiene» bezeichnet.

Auch die Bedürfnisse des Leiters zählen. Jeder wird dabei seine eigene Strategie entwickeln. Im Workshop selbst gelten auch für mich die Spielregeln der Gruppe in Bezug auf Eigenverantwortung, Anspruch auf Autonomie und Selbstbestimmung, Anmeldung von Störungen etc. Meine Person zählt wie alle anderen. Ich nehme Verantwortung für meine Wünsche und Bedürfnisse wahr und bestimme selbst, wie und wo ich sie befriedigen will, eingedenk aller Konsequenzen – aber mit einer Einschränkung: Ich bin als Leiter nicht Teilnehmender, kann nicht einfach aussteigen oder für eine Sitzung in die innere Emigration gehen. Ich muss Störungen und Betroffenheit eher in einer späteren Phase nach dem Workshop verarbeiten und im Workshop dafür sorgen, dass ich ausgeglichen und professionell arbeitsfähig bleibe.

Fragen zur psychohygienischen Bilanz

Die folgenden Fragen sollen dazu anregen, rechtzeitig die Faktoren auszuschalten oder zu reduzieren, die unnötig meinen Energiehaushalt belasten – und die Maßnahmen sicherzustellen, mit denen ich meine Batterien aufladen kann. Unsere Erfahrung ist, dass nur der zu anderen «gut» sein kann, der es auch zu sich selber ist.

- Welche äußeren Bedingungen während des Seminars will ich für mich sicherstellen bzgl. Anreise, Ruhe, Komfort, Zeit nur für mich, Sport, Essen etc.?
- Welche Hilfen brauche ich während der Leitung und zu ihrer kurzfristigen Vorbereitung ggf. vor Ort (Personen, Materialien, Bücher, Medien etc.)?
- Welche Belastungen von außen muss ich fernhalten oder ihre Bearbeitung delegieren, damit ich wirklich hier sein kann und nicht mit einem Teil meiner Person und meiner Zeit noch in einem anderen Feld außerhalb des Workshops agieren muss?
- Wie sieht die Balance von «neuen» und «alten» Themen in meiner Angebotspalette aus?
- Wie sah die Mischung an «einfachen» und «komplexen» Themen und Teilnehmerkreisen in den letzten Monaten aus? Wo war ich überfordert, wo unterfordert?
- Wo kann ich «nur» Teilnehmender sein, mich leiten lassen? Wie fühle ich mich dabei?
- Was bedeutet mein «Leitersein» und die damit verbundenen häufigen Abwesenheiten für die, die mit mir privat oder beruflich zusammenleben? Was ist dort der Preis, den ich für diese Tätigkeit bezahlen soll oder muss? Welchen Preis zahlen die anderen, damit ich das, was ich tue, auch tun kann?
- Welche Phantasien löst bei meinem Lebenspartner der Kontakt mit vielen Menschen – auch des anderen Geschlechts – aus? Wie sprechen wir über die damit verbundenen Fragen und Ängste?
- Wie ist mein Freundes- und Bekanntenkreis zusammengesetzt (Männer und Frauen, Kollegen und Berufsfremde, Alter). Habe ich genug außerberufliche Kontakte?
- Mit wem kann ich offen und unbelastet über Dinge sprechen, die mir Mühe machen und Probleme bereiten?
- Was habe ich in den letzten Monaten gelesen oder getan, das nicht von der beruflichen Tätigkeit her bestimmt war?
- Wieviel Zeit habe ich überhaupt für mich, in der ich tun und lassen kann, was ich will? Oder bleibt auf meinem Zeitkonto zuwenig für mich übrig, wenn die Familie oder der Lebenspartner, der Arbeitgeber, die Teilnehmenden und andere «Gläubiger» ihren Anteil kassiert haben?
- Wie habe ich den Prozess meiner professionellen Weiterbildung und Weiterentwicklung organisiert? Wie stimmen ihre Inhalte überein mit dem, was ich in mir und an mir in der Leitungssituation erlebe? Welche

persönlichen Fragen und Probleme sollte ich in diesem Zusammenhang einmal intensiver anschauen?

- Wieviel Geld muss ich verdienen? Stimmt unter diesem Aspekt z.B. meine Kundenliste? Sind darunter zu viele, die mich zwar brauchen, mich aber nicht angemessen bezahlen können?
- Was erhalte ich in dem Projekt zusätzlich zum Honorar, z.B. Teilnehmende oder Mitleiter, von denen ich lernen kann, Themen, die mich selbst weiterbringen?

Die Fragen sind als Anstoß gedacht, immer wieder einmal eine Zwischenbilanz zu ziehen. Aber jeder wird den Graben kennen, der zwischen gutem Vorsatz und Umsetzung liegt und der auch für Leiter und Berater ziemlich breit ist.

6.3.4 Prozessanalysen als Selbstsupervision des Leiters

Zur Gesunderhaltung des Leiters, zu der wir im vorausgegangenen Abschnitt Anstöße gegeben haben, gehört auch ein guter Wechsel zwischen «am Ball bleiben», im Spiel sein, das Geschehen steuern und begleiten, und wieder heraustreten, um den Blick nach innen zu richten und in sich hineinzuhören. Das In-sich-Hineinhören deshalb, weil Körper und Psyche eine gute Antenne dafür haben, was in der Gruppe läuft. Sie reagieren oft sensibler als Augen und Ohren allein.

Im Prozess selbst wird der Leiter während seiner Leitung rasche Prozessanalysen durchführen, bevor er interveniert oder den Prozess so weiterlaufen lässt. Das geht eher intuitiv, jedes Instrument, erst recht jedes Notieren von Beobachtungen stünde im Weg. Gleichwohl hilft es, wenn er eine Auswahl von Fragen, wie sie üblicherweise für eine Prozessanalyse wichtig sind, für die nächste kleine Pause parat hat, damit er seine Intuition durch seine Wahrnehmung abstützen kann.

Pausen zur Prozessanalyse nutzen

Jede Pause bildet einen Einschnitt in den Prozess und bietet deshalb die Chance für ein Luftholen und für eine kleine Zwischenbilanz. Oftmals entspricht der Prozess im Wesentlichen der Planung. Das Thema muss noch einmal überprüft oder definitiv formuliert werden, der Zeitrahmen und die Struktur ebenso. Vielleicht sind «die Segel» um ein weniges umzusetzen, vielleicht muss auf Einzelheiten aus der Planung verzichtet werden, um flexibel der Situation Rechnung zu tragen. Die folgenden Fragen kann man sich in der Pause stellen, ohne einer großen Prozessanalyse vorzugreifen:

- Welches ist mein intensivstes Gefühl nach dieser Einheit? Wie hat es sich aufgebaut? Worauf weist es mich hin?
- Welcher Gedanke beschäftigt mich nach dieser Einheit am meisten? Was hat er mit dem Thema oder mit dem abgelaufenen Prozess zu tun? Enthält er den Kern eines neuen Themas?
- Welche Störung bahnt sich an, bei mir oder in der Gruppe?
- Wo spüre ich Energie und Lust, was aber möchte ich mir (und der Gruppe) nicht länger zumuten?
- Ich lasse die Gesprächsfolge Revue passieren: Welche besonderen Interaktionen gab es? Welche Gedanken und Probleme tauchten auf und wieder unter, ohne fertig geworden zu sein?
- Was entwickelt sich gerade in der Gruppe? Was davon sollte ich in Ruhe lassen, verstärken, bremsen?

Diese Auswahl an Fragen, die wirklich nur für eine kurze Pause gedacht sind, und an dieser Stelle im Wesentlichen dem Fluss und der Dynamik des Leitens dienen, können den Kern des nächsten Themas beinhalten. Das Eingehen auf die aktuelle Situation – auch meiner eigenen als Leiter – bildet einen der Schlüssel für einen vertrauensvollen Prozess zwischen Leiter und Gruppe.

6.3.5 Allein oder Leiten im Team?

Die Entscheidung für alleiniges Leiten oder Leiten im Team hängt nicht nur von Kriterien ab, die wir schon in den Kontraktgesprächen (vgl. Kapitel 2) klären mussten, es hat auch mit der Individualität der Person zu tun und mit ihrem Vermögen, sich auf andere einzustellen.

Ist Leiten im Team meine Sache?

Nicht jeder arbeitet gut im Team. Mancher braucht als Leiter seinen eigenen, durchgehenden Fluss an Themen und den engen Kontakt mit dem Prozess, ohne Unterbrechung durch die Leitung anderer. Es gilt also abzuschätzen, ob dieser Verlust an Autonomie im Leiten für mich nicht so blockierend wirkt, dass meine Fähigkeiten darunter leiden.

Bin ich noch offen für veränderte Konzepte?

Es kann sein, dass ich mit meinen Konzepten für das Projekt schon so weit bin oder schon so viel Herzblut hineingesteckt habe, dass mir das Akzeptieren der Einflussnahme Dritter schwerfällt. Das aber ist unvermeidlich, wenn ich mit anderen kompetenten Leitern ein Leitungsteam bilden will.

Habe ich Zeit für Koordination und Abstimmung?

Mit einer Teamleitung steigt auch der Koordinations- und Zeitaufwand, der in das Kennenlernen, die Teambildung und die Abstimmungsprozesse gesteckt werden muss. Das kann recht aufwendig sein, wenn ich mir die Teammitglieder nicht selbst aussuchen kann und ich statt dessen auf Wunsch des Auftraggebers mit bestimmten Personen zusammen die Leitung übernehmen soll.

Passen wir zusammen?

Das Zusammenwachsen des Teams geht nur in Grenzen während der Vorbereitungsphase. Die eigentliche Entwicklung wird es während des Seminars geben, wenn man sich zum ersten Mal mit seinen unterschiedlichen Arbeitsweisen und Stilen erlebt. Zu große Differenzen können schwierige Konfliktlösungsprozesse im Team verursachen.

Auch ist es nur natürlich, dass jedes Mitglied des Leitungsteams in unterschiedlichen Phasen des Seminars unterschiedlich «ankommt». Rivalitäten, Wünsche nach eigener Profilierung und Frustation lauern im Hintergrund. Die Fähigkeit zur Selbstreflexion und zur Selbstsupervision sollte in dieser Hinsicht im Team ausgeprägt vorhanden sein, damit sich Profilierung und Rivalität nicht unbewusst im Thema, in der Methodenwahl oder der Art der Leitung niederschlagen.

Passen die Methoden zusammen?

Wenn sich Arbeitsweisen, persönliche Werte und Persönlichkeiten der Leiter sehr unterschiedlich darstellen, dann wird es in der Regel auch für den Teilnehmenden verwirrend. Er erlebt dann eher ein methodisches Stückwerk und Nebeneinander und nur selten ein attraktives Muster.

... und die Kosten?

Nicht zuletzt ist auch die Kostenfrage in den letzten Jahren wichtiger geworden: Nicht jeder Auftraggeber kann sich ein Leitungsteam leisten, nicht jede Zielgruppe die höheren Gebühren tragen.

Die Vorteile von Leitung im Team

Nach so vielen «Wenn» und «Aber» sind die Vorteile einer Leitung im Team aber nicht zu übersehen:

Vier Augen Prinzip

Vier Augen sehen mehr als zwei, das erleichtert die Prozessanalyse und die rollende Planung. Der Partner, der zur Zeit nicht in der Leitung der Einheit engagiert ist, kann unbefangener Beobachtungen machen und in die Planungssitzung als Feedback einbringen.

Entlastung

Die Möglichkeit, sich mit Kollegen über schwierige Passagen der Veranstaltung auszutauschen, wirkt entlastend. Ich muss dann nicht alles mit mir selbst abmachen. Es ist auch eine kurzfristige und kurzzeitige Übernahme der Leitung durch einen der Teampartner möglich, wenn ich selber körperlich oder psychisch nicht in Form sein sollte.

Wenn sich einer der Leiter mit der Gruppe oder einzelnen Teilnehmenden «verhakelt» oder in Konflikte gerät, dann kann einer der anderen Leiter zeitweise die Leitung übernehmen und so den Klärungsprozess unterstützen. Es ist erfahrungsgemäß nicht einfach, als Konfliktpartei selbst den Konfliktprozess zu moderieren.

Lernen voneinander

Leiten im Team erweist sich als eine Chance für das Lernen der Teammitglieder voneinander und darüber hinaus für die Teilnehmenden.

Sie erfahren ein breiteres Lernangebot und können dadurch unterschiedliche Persönlichkeiten und damit auch andere Stile, Leitungsmodelle oder Zugänge zum Thema kennenlernen. Auch fühlt sich der eine oder die andere bei den einzelnen Leitern persönlich besser aufgehoben.

Ein Leitungsteam ermöglicht, anders als bei Einzelleitung, die Arbeit in geleiteten Untergruppen zur vertieften Auseinandersetzung mit dem Thema.

Zusammenarbeit als Modell

Das Leitungsteam stellt zugleich für die Teilnehmenden auch ein Modell für Zusammenarbeit dar. Sie beobachten den Umgang der Leiter miteinander, insbesondere bei Konflikten und Unterschiedlichkeiten und lernen daran. Gerade unter diesem Aspekt sollte das Leitungsteam nicht zu homogen und harmonisch zusammengesetzt sein.

Aufbau von Kompetenz

Die Bildung eines Leitungsteams bietet sich auch dann an, wenn die Veranstaltung später wiederholt werden soll, aber mit wechselnden Leitungsteams. Durch die Teamleitung am Anfang wird eine gemeinsame Basis hergestellt, die eine gewisse Kontinuität bei späteren Wiederholungen sicherstellt, auch wenn diese nur von einem Teil des Teams oder von Einzelnen geleitet werden. Ähnliches gilt für den Fall, dass der Auftraggeber die Veranstaltung später intern mit eigenen Kräften weiterführen möchte.

Nur bei gegenseitiger Stützung und Anerkennung der unterschiedlichen Fähigkeiten, nur durch die Bereitschaft, sich auch in Frage zu stellen, nur bei souveräner Konflikt- und Kompromissfähigkeit wird eine Teamleitung zu einer hohen Qualität finden.

Es gilt also abzuwägen, wann und ob ein Leitungsteam Vorteile gegenüber der Einzelleitung bringt. Einem Missverständnis sei jedoch an dieser Stelle vorgebeugt: Die Leitung der konkreten einzelnen Sitzung, die definitive Formulierung des Themas dafür, die Vorbereitung der Einführung, das alles ist Einzelarbeit dessen, der die Leitung dieser Einheit übernommen hat. Das Team hat dabei «nur» beratende und begleitende Funktion.

6.4 Entwicklungsphasen von Gruppen: Ihre Bedeutung für die Vorbereitung, Planung und Leitung

Übersicht über Kapitel 6.4

6.4.1 Jede Gruppe durchlebt ihre Phasen

In diesem Arbeitspapier werden Beobachtungen und Erfahrungen dargestellt, die im Zusammenhang mit dem Entwicklungsprozess von Lern- und Arbeitsgruppen gemacht werden können, sofern diese über einige Zeit hinweg zusammen sind. Gruppen, die nur für kurze Zeit – einige Stunden oder einen Tag – zusammenkommen, werden manche Entwicklungsphänomene dagegen gar nicht zeigen.

Eine Anzahl von Menschen bilden dann eine Gruppe, wenn sie gemeinsam geteilte Anliegen und Ziele haben sowie die Einsicht, diese gemeinsam besser erreichen zu können als allein. Eine Gruppe entsteht im engeren Sinne nur, wenn die einzelnen Mitglieder sich in gewissem Umfange gegenseitig benötigen und benötigen wollen, um ihre Ziele zu erreichen. *Eine Gruppe ohne gemeinsames Thema wird keine Gruppe werden.*

So wie jeder Mensch seine eigene Entwicklung durchmacht und seine eigene Geschichte hat, entwickeln auch Gruppen ihre eigene «Lebensgeschichte»: Thema, Situation, Umfeld und vor allem die Persönlichkeit der Gruppenmitglieder sowie die Interventionen des Leiters sind Gründe dafür, wie Gruppen Prozesse durchlaufen und warum jeder Prozess seine individuelle Eigenheit entwickelt.

Dieser Beobachtung widerspricht nicht, dass jede Gruppe im Ablauf ihrer Entwicklung vielen anderen Gruppen gleicht, so dass man gewisse «Gesetzmäßigkeiten» in der Entwicklung einer Gruppe erkennen kann. Die Kenntnis der Entwicklungsphasen hilft bei der Planung ebenso wie bei der Begleitung und der Auswertung des Prozesses der Gruppe. Wenn es während des laufenden Prozesses nicht mehr recht weitergeht, wenn man sich unschlüssig ist, warum sich die Gruppe jetzt so verhält, dann kann das Modell der Entwicklungsphasen von Gruppen wertvolle Hinweise zur Klärung der Situation geben. Der Phasenverlauf ist selbstverständlich nur ein Element von mehreren, die den Gruppenprozess beeinflussen.

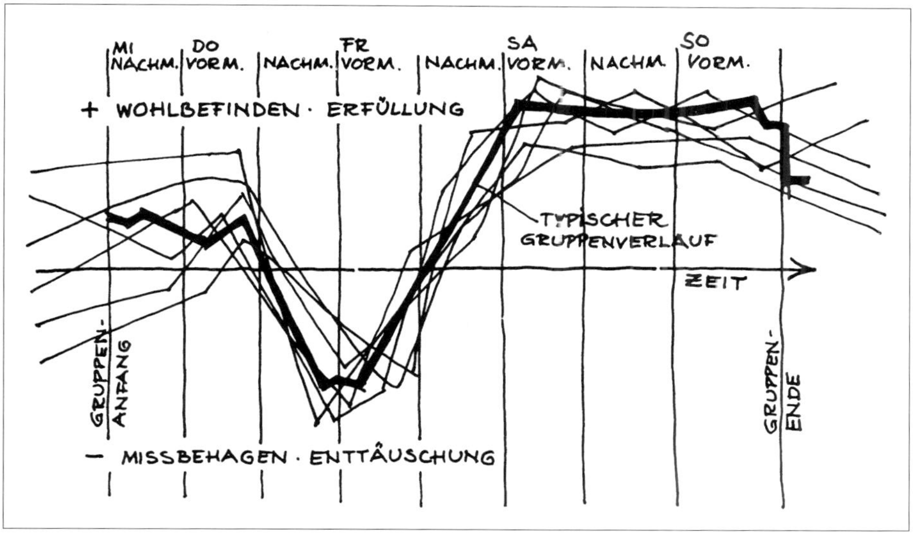

Abbildung 10: Der Stimmungsverlauf einer Gruppe

6.4.2 Der Weg vom Ich zur arbeitsfähigen Gruppe

Eine neue Gruppe beginnt nie als Gruppe – die TZI benutzt dafür den Begriff «WIR» – sondern entwickelt sich über den mehr oder minder langen Weg von einer Anzahl einzelner Personen, den einzelnen ICHs, über erste Kontaktaufnahmen zu anderen, über kleinere und wechselnde Beziehungsnetze schließlich zu einem «WIR», zu einem Gefüge, dem sich die Teilnehmer auch emotional zugehörig fühlen.

Die Gruppe muss erst ein WIR-Gefühl entwickeln

Erst aus einem «Wir»-Gefühl heraus wird es für die Teilnehmer möglich, die Anliegen der anderen nicht nur zu hören, sondern auch auf sie einzugehen, Gemeinsamkeiten und Unterschiede zu benennen und zu akzeptieren. Es wird dann leichter, Entscheidungen darüber zu treffen, woran man als Gruppe auf welche Art und Weise arbeiten will. Damit wird auch unterstrichen, dass zu Beginn einer Gruppe nicht ausschließlich am eigentlichen Thema gearbeitet werden kann. Der Leiter muss zunächst der Gruppe helfen, ein solches «Wir»-Gefühl zu entwickeln.

Damit die Gruppe überhaupt dahin kommt, muss sie sich über die *Ziele* verständigen, die sie erreichen will. Um gemeinsame Ziele zu vereinbaren, muss der Einzelne ein hohes Maß an Informationen aufnehmen und austauschen können über die Bedürfnisse und Motive der anderen Mitglieder und der Umwelt, über ihre Mittel und Fähigkeiten, über Arbeitsweisen und Methoden etc. Um aber Informationen austauschen zu können und zu wollen, muss ein Gruppenklima entstehen, das von Akzeptanz und Vertrauen gekennzeichnet ist. Dieser Kreislauf von

- Aufbau von Akzeptanz und Vertrauen,
- Informationsaufnahme und deren Verarbeitung,
- Klärung von Beziehungen und Rollen,
- Zielfindung und Entscheidung,
- Sich organisieren zum gemeinsamen Tun,
- Auswertung des Prozesses und Feedback

wird immer wieder durchlaufen werden auf dem Entwicklungsweg der Gruppe.

Ursachen für Startschwierigkeiten

Für den Leiter ist dieser Kreislauf hilfreich bei der Analyse von Schwierigkeiten in der Gruppe. Kommt sie in der Sache nicht weiter,

- weil das Vertrauen noch nicht stark genug ist,
- weil Informationen fehlen,
- weil die Beziehungen und Rollen ungenügend geklärt sind,
- weil die Ziele unklar oder noch nicht von allen akzeptiert sind oder
- weil es mit der Organisation der Arbeit hapert?

Ziele z.B., die zu schnell und ohne Rücksicht auf den Vertrauens- und Informationsstand vereinbart wurden, sind meist unrealistisch. Spätestens dann, wenn es um ihre Realisierung geht, merkt man, dass die Energie dafür fehlt.

Dieser Entwicklungsweg der Gruppe kann bildlich so dargestellt werden:

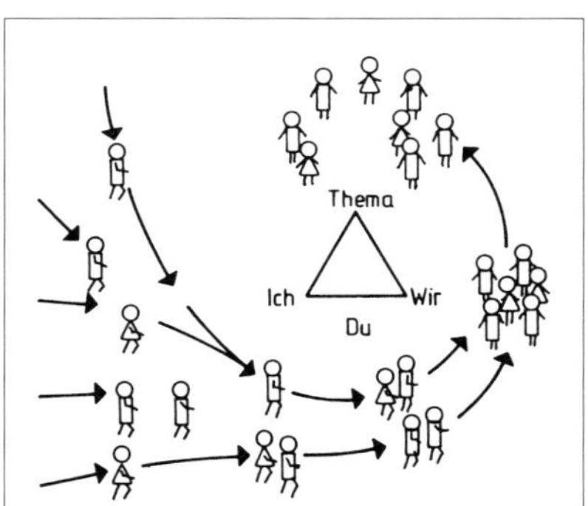

Abbildung 11:
Der Weg vom Ich zur arbeitsfähigen Gruppe

6.4.3 Sachebene und psychosoziale Ebene der Gruppenarbeit

Der Erfolg jeder Zusammenarbeit wird von dem Zusammenspiel sach-logischer und psycho-logischer (bzw. psychosozialer) Faktoren bestimmt.

Immer muss der Leiter beide Ebenen im Auge behalten. Er muss dafür sorgen, dass sich neben der Sachkompetenz auch Sozialkompetenz entwickelt. Sozialkompetenz bedeutet, die Prozesse auf der zwischenmenschlichen Ebene in ihren Auswirkungen einschätzen und beeinflussen zu können, möglichst ehe sie zu Problemen werden.

Auf der Sachebene geht es darum, Ziele, Vorgehensweisen und Methoden für die Bearbeitung der Aufgabe zu entwickeln oder auszuwählen und eine für die Aufgabenerfüllung zweckmäßige Arbeitsteilung, Arbeitsorganisation und Mittelverwendung zu finden. Auf der psychosozialen Ebene machen die nicht messbaren Faktoren der Qualität der Beziehungen zueinander, der eigenen Wertvorstellungen und Prägungen oder die eigenen Bedürfnisse und Sehnsüchte die Musik.

Der Zusammenhang von Sach- und psychosozialer Ebene

Der Zusammenhang und die Inhalte der beiden Ebenen lassen sich am folgenden Bild eines Eisberges verdeutlichen. Dessen sichtbarer Teil umfaßt bekanntlich nur etwa ein Siebtel des Gesamtvolumens. Der größere Teil hält

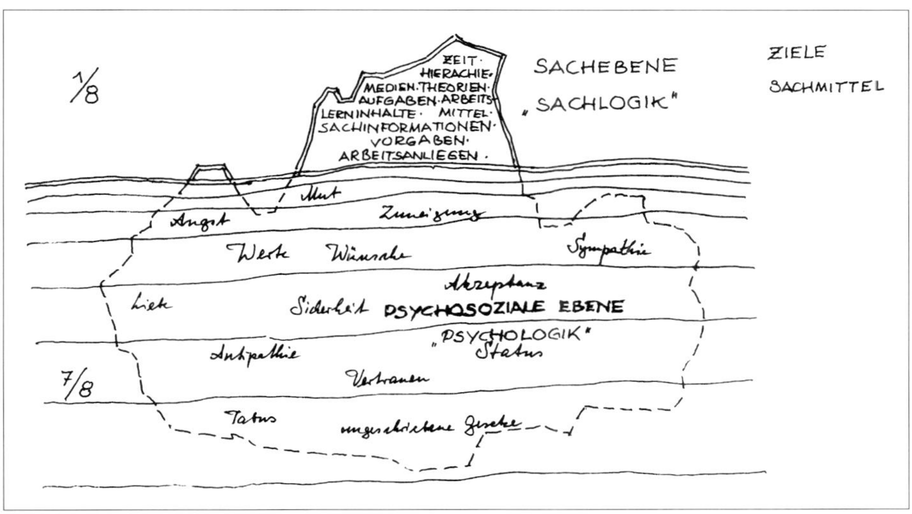

Abbildung 12:
Der Eisberg als «Modell» des Zusammenhanges von Sachebene und psychosozialer Ebene

sich unter der Wasseroberfläche verborgen, was ihn bei oberflächlichem Hinschauen relativ harmlos erscheinen lässt. Wenden wir dieses Bild auf Gruppen an, so handelt es sich beim sichtbaren Teil um die Sachebene, während sich alles andere – wie der untere Teil eines Eisberges – schwer ausmachen lässt.

Wie groß dieser Teil wirklich ist und wann die Gefahr eines Zusammenstoßes besteht, ist nur mit einem guten Echolot – d.h. Gespür für und Kenntnis über psychische und soziale Prozesse – auszumachen. An tragfähige Sachlösungen kommt man nur wirklich heran, wenn man sorgfältig navigiert und ggf. in kleinere Boote (d.h. kleinere Schritte) umsteigt, um nicht unter Wasser, sprich im emotionalen Bereich, aufzulaufen. Wenn Teile des Eisberges unter Wasser abbrechen, kommt auch der obere Teil ins Schwanken und geht eventuell mit unter. Eine gesunde psychosoziale Ebene der Gruppe, auf der der Einzelne auch auf seine «Kosten» kommt, ist eine wichtige Voraussetzung für die Leistungsfähigkeit der Gruppe auf der Sachebene.

Freilich hinkt das Bild des Eisberges – in seinem unteren Teil sind auch alle Energiequellen enthalten, die die Arbeit auf der Sachebene fördern: Motivation, Neugier, Freude am Tun, Kreativität, Lust am Erfolg und Anerkennung, Sicherheit und Solidarität für Teilnehmer und Leiter. Nicht selten wird der Eisberg zum Vulkan, wenn dort liegende Bedürfnisse zu lange unterdrückt und ständig verletzt werden. Dann bedarf es nur eines kleinen zusätzlichen Funkens, um den Ausbruch zu provozieren – und damit «das Eis zum Aufbrechen» zu bringen.

Es ist klar, dass bei neuen Gruppen dieser Eisberg gewissermaßen in zerbrechlichem Zustand ist, weil viele noch ungeklärte Themen im Raum sind.

Sacharbeit braucht Vertrauen

Die Formulierung des Sachproblems und erst recht seine dauerhafte Lösung sind erst möglich, wenn eine gewisse Vertrauensbasis vorhanden ist: meist sind mit einem Problem und seiner Benennung Personen betroffen, die sich bedroht und kritisiert fühlen. Vertrauen und Sicherheit auf der Beziehungsebene sind daher eine wichtige Voraussetzung für die Sacharbeit. Jede Gruppe muss für ihr soziales «Innenleben» Normen und Spielregeln für die Zusammenarbeit und das Zusammenleben finden. Sie wird mit unterschiedlichem Status, mit unterschiedlichen Rollen, Fähigkeiten und Erfahrungen bewusst umgehen müssen. «Automatisch» werden dabei Aspekte wie Risikofreude oder Angst, Sympathie und Antipathie, Konkurrenz und Rivalität wach – mit positiven und nachteiligen Auswirkungen auf der Sachebene.

Mit der Gegenüberstellung in Abbildung 13 (auf dieser Seite) sind diese beiden Ebenen noch einmal inhaltlich skizziert: Links der sach-logische Lösungsweg, wie er «logischerweise» abläuft. Rechts Faktoren, die auf der psychosozialen Ebene aktiviert werden und die einzeln oder zusammen auf das Ergebnis des sachlichen Lösungsprozesses wirken. Beide Ebenen sind wie durch eine feine Membrane getrennt, die die Schwingungen von einer Ebene zur anderen weitervermittelt.

Sach-logischer Lösungsweg	**Auftauchende Themen auf der psycho-sozialen Ebene (Beispiele)**
↓	
Wahrnehmung des Problems ↓	Filter, Angst vor Aufdecken von Fehlern, Schuldgefühle, Erleichterung
Definition des Problems ↓	Akzeptanz, Verdrängung, Abwehr
Analyse des Problems ↓	Konfrontationsbereitschaft mit den Tatsachen, Angst, Unsicherheit
Suche der Ursachen ↓	Bereitschaft zur Überprüfung von Normen, Tabus, Vorurteilen – oder Abwehr
Entscheid, etwas zu tun (oder nicht) ↓	Umgang mit Macht, Status, Interessen
Formulierung der Ziele ↓	Vorerfahrungen, Interessen, Werte, Wertigkeiten, Träume und Visionen
Alternativen entwickeln ↓	Umgang mit Sympathie und Antipathie, Offenheit, Vorlieben
Alternativen prüfen, welche am besten den Zielen gerecht werden ↓	Beziehungen, Bereitschaft zur Kooperation, Mut oder Angst, Risikoneigung
Entscheidung ↓	Risikobereitschaft (Angst, Mut)
Planung der Ausführung ↓	Vertrauen, Wertevorstellungen
Ausführung des Planes ↓	Widerstand, Angst, Normen, Besitzstandswahrung, Konfliktbereitschaft
Auswertung der Ergebnisse	Lob, Status, Blamage

Abbildung 13: Der sachliche Lösungsweg und sein psychosoziales Echo

Für viele Teilnehmende ist die Sachebene die bekanntere Ebene, auf der sie sich sicherer fühlen. Sie betonen diese Ebene mitunter auch dann, wenn die psychosoziale Ebene drängt und unbequem wird. Das gilt allerdings auch umgekehrt: wer zur Sache keinen Zugang findet, lenkt gern auf fehlendes Vertrauen oder ähnliches ab. Während die einen also schon «zur Sache» kommen wollen, können sich andere Teilnehmer ihr noch gar nicht zuwenden, weil es für sie auf der psychosozialen Ebene noch Blockaden und Verunsicherungen gibt, z.B. zu wenig Vertrauen, um offen über «die Sache» sprechen zu können oder die Sorge, zu den Verlierern zu gehören. Wenn dann noch Termindruck, Vorgaben übergeordneter Instanzen oder ungewohnte Arbeitsmethoden dazukommen, sind Spannungen in der Gruppe gar nicht zu vermeiden.

Mit all dem soll die Sachebene nicht als unwichtig und unattraktiv abgetan werden. Letztlich ist es ja die «gemeinsame Sache», wegen der wir zusammen kommen und deren Bearbeitung viele reizvolle Herausforderungen beinhaltet. Sie braucht die Energie der psychosozialen Ebene für ihre Kreativität – und für die spätere Verbindlichkeit in der Umsetzung.

Sachkompetenz und Sozialkompetenz reifen gemeinsam, wenn das, was getan wurde und geschah, auch auf beiden Ebenen ausgewertet wird. So entsteht ein doppelter kontinuierlicher Lern- und Entwicklungsprozess, an dem auch für den Praxisalltag gelernt werden kann.

Konsequenzen für das Leiten von Gruppen

Beide Ebenen müssen in einer dynamischen Balance gehalten werden. Dynamisch heißt, dass ein ausgewogener Zustand nur vorübergehend erreicht wird und immer wieder neu angestrebt werden muss. Das ist schon deshalb der Fall, weil beide Ebenen der individuellen Bedürfnisbefriedigung dienen und weil sich diese Bedürfnisse verändern. Mal sind die Gruppenmitglieder von der Aufgabe fasziniert und stolz auf das Arbeitsergebnis. Mal sind es die Beziehungen zu den anderen, auf die besonders viel Energie verwandt wird. Wenn sich allerdings das gemeinsame Thema erschöpft hat, dann hilft auch das beste Gruppenklima nichts mehr: Die Gruppe braucht dann ein neues Thema – oder ein Ende.

Die Gruppe und ihre Mitglieder müssen Sachkompetenz und Sozialkompetenz für die Erreichung der Ziele entwickeln. Der Leiter ist Anwalt von beiden Ebenen. Die Auswertung der Arbeit der Gruppe bezieht sich deshalb auf Arbeitsergebnis und Arbeitsweise: Kam das heraus, was wir wollten, und wie wurde der Prozess erlebt, der zu diesem Ergebnis führte? Was können die Gruppe und ihre Mitglieder (und der Leiter) für die Verbesserung ihrer Sach- und Sozialkompetenz daraus lernen?

Auf der sozialpsychologischen Ebene sind auch unsere Wertevorstellungen, Vorerfahrungen und frühgelernte, tiefverankerte Muster gespeichert, die durch das Geschehen rasch aktiviert werden, aber oft nicht auf ihre realen Bezüge zur aktuellen Situation hin überprüft werden. Auch «alte Hasen» reagieren trotz aller Erfahrung und psychologischen Schulung schnell aus diesen Mustern heraus, wenn für sie Thema oder Interaktion «heiß» werden.

Von der Themensetzung her wird diese Ausgangslage aufgenommen, indem schon im Thema der persönliche Bezug vorkommt, z.B. durch das Einbeziehen von Erfahrungen der Teilnehmer, etwa: «Wir diskutieren ein neues Beurteilungsverfahren. Wo und wodurch habe ich persönlich Beurteilung als hilfreich erfahren? Wie wurde sie gehandhabt? Was fand ich hinderlich?» Ebenso wichtig sind Themen, die in regelmäßigen Abständen eine Reflexion des Gruppenprozesses und des Lernklimas zulassen, um auch auf der Ebene der Gruppendynamik die Wahrnehmung zu schulen. Die Strukturen, in denen am Sachthema gelernt wird, sollten viel Eigenaktivität und eigenes Erleben zulassen, das dann in der Auswertung zu beiden Ebenen des Eisberges in Bezug gesetzt werden kann.

6.4.4 Phasen in der Entwicklung einer Gruppe

Jede Gruppe hat gewisse dynamische «Gesetzmäßigkeiten», die sich im Prinzip unabhängig vom Thema und auch unabhängig von den Vorerfahrungen der Teilnehmer einstellen. Thema oder Vorerfahrung können die Dynamik stärken oder dämpfen, aber nicht vermeiden. Diese «Gesetzmäßigkeiten» folgen einer Entwicklung in der Gruppe, die sich in vier Phasen einteilen lässt:

Phase 1: Ankommen – Sich orientieren – Kontakt aufnehmen
Phase 2: Gährung und Klärung
Phase 3: Arbeitslust und Produktivität
Phase 4: Transfer, Abschluss und Abschied

Wir wollen uns hier auf Fragen konzentrieren, die für die Praxis des Planens und Leitens von Gruppen besondere Relevanz haben:

- Was kennzeichnet die einzelnen Phasen, was sind ihre Merkmale?
- Welches sind die phasenspezifischen Bedürfnisse und Wünsche der Teilnehmenden?
- Welche Thementypen sind der jeweiligen Phase angemessen?

▶ Welche Themen schwingen – häufig nicht benannt – in der jeweiligen Phase mit?
▶ Welches Konfliktpotenzial taucht auf?

Phase 1: Ankommen – Sich orientieren – Kontakt aufnehmen

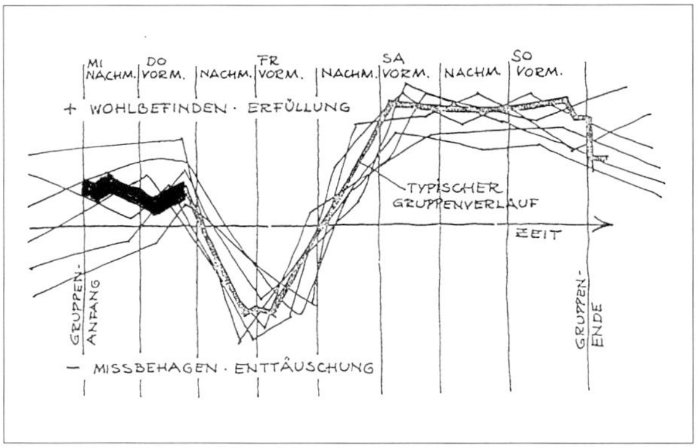

Genau genommen geht dieser ersten Phase ein Abschnitt voraus, in dem Leiter und Teilnehmende sich schon in Gedanken mehr oder minder intensiv mit der zukünftigen Gruppe befassen, sei es durch die Vorbereitung, sei es durch Auswahl und Anmeldung für das Seminar, sei es in der Phantasie, was da im Seminar oder Workshop «laufen» wird.

Jeder hat seinen Vorlauf

Jetzt bei der Ankunft haben sie gerade die Phase des Abschieds von zu Hause oder des Loslösens vom Arbeitsplatz mit vielleicht unerledigten Aufgaben hinter sich – oder sind innerlich noch damit beschäftigt. Die Eindrücke dieses «Vorlaufes» sind präsent und schwingen mit im Anfangsprozess der Gruppe.

Ambivalenz des Anfangs

Dieser ist gekennzeichnet durch Zwiespältigkeit: Die Angekommenen schwanken zwischen Polen wie

▶ Distanz bewahren und Nähe suchen: Mit wem werde ich gut können?
▶ Anonym bleiben wollen und sich zeigen: Wie bin ich im Vergleich zu anderen?
▶ Anleitung brauchen und gleichzeitig Abhängigkeit vom Leiter vermeiden.
▶ Neues erproben und auf Bewährtes/Vertrautes nicht verzichten wollen.
▶ Einzigartig und doch nicht (zu sehr) andersartig sein.

Suche nach Orientierung und Sicherheit

Die Phase ist auch gekennzeichnet durch abwartendes Verhalten: Mal sehen, was kommt. Um die neue Situation für sich selbst einfacher und übersichtlicher zu gestalten, werden erst einmal innerlich «Etiketten» verteilt, die den anderen Fremden erst einmal in ein persönliches Schema einordnen: nett, unheimlich, intellektuell, Stockfisch, Charmeur, Kumpel. Mit diesen Etiketten verschafft man sich ein wenig Übersicht im verwirrenden Anfang, behindert aber gleichzeitig vorurteilsfreies Zugehen auf den anderen. Der gemeinsame Nenner hinter diesem abtastenden Verhalten heißt Unsicherheit und Wunsch nach Orientierung:

- Wer sind die anderen, was wollen sie?
- Was gilt hier?
- Wer darf hier was?
- Was darf ich?
- Was wird hier möglich sein, welche und wessen Ziele gelten?
- Werde ich auf meine Kosten kommen?

Solange die Mitglieder der Gruppe sich in ihrer Antwort auf diese Fragen nicht genügend sicher sind, solange sie sich noch nicht als akzeptiert und zur Gruppe zugehörig erleben können, verhalten sie sich anders als sonst. Sie reden zuviel, zu laut – oder sagen gar nichts. Sie greifen auf «Party-Themen» zurück, die die wichtige Funktion haben, Selbstdarstellung und lockeren Kontakt zu ermöglichen sowie vom anderen etwas in Erfahrung zu bringen.

Wenn auch mit unterschiedlichen Mitteln, so ist doch jeder auf der Suche nach seinem Platz und seiner Rolle in der Gruppe. Jeder möchte seine Werte und Ansichten berücksichtigt sehen und zunächst ohne große Vorleistung dazugehören, manche intensiver, manche dem Typ entsprechend mit größerer Distanz.

Jeder bringt seine Geschichte(n) mit

Auch mit Leitern hat jeder schon seine Erfahrung gemacht, sowohl in anderen Gruppen als auch früher in Familie, Schule, Verein oder Beruf. Daraus ist so etwas wie ein inneres Drehbuch entstanden, dessen Regieanweisungen das Verhalten gegenüber Leitern oder Mitgliedern («Mitschülern») gerade in unsicheren Anfangsphasen zum Teil fast unbewusst mitsteuern.

Neben den Vorerfahrungen mit anderen Menschen, anderen Gruppen und anderen Leitern bringt jeder auch noch kleinere oder größere Päckchen mit in den Workshop, an deren Inhalten er vielleicht noch zu «knabbern» hat: Der oben erwähnte Abschied von zu Hause, die Vorbehalte gegen dieses

Seminar, Probleme im Geschäft, Erfolgsdruck oder unklare eigene Zielsetzungen für diese Tage.

Orientierung und klare Strukturen anbieten

Die eben angesprochenen Aspekte kennzeichnen die Vielfalt der in dieser Phase oft nur zögerlich ausgesprochenen Themen. Sie sollten durch den Leiter und durch solche Themenangebote Raum erhalten, die die Information und Orientierung fördern bzw. es erleichtern, Klärung zu bekommen und Anschluss zu gewinnen.

Mit klaren, eindeutigen Strukturen wird hier mehr noch als in den anderen Phasen den Themen ein Rahmen zu geben sein. Die Teilnehmer sind für jede Unterstützung dankbar, die Unsicherheit und Zweifel klärt und Selbstvertrauen gewinnen lässt. Akzeptierendes Klima ist die Voraussetzung dafür. Hier wird ermuntert, ohne zu drängen, informiert, ohne auszufragen, Kontakt angeboten, ohne zu übereilen, konfrontiert, ohne zu urteilen.

Leitung gibt Sicherheit auf dem Weg zur Selbststeuerung

Der Leiter wird in dieser Phase noch als stark und relativ mächtig phantasiert – und auch gewünscht. Er soll führen und anleiten. Er ist in den Augen der Teilnehmenden sozusagen im Besitz der Schlüssel, die aus der unbequemen Situation der Unsicherheit rasch zur Arbeit führen können. Die Gruppe fühlt sich vom Leiter und seiner (zunächst ja oft nur vermuteten) Fähigkeit abhängig und ist es ja zum Teil de facto auch. Erwartet wird, dass er die Ziele setzt und zeigt, wie die Gruppe sie erreichen kann. Die eigene Unsicherheit des Leiters verunsichert am Anfang die Teilnehmer am meisten.

Ihm wird zunächst die Verantwortung für die Arbeitsfähigkeit der Gruppe zugeschoben. Seine Autorität wird nicht – noch nicht – angezweifelt, jedenfalls nicht offen. Er kann sie dosiert nutzen, um mit seinen «Steighilfen» der Gruppe über die Klippe des Anfangens hinwegzuhelfen. Sein Ziel bleibt jedoch, die Abhängigkeit der Gruppe von seiner Autorität zu reduzieren und ihre Selbststeuerungskräfte zu erhöhen.

Dadurch, dass er nicht einfach stellvertretend für die Gruppe entscheidet, sondern ihr den Ball der Verantwortung für ihr eigenes Lernen zurückspielt, fördert er diesen Prozess und gibt ihr zugleich den Impuls, sich aus dieser Abhängigkeit zu befreien. Damit wird das Entstehen einer neuen, zweiten Phase wahrnehmbar.

Phase 2: Gärung und Klärung

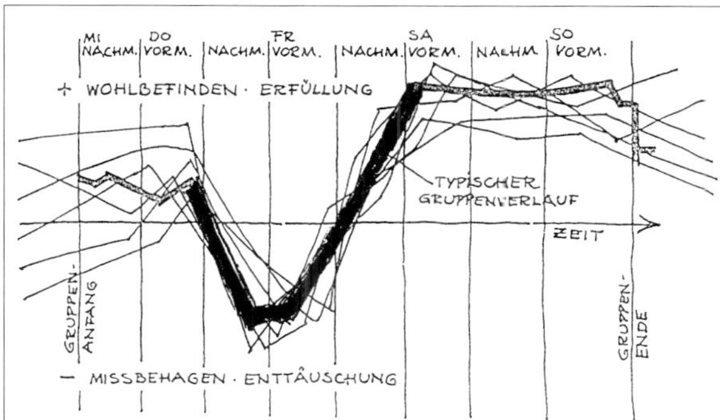

PHASE 2 : GÄRUNG UND KLÄRUNG

Sobald die Teilnehmenden mehr Vertrauen gefasst haben und sie sich gegenseitig deutlicher sehen, werden sie mehr von sich selbst zeigen. Die neue Umgebung und die anderen Menschen sind nicht mehr so fremd. Die ganze Situation ist irgendwie «normaler» geworden und damit auch das Verhalten des Einzelnen. Das vorsichtige Abtasten kann aufhören.

Die eigene Position wird klarer

Die vermeintliche Schattenseite muss nicht mehr um jeden Preis versteckt werden. Auch skeptische und konfrontative Fragen, die in der ersten Phase noch zurückgehalten wurden, werden jetzt gestellt.

Jetzt will der Einzelne seine eigenen Interessen klarer ausdrücken. Damit wird auch die Unterschiedlichkeit der Interessen und Erwartungen der Teilnehmer deutlicher, ohne dass schon klar ist, wie man mit so viel Unterschiedlichkeit zu Rande kommen soll. Die Entscheidungsregeln sind noch nicht erprobt, die Brücken zueinander fehlen noch.

Das Konfliktpotenzial steigt

Das verunsichert, fördert aber zugleich den Drang zur Selbstbehauptung. Rivalität und Durchsetzungswille, Rollen- und Statusverteilung bzw. -behauptung in der Gruppe beeinflussen das Klima und sind Themen, die aus der psychosozialen Ebene aufsteigen. Sie werden jedoch oft an den Inhalten der Sachebene abgehandelt. Damit sind z.B. Entscheidungen gemeint, bei denen sich die Gruppe länger als eigentlich nötig um ein «richtiges» Vorgehen, um die «Richtigkeit» von Informationen und Formulierungen balgt – alles ganz sachlich, aber in Wirklichkeit geht es auch um Durchsetzung, Führungsansprüche, Statusverteidigung, Rivalität und ähnliches.

Wie dem auch sei: Die Aggression wird jetzt mehr zugelassen, auch dem Leiter gegenüber, dem besonders an Autorität gewöhnte Teilnehmende die Schuld zuschieben, wenn die Gruppe nur langsam vorankommt.

Befreiende Enttäuschung

Ein Teil der Aggression gegen den Leiter bzw. gegen sein Vorgehen entsteht dadurch, dass er traditionelle Vorstellungen von der Leiterautorität enttäuscht und an ihn gerichtete – oft übergroße – Erwartungen nicht erfüllt. In dem hier zugrundegelegten Selbstverständnis des Leiters (vgl. Kapitel 6.3) ist der Leiter eher Lernhelfer und nicht Vorturner und Anweiser. Er gibt Hilfen, damit ein Problem besprochen und bearbeitet werden kann. Er entscheidet jedoch nicht über richtig oder falsch und löst das Problem nicht stellvertretend für die Gruppe oder den Einzelnen.

Dies zwingt den Teilnehmenden, sich mit sich selbst, mit den anderen und dem Problem auseinanderzusetzen. Sie sollen ihre eigenen Fähigkeiten und Stärken mit denen der anderen und denen des Leiters verbinden. Das ist letztlich der einzig gangbare Weg, auch wenn er anfangs mühsam und unbequem ist; er nagt an Wertvorstellungen und gewohnten Verhaltensmustern. Der Teilnehmende weicht dem mitunter aus, indem er den Leiter dafür verantwortlich macht, dass er «nichts lernt». Dieser sollte doch entscheiden und sagen, wo «es lang geht». Aber wehe, er tut es! Sofort bekommt er es mit dem anderen Teil der Persönlichkeit zu tun, der gerade mit Nachdruck dabei ist, seine Selbständigkeit und Unabhängigkeit aufzubauen und zu verteidigen.

Der Leiter auf dem Prüfstand

Die fachlichen und psychosozialen Fähigkeiten des Leiters werden kritisch betrachtet und mit dem verglichen, was man selbst in dieser Situation getan hätte. Eine Reihe von «Testfragen» steht im Raum:

- Was kann der Leiter wirklich?
- Wie setzt er sich durch?
- Welchen Vorsprung hat er?
- Wie steht es mit seiner Sicherheit?
- Wie passt mir seine persönliche und fachliche Art?
- Kann ich ihn nicht doch dazu bringen, mir einen Teil der unbequemen Eigenarbeit zu ersparen oder abzunehmen?

Verteilte Führungsrollen

Verfolgt der Leiter das Ziel, die Selbststeuerung der Gruppe zu fördern, dann schafft er damit Raum, in dem die Mutigen eigene Initiativen ausprobieren und eigene Vorschläge machen, denen Teile der Gruppe, wenn auch zögernd, folgen. Führung wird in dieser Phase angenommen, allerdings nicht von allen, denn immer wollen einige ihre Unabhängigkeit erst recht diesen neuen Führern gegenüber verteidigen. Der Geschwisterstreit hat seine große Stunde, wenn die ersten die Führung selbst in die Hand nehmen wollen.

Der Leiter wird die Übernahme von Führungsaufgaben durch andere Gruppenmitglieder unterstützen, dabei jedoch einer frühzeitigen Verfestigung der Führungsstrukturen entgegenwirken. Lernziel für die Gruppe ist es, dass Führung in diesem Sinne nicht ein Privileg, sondern ein wichtiger Beitrag für die Arbeitsfähigkeit der Gruppe ist und dass sie je nach Situation und Aufgabe von unterschiedlichen Gruppenmitgliedern wahrgenommen werden kann.

Die Suche nach Regeln und Normen

Die zeitweise Konfusion und gegenseitige Blockade bringt die Gruppe in ihre ersten Krisen und dadurch an einen wichtigen Punkt: Es wächst die Einsicht und Bereitschaft, Entscheidungsregeln zu finden, Rollen und Funktionen zu verteilen, akzeptable Normen für das Gruppenleben zu schaffen und unterschiedliche Fähigkeiten zu nutzen. Sie beginnt, sich zu organisieren, Differenzierung zuzulassen und sich als Gruppe zu verstehen.

Beim Abstecken der Grenzen und Freiräume werden automatisch auch die Fragen nach Normen und Werten wach und bedürfen der Thematisierung. Gemeinsam geteilte Werte und Normen sind für die Arbeitsfähigkeit einer Gruppe wichtig. In dieser Phase sind die Normen der Gruppe noch nicht festgelegt und noch leichter auszuhandeln. Später können sie wie große Steine auf dem Weg der Gruppe liegen, die mühsam weggerollt werden müssen. Auf die Entstehung von Normen, die Offenheit und Lernbereitschaft fördern, wird der Leiter in dieser Phase besondere Aufmerksamkeit richten. Es sind Regeln, die z.B. die Akzeptanz und Wertschätzung fördern durch Zuhören, Ausreden lassen, sich in den Beiträgen aufeinander beziehen. Andere Regeln, die er fördern kann, entsprechen den Kommunikationsregeln der TZI, wie sie in Kapitel 6.1.6 dargestellt sind.

In dieser Phase der Turbulenzen sollte nicht zu früh oder nicht zu oft in Kleingruppen ausgewichen werden. Es fehlt sonst später die Grundlage wirklich gemeinsamer Regeln und Vorstellungen über die Art des Umgangs miteinander, über die Art der Entscheidungsfindung und über die Arbeitsweise, die für die ganze Gruppe Gültigkeit haben soll. Dem Teilnehmenden muss hier klar werden, wofür er in Bezug auf sein Lernen und den Fortschritt der Gruppe Verantwortung übernehmen muss.

Mühsam, aber lohnend

Diese Phase kann für den Leiter und die Teilnehmenden unruhig und belastend sein. Ihr Ausbleiben wäre allerdings eher ein Alarmzeichen. Die Fragen dieser Phase tauchen sonst später im Prozess wieder auf und können dann mehr Zeit in Anspruch nehmen, als es bei einer Bearbeitung am Anfang der Fall gewesen wäre. Die jetzt vermiedenen Auseinandersetzungen sind nur aufgeschoben – oder die Gruppe muss ständig sich selbst kontrollieren, um solche Auseinandersetzungen zu vermeiden.

Ein kontrollierendes Klima ist jedoch keine gute Basis für eine aktive Lernatmosphäre. Im Gegenteil: Durch die Auseinandersetzungen werden die Konturen der Persönlichkeiten, mit ihrem Licht und Schatten, und die Konturen des Problems deutlicher. Klarheit entsteht. Manchem werden die Geschehnisse dieser Phase zunächst als Umweg vorkommen, als unnötiger Energie- und Zeitaufwand. Nur: Nachher ist die Ortskenntnis umso größer.

Inhaltlich gehören in diese zweite Phase Themen, die Transparenz schaffen, so z.B. das Sammeln und Abklären von Zielen und Interessen («Woran und wie will ich hier arbeiten?»), damit sich die individuellen Ausgangspunkte artikulieren können. Angebote zum Kontakt und zur Beziehungsklärung helfen dem Abbau von Übertragungsbarrieren. Themenangebote, die erprobend Rivalität und Kampf zulassen, helfen dem Einzelnen zu klären, wie er in der Gruppe steht.

Erste Arbeitsthemen – z.B. eine Diagnose der gemeinsam zu bearbeitenden Fragestellung – ermöglichen das Einbringen unterschiedlicher Sichtweisen und Hintergründe, fördern Zuhören und konstruktive Auseinandersetzung und sollten von entsprechenden Auswertungs- und Feedbackgesprächen begleitet werden.

Konflikt als Motor für Beziehung

Es mag so scheinen, als sei diese Phase mehr oder minder deutlich von Rangelei und Turbulenz bestimmt. Tatsächlich ist das ein wichtiges Merkmal dieser Phase, insbesondere bei Gruppen, die an sie gemeinsam betreffenden und betroffen machenden Themen arbeiten. Doch mit der Auseinandersetzung entsteht viel Beziehung. Man hat seine Kräfte aneinander gemessen und sich dabei besser kennengelernt. Nur wenige halten negative Spannungen lange aus, ohne auf den anderen zuzugehen. Meist schneller als erwartet entsteht das Gefühl von Zusammengehörigkeit.

So nimmt die Kurve der Gruppenbefindlichkeit noch in dieser Phase eine Aufwärtsrichtung. Man geht Bindungen ein und macht sich damit auch wieder abhängig, jetzt aber nicht aus der Unsicherheit heraus – wie in der Anfangsphase –, sondern aus eigener Entscheidung. Viele haben in dieser Phase Stärken und Schwächen gezeigt, haben etwas investiert. Die Gruppe hat eine kleine gemeinsame Geschichte.

Vorsicht vor vorschneller Harmonie

Der Leiter darf sich nicht allzusehr in den Höhenflug einbeziehen lassen, denn der geheime Wunsch «So sollte es immer bleiben» fördert in der Gruppe den Wunsch, die Harmonie nicht aufs Spiel zu setzen. Damit entsteht die Gefahr, Konflikten auszuweichen und sich der Realität nicht zu stellen. Schwimmt der Leiter auf der Harmoniewelle mit, so wird auch er blind für Konfliktvermeidungstendenzen.

In der Regel spürt die Gruppe selbst, dass hier ein Problem entstehen kann: Der Wunsch nach Harmonie führt zu einem Auf-der-Stelle-Treten und behindert die Kreativität und Produktivität. Mit dieser Erkenntnis ist ein weiterer Schritt in die Richtung der dritten Phase getan.

Die Gruppe hat sich organisiert

Das Ergebnis der zweiten Phase ist der Aufbau der sozialen Organisation der Gruppe, die zur sachbezogener Arbeit fähig geworden ist. Damit setzt die Gruppe den Fuß in die nächste Phase.

Phase 3: Arbeitslust und Produktivität

Schon zu Ende der zweiten Phase ist das Bewusstsein vorhanden, dass man voneinander lernen und so gemeinsam leichter und besser seine Ziele erreichen kann. Das kommt in der dritten Phase voll zum Tragen. Unterschiedlichkeit wird als nutzbringend anerkannt, da sie Vielfalt bedeutet, die für eine kreative Aufgabenbearbeitung benötigt wird. Aufgabenteilung und Differenzierung der Rollen kann stattfinden, ohne die Zugehörigkeit zur Gruppe zu gefährden. Die Gruppe wird offen für neue und für schwierige Arbeitsthemen und konstruktive Beschäftigung mit der Sache selbst.

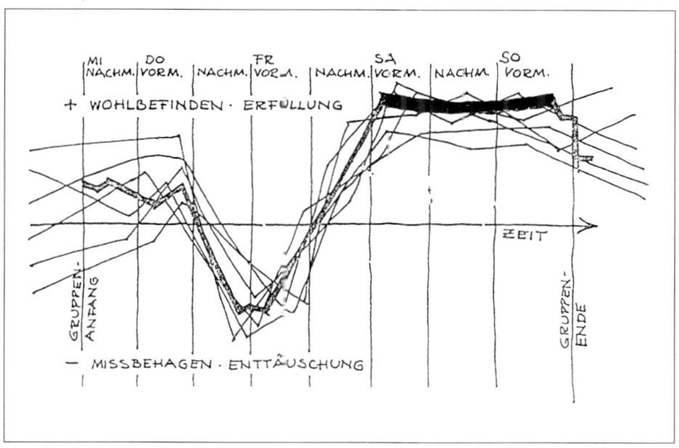

Effektives und energievolles Arbeiten

Die Gruppe ist jetzt in einer Phase relativ stabiler Arbeitsfähigkeit. Aufgabenstellungen werden konstruktiv aufgegriffen. Die Gruppe ist in der Lage, ihre Aufgaben auch selbst aus ihren Zielsetzungen abzuleiten und die Durchführung zu organisieren. Man versteht sich mit wenigen Worten, die Kommunikation klappt ohne ernste Verzerrungen. Das Klima ist von einem gegenseitigen Geben und Nehmen gekennzeichnet. Es gibt eine gut entwickelte Gruppenstruktur mit eingespielten Umgangsformen und sicheren zwischenmenschlichen Beziehungen. Alle Aktivität kann in den Dienst des Gruppenthemas gestellt werden. Das Bedürfnis, Resultate zu erzielen, setzt Energie frei.

Die Themen der Sachebene können voll zum Zuge kommen und haben aus der psychosozialen Ebene eher Energie als Störung zu erwarten, sofern sie nicht über der Sacharbeit gänzlich vergessen wird. Die Gruppe ist weniger anfällig für Stimmungsschwankungen. Frustration und Konflikt können ertragen werden, ohne die Arbeitsfähigkeit der Gruppe sofort in Frage zu stellen.

Leiterrolle: Moderator und Berater

Der Leiter kann mit seinem Angebot und seinen Interventionen in dieser Phase relativ zurückhaltend sein. Er hilft der Gruppe bei der Planung und Organisation ihrer Aufgaben, er berät sie bei Methodenwahl und Vorgehensweisen und moderiert ggf. Prozesse der Entscheidungsfindung.

Hinter der Harmonie lauert die Krise

Diese Phase ist natürlich nicht frei von Krisen auslösenden Faktoren. Es gibt keinen statischen Reifezustand. Die zunehmende Bekanntheit und die Intensität der Beziehungen verhindern nicht interne Konflikte, erleichtern aber ihre Lösung. Neu auftretende Probleme auf der Sachebene sowie auf der psychosozialen Ebene der Gruppe lösen ein Drängen nach Veränderung aus. Es bleibt eine wichtige Aufgabe für den Leiter und für die Gruppe, auch in dieser Phase ihre Rollen, Führungsstrukturen, Arbeitsweisen und klimatischen Bedingungen daraufhin zu überprüfen, ob sie den Bedürfnissen der Sachebene und der psychosozialen Ebene gerecht werden.

In der dritten Phase wiederholen sich in kleinen zyklischen Prozessen auch die vorangegangenen Phasen. Jeder neue Tag z.B. ist ein neuer, kleiner Anfang. Jeder weiterführende Themenansatz, jede neue Aufgabe verteilt die Rollen ein wenig neu, weckt neue Ängste und setzt neue Impulse, Macht zu gewinnen, sich zu behaupten oder Zuneigung und Unterstützung zu erhalten. Würden wir diese «Mini»-Zyklen innerhalb der dritten Phase ignorieren, so würden wir ungewollt den Absturz inszenieren.

Phase 4: Transfer, Abschluss und Abschied

Im Prinzip kann eine Gruppe so lange weiterbestehen, wie sie gemeinsame Themen findet und solange es ihr gelingt, die Bedürfnisse der Sachebene und der psychosozialen Ebene zu befriedigen. Diese Bedürfnisse unterliegen der Veränderung, z.B. durch neue Ziele, veränderte Umweltbedingungen, neue Interessen der Mitglieder oder neue Aufgaben. Sie erfordern damit von der Gruppe die Fähigkeit und die Bereitschaft zur kontinuierlichen Überprüfung und ggf. zur Anpassung ihrer Arbeitsweisen, ihrer Rollenverteilung, Führungsstruktur und sonstiger Prozesse auf beiden Ebenen. Dort, wo das nicht mehr geschieht, lebt sich die Gruppe auseinander oder wird durch den steigenden inneren oder äußeren Druck unsanft und abrupt beendet werden.

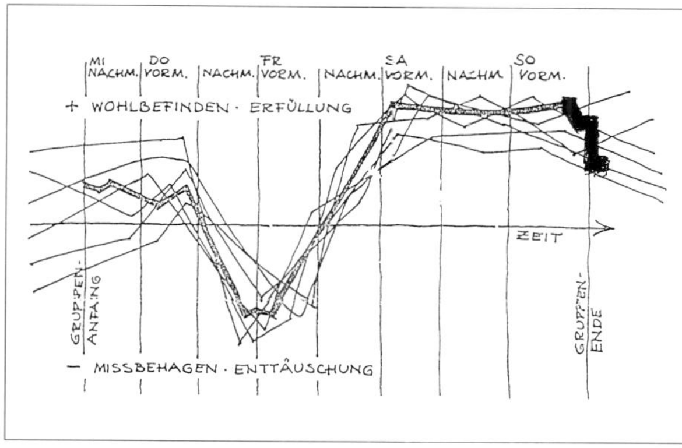

... und bedenke das Ende

In der Regel ist das Ende der Gruppe «vorprogrammiert», entweder durch die vorgegebene Dauer oder durch die Erreichung ihrer Ziele, wie es z.B. bei Projekt-, Lern- oder auch Therapiegruppen der Fall ist. Ihr Ende ist meistens festgelegt, ohne Rücksicht darauf, wo die Gruppe und ihre Mitglieder gelandet oder gestrandet sind. Die Gruppe hat nicht beliebig lange Zeit – ihr Ende muss bewusst vorbereitet und angesteuert werden.

Die Planung und Prozessbegleitung des Leiters beziehen das bevorstehende Ende von Anfang an mit ein. Die Gruppe dagegen geht speziell in ihrer produktiven dritten Phase innerlich von der beinah unbegrenzten Dauer der Gruppenexistenz aus. Entstehung und Wachstum werden als positiv erlebt, ihre Auflösung und Beendigung dagegen eher als unangenehm, weil zu früh oder mit zu geringem Ergebnis. Die Gruppe schiebt den Abschied vor sich her und will sich möglichst spät damit auseinandersetzen.

Wie wird das draußen gehen?

Die Spannung entsteht dabei nicht nur durch die Trennung von den anderen Gruppenmitgliedern, sondern auch durch das zunehmende Bewusstsein der Tatsache, morgen wieder an den Ausgangsort zurückzukehren und auf die anderen (Familie, Freunde, Kollegen, Vorgesetzte) zu treffen, die diese Lernerfahrung nicht machen konnten. Vieles von dem, was sich in der Gruppe ereignen konnte, wird dort fremd sein und sich nicht ohne weiteres verwirklichen lassen. Was der Teilnehmende hier als wichtig eingesehen und erlebt hat, muss erst übersetzt werden, damit es dort verständlich und anwendbar wird.

Die beherrschenden Themen

Inhaltlich bestimmt werden die Themen der vierten Phase durch

- das Abschließen der inhaltlichen Arbeit, oder auch durch den Entscheid, wo und wie weitergearbeitet werden soll,
- den Transfer und die Vorbereitung des Wiedersehens zu Hause oder am Arbeitsplatz,
- den Abschied voneinander.

Abschluss heißt, die bisherigen Themen zu einem Ende zu führen, und zwar auf der Sachebene ebenso wie auf der psychosozialen Ebene. Wenn z.B. die Lösung eines Sachproblems von den eigenen Vorstellungen von einer «besten» Lösung abweicht und der Teilnehmende deshalb innerlich zwiespältig weggeht, dann wird seine Energie zur Umsetzung reduziert sein.

Die Hindernisse einer Umsetzung liegen nicht nur im Noch-Nicht-Können des Teilnehmenden. Die Realisierung kann auf emotionale und soziale Barrieren bei denen stoßen, die von den Veränderungen betroffen sein werden. Die Schlussphase gibt dem Gruppenmitglied die Möglichkeit, sich gewissermaßen präventiv mit diesen Problemen auseinanderzusetzen. An die Stelle von Illusionen treten realistischere Einschätzungen und Schritte.

Neue Ungleichzeitigkeit

Je nach Stand der Gruppe und Persönlichkeit der Teilnehmenden kann es zu unterschiedlichen Störungen kommen. Einige Mitglieder geraten vielleicht in Torschlusspanik: Sie wollen möglichst noch nachholen, was sie bisher versäumt haben. Andere haben noch kein brauchbares Konzept für die Umsetzung und verdrängen diese Schwierigkeit, indem sie im Extremfall das ganze Seminar als sinnlos und wenig praxisrelevant abwerten: Es hat ja nichts gebracht.

Die Schlussphase ist ähnlich wie die Anfangsphase von relativ großer Ungleichzeitigkeit bei den einzelnen Teilnehmenden gekennzeichnet. Der eine sitzt schon Stunden vor dem eigentlichen Ende im Zug nach Hause, andere mögen das Wort Trennung noch gar nicht hören und überspielen es durch emsige Tätigkeit. Andere wieder wollen noch Zeit für sich, um in Ruhe das Gelernte und Erlebte aufzuarbeiten und Schlüsse daraus für sich zu ziehen.

Wieder mehr Struktur und Leitung

So, wie jeder seinen eigenen Einstieg in die Gruppe hatte, so hat jeder auch seine persönliche Art, etwas zu beenden. Die Themen und Strukturen der letzten Sitzungen sollten das berücksichtigen, denn sie helfen dem Einzelnen, auf seinem eigenen Weg fortzugehen. Sie sollten so angelegt sein, dass Distanz entstehen kann. Auswertungsthemen in Bezug auf Inhalte und Prozess helfen, diesen Abstand zu gewinnen. Sie sind ein wichtiger Baustein der Brücke nach Hause.

Die Schlussphase verlangt vom Leiter ein gutes Gespür für die noch vorhandene Zeit (timing): Diese Phase soll weder hektisch auseinanderlaufen noch zu früh zur Landung ansetzen, denn niemand sitzt gern im Wartesaal.

In der Endphase gehen wir im Vergleich zur Anfangsphase den Weg im TZI-Balancedreieck gewissermaßen in umgekehrter Richtung wieder zurück: Wir schließen die Themen ab, lösen das WIR auf, vereinbaren vielleicht noch Kontakte mit Einzelnen aus der Gruppe und gehen als Einzelne wieder aus der Gruppe hinaus, jeder auf seinem eigenen Weg.

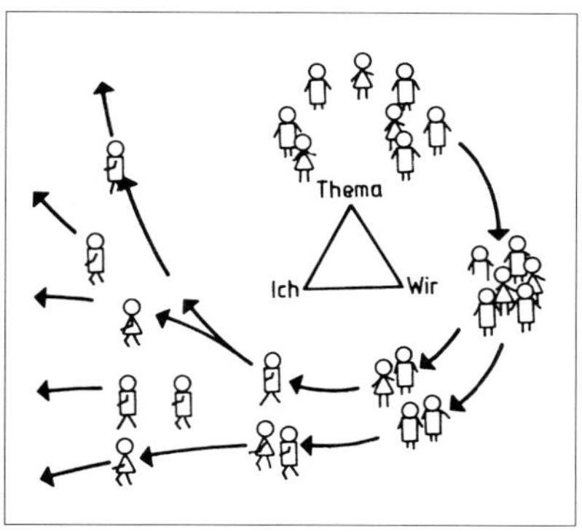

Abbildung 14: Der Weg aus der Gruppe

6.4.5 «Jeden Dienstag Nachmittag»: Besonderheiten bei fortlaufenden Seminaren

Bisher sind wir von Gruppen ausgegangen, die für ein Wochenende, meist aber für drei bis fünf volle Tage zusammen sind. Einen ebenso großen Raum nehmen aber auch jene Gruppen ein, die in regelmäßigen Abständen an einzelnen Tagen als Halbtags- oder Abendveranstaltungen stattfinden, und das oft über einen langen Zeitraum. Die meisten Überlegungen dieses Buches lassen sich auch in diesen Fällen anwenden.

Auf einige wichtige Unterschiede weisen jedoch die folgenden, häufiger gestellten Fragen hin:

- ▶ Wie steht's bei solchen «Intervall-Seminaren» mit der *Dynamik*?
- ▶ Wodurch unterscheidet sie sich von längeren Blockveranstaltungen?
- ▶ Wie wirkt sie sich auf das Gruppengeschehen aus?
- ▶ Wie steuere ich ihren Prozess?

Die Dynamik in Intervallseminaren

Auch bei Intervallseminaren entwickelt sich Dynamik. Da sich der Prozess durch die mehr oder minder langen Intervalle zwischen den einzelnen Treffen sozusagen in «Parkposition» befindet, entsteht so etwas wie eine «durchlöcherte» Dynamik: Aus den Zwischenzeiten dringen Erfahrungen aus dem aktuellen Alltagsgeschehen der Teilnehmenden direkter und unmittelbarer und vor allem häufiger in die Arbeit der Gruppe ein, als es bei längeren Workshops der Fall ist. Ebenso wird das in der Gruppe Erarbeitete nach jedem Treffen hinausgetragen, wenn auch nur fragmentarisch.

An anderer Stelle haben wir als Vorteil des Lernens in Gruppen hervorgehoben, dass im «Übungsfeld Gruppe» nicht gleich die Kasse des Ernstfalls klingeln muss, dass man sich zunächst auf einer Art Probebühne tummeln kann, um neue Situationen und neues Verhalten durchzuspielen. Bei zeitlich getrennten Sitzungen ist die Probebühne begrenzter und die Anlaufstrecke deutlich kürzer! Morgen schon drängt sich der Alltag auf und führt zur Überprüfung des heute erarbeiteten. Aber die Tatsache, dass ich schon beim nächsten Mal meine Erfahrungen zurückbringen kann, macht mich auch mutig.

Die Alltagspause als Chance und Problem

Die Dynamik der Gruppe wird so nicht nur durch das «Hier-und-Jetzt» bestimmt, sondern stärker als bei Wochenseminaren durch die Impulse von draußen, die das einzelne Mitglied immer wieder aufs Neue betreffen und betroffen gemacht haben. Das ist zugleich eine Chance, da sich damit neues Material aus den Alltagspausen zur Weiterentwicklung des Anliegens der Veranstaltung und für die Reflexion seiner Umsetzung anbietet. Die in den Zwischenzeiten erprobten Lernschritte, die gemachten Erfahrungen und die wöchentlichen «Störfälle» sind oft wichtiger als das vom Leiter vorbereitete Thema. Idealerweise sollte sich aus dem Wechsel von Alltagsgeschehen und Arbeit in der Gruppe ein permanent sich gegenseitig anregender Prozess ergeben. Es ist freilich nicht einfach, in diesem Prozess die Balance zwischen den verabredeten Inhalten und den sich aufdrängenden Aktualitäten zu finden.

Bremsend für die Dynamik kann die Alltagspause in dem Sinne wirken, dass sie dem Teilnehmenden den Rückzug aus der Gruppe bzw. aus einer als schwierig empfundenen Situation bietet: Das Zusammensein in der Gruppe ist jeweils relativ begrenzt – ein Nachmittag, ein Abend – und macht einen Rückzug leichter. Dadurch können Konflikte zurückhaltender ausgetragen werden.

Jeder Teil braucht seine eigene Prozessgestalt

Wenn wir davon ausgehen, dass jeder Arbeitsprozess eine abgerundete Gestalt haben sollte, die kontinuierlich an Kontur gewinnt und die sich zum Ende des Arbeitsprozesses schließt, dann heißt das für Intervallveranstaltungen, dass hier sowohl die einzelnen Teile wie auch die ganze Reihe unter diesem Aspekt gestaltet und gesteuert werden müssen. Jede Einheit muss mit Anfangsphase, mit inhaltlicher Arbeit und einer Transferphase ausgestattet sein, die die Brücke zur nächsten Sitzung schlägt und in den Alltag weist.

Die Teilnehmenden müssen zu Beginn jeder Sitzung aufs Neue vertraut werden. Und weil die Zeit meist knapp bemessen ist, sollte jedesmal eine rasche Anlaufbahn konzipiert werden, die ins gemeinsame Thema wieder hereinführt und die aktuelle Situation einblendet. Das gelingt am leichtesten, indem

- wichtige Ereignisse aus den Zwischenzeiten aufgegriffen werden – je nach Ziel des Intervallseminars ausführlicher oder auch nur mitteilend und entlastend, um Raum für das verabredete Thema zu lassen,
- gezielt mit «Hausaufgaben» gearbeitet wird, die den erneuten Einstieg erleichtern,
- jedes Treffen als eine in sich abgerundete «Perle» einer Kette (= das Intervallseminar) konzipiert wird,
- auf Gemeinsamkeiten zurückgegriffen wird, da sie das Vertrauen stärken,
- immer wieder die Einordnung der Arbeitsschritte im Gesamtprozess transparent gemacht wird.

Der Verlockung zum Ausstieg entgegenwirken

Die Phase der Turbulenzen, in der sich die Rollen verteilen, in der Rivalität und Konkurrenz in verstärktem Maß ausgetragen wird, in der der Leiter zeigen soll, was er kann und wer er ist, kann sich in dieser Art Seminare leicht verschleiern, eben wegen der wiederkehrenden Anfangssituationen und wegen des Widerstandes gegen emotionalen Tiefgang. Das «Wir» der Gruppe bildet sich nicht so kontinuierlich, Aussteigen ist leichter möglich und wird leichter vollzogen. Der Teilnehmende muss sich sowieso für jede Sitzung neu entscheiden hinzugehen. Andere Alternativen locken, Entschuldigungen sind schnell zur Hand, insbesondere wenn's schwierig wird und der Gruppe der Zusammenhalt fehlt.

Hier ist es wichtig, den Prozess seismographisch zu beobachten, um Ereignisse, die Widerstand anzeigen oder Absprünge signalisieren, frühzeitiger anzusprechen als in Blockseminaren, wo ruhig mal was gären kann im Vertrauen darauf, dass es ein wenig später aus der Gruppe heraus angesprochen wird. Je deutlicher

- das Interesse an den anderen und am Zusammensein in dieser Gruppe gesttärkt wird und
- die Grundbedürfnisse nach Beachtung, Zugehörigkeit und Einflussnahme berücksichtigt werden, umso eher wird die Verlockung zum Ausstieg verschwinden.

Mit jedem Nachhausegehen findet ein kleiner Abschied statt. Die Gruppe endet für diesmal, aber nicht für immer. Während wir bei Blockseminaren einen deutlichen Schlusspunkt setzen, der so wenig wie möglich offenlässt, setzen wir in diesem Fall eher ein Komma, das einen Teilbereich abschliesst und den weiteren Roten Faden sichtbar lässt.

6.5 «Ich sehe was, was du nicht siehst» – Materialien zur Wahrnehmung

Übersicht über Kapitel 6.5

Möglicherweise wird der Leser an der einen oder anderen Stelle dieses Buches sagen: «Das sehe ich aber anders!», und unsere Antwort wäre vielleicht: «So haben wir das auch gar nicht gemeint.» Wahrnehmung ist keine objektive Sache, sondern etwas, an dem wir als Person beteiligt sind. Unsere Wahrnehmung steht gewissermaßen zwischen uns und der Wirklichkeit. In Gruppen ist das nicht anders. Entscheidungen im Rahmen meiner Leitungsfunktion treffe ich auf Grund meiner Wahrnehmung von dem, was geschieht.

6.5.1 Glauben wir, was wir sehen, oder sehen wir, was wir glauben?

Die Realität als unsere Konstruktion von Wirklichkeit

Wenn zwei Parteien in einem Konfliktfall den gleichen Sachverhalt schildern, dann scheinen schon diese Schilderungen manchmal «Welten» auseinander zu liegen – ganz zu schweigen von der Bedeutung, die dem Wahrgenommenen zugeschrieben wird. Wahrnehmung ist offensichtlich mehr als nur ein «objektives» Registrieren und Verarbeiten dessen, was um uns herum geschieht. Es ist ein Vorgang im Menschen, bei dem viele der eigentlich vorhandenen Informationen ausgeblendet werden.

Damit wird klar, dass sich jeder Mensch sein eigenes Bild von der Wirklichkeit konstruiert. Das ist auch nicht anders möglich. Aus der schier unendlichen Menge an Informationen können wir immer nur einen begrenzten Ausschnitt wahrnehmen – und «für wahr nehmen», das heißt, als Grundlage für unser Handeln nutzen.

Als Leiter unterliege ich dem gleichen Prozess. Ich treffe Entscheidungen auf Grund der Interpretation dessen, was ich wahrnehme. Leitungsaufgaben sind besonders wahrnehmungsintensive Tätigkeiten – und deshalb auch anfällig für Fehlinterpretationen. Manchmal stehe ich deshalb «daneben», weil ich die Wirklichkeit anders erfasst und interpretiert habe als die anderen Beteiligten.

Solange die Bilder der Beteiligten von der Situation sich nicht einigermaßen decken, solange wird ein gemeinsames Handeln erschwert. Schulz von Thun (1998) weist mit Recht auf die Wichtigkeit hin, am Anfang einer Zusammenarbeit gemeinsam die folgende «Leitfrage zur Wahrheit der Situation» zu klären:

- Wie kommt es (Vorgeschichte!) und
- welchen Sinn macht es (Zielsetzung!), dass
- ausgerechnet ich (in welcher Rolle?)
- ausgerechnet mit Ihnen (in welcher Zusammensetzung?)
- ausgerechnet dieses Thema (wie hat es sich ergeben?) bearbeiten soll und will?

Die selektive Wahrnehmung

Wir können ein Geschehen in uns und um uns herum immer nur durch unsere Filter hindurch wahrnehmen, die ähnlich wie beim Fotografieren Bildteile ausblenden, erweitern, verkleinern und farblich verändern. Diese selektive Wahrnehmung ist einerseits wichtig und notwendig für den Menschen. Angesichts der Unzahl an Informationen um uns herum und angesichts der Komplexität der Umwelt ist Auswahl notwendig, um handlungsfähig zu bleiben. Selektive Wahrnehmung reduziert die Komplexität.

Andererseits bedeutet die Tatsache der selektiven Wahrnehmung, dass sich jeder der begrenzten Gültigkeit seines Bildes von der Wirklichkeit bewusst sein sollte. Niemand sieht die Wirklichkeit objektiv. Das Bild des anderen von der Wirklichkeit ist für ihn genauso «wahr» wie mein Bild für mich. Ohne Kommunikationsbereitschaft ist das Entstehen gemeinsamer Bilder von der Wirklichkeit stark behindert.

Der Mensch kommt zu seinem Bild von der Wirklichkeit, indem er Information aufnimmt, auswählt und interpretiert. Auf diese drei Aspekte wollen wir im Folgenden etwas näher eingehen. Dabei meinen wir mit Informationen alles, was der Mensch verbal oder nonverbal über seine Sinnesorgane empfangen kann.

Wahrnehmung oder: Wir wissen nicht, was wir nicht wissen

Wahrnehmung ist mehr als nur fotografisches Registrieren. Das ist nur der erste Teil davon, wobei wir schon bei dieser Analogie im Auge behalten sollten, dass auch ein Kamerafilm nur das deutlich aufzeichnen kann, was u.a. in den Grenzen des Bildausschnittes, der Qualität des Objektivs, der Verschlusszeit der Kamera, der Körnung und Empfindlichkeit des Films und in der ruhigen Hand des Bedieners liegt.

Die Analogie zur menschlichen Aufnahmefähigkeit liegt auf der Hand: Der Qualität des Objektivs könnten Beobachtungsfähigkeit, körperliche und geistige Fähigkeiten entsprechen. Die Lichtwellen repräsentieren die Sprache, in der uns eine Information angeboten wird und deren Vokabeln und Symbole wir kennen müssen. Die ruhige Hand des Fotografen symbolisiert die Bedeutung der eigenen Ruhe und psychischen Befindlichkeit für unsere Fähigkeit, Information aufzunehmen. Was übersehen wir nicht alles in hektischen oder bedrohlichen Situationen?

Filter am Werk

Unsere bewusste Wahrnehmung bezieht jedoch selbst bei optimalen Aufnahmebedingungen nur einen Bruchteil der angebotenen Informationen mit ein. «Zum einen Ohr rein, zum anderen raus» ist die volkstümliche Umschreibung dafür. Innere Filter verursachen, dass die meisten von außen angebotenen Informationen die Stufe der bewussten Wahrnehmung nicht erreichen.

Diese Wahrnehmungsfilter bestehen zum einen in den konkreten *körperlichen und geistigen (Un-)Fähigkeiten,* wie sie uns angeboren wurden oder wie wir sie erlernt haben. Wir können nur bestimmte Frequenzen sehen oder hören. Wir können uns nur in bestimmten Sprachen verständigen. Wir können nur eine bestimmte Zahl von Informationen pro Zeiteinheit aufnehmen.

Wir nehmen Dinge rascher wahr, die im *Schwerpunkt unserer Aktivitäten* liegen. Hier sehen wir mit dem geschulten Blick und besonderem Interesse Dinge, die anderen entgehen. Was relevant ist für unsere Aufgabenstellung, für unser Thema, das fällt uns rascher auf. Das Thema, das wir setzen, wird so auch zu einem Filter für unsere Wahrnehmungen! Fehlende Kenntnisse in Bezug auf das Thema können die Breite und Differenziertheit der Wahrnehmung weiter eingrenzen.

Eine andere Gruppe von wirksamen Filtern bilden unsere *Werte, Normen, Sitten,* die wir im Laufe unseres Lebens gelernt und akzeptiert haben. Man hat gelernt, was «einen angeht» und wo man seine Nase reinsteckt und wo nicht. Man hat seine dazu passenden Regeln für gut und schlecht, richtig und falsch. Vieles davon ist so verinnerlicht, dass wir kaum mehr bemerken, wie stark es unsere Wahrnehmung beeinflusst.

Werte, Normen und Sitten sind im Menschen stark emotional geerdet. Sie sprechen damit als eine vierte und gewichtige Gruppe von Wahrnehmungsfiltern *Gefühle* an: Angst und Freude, Sympathie und Antipathie, Mut und

Verzweiflung, Liebe oder Hass bilden eine wirksame Wahrnehmungsbrille mit einer eigenen Optik und Farbgebung (von rosarot bis tiefschwarz …). Wenn man jemanden mag, dann sieht man sein Tun in einem positiven Licht oder findet jedenfalls rascher Gründe dafür, warum ein Fehler nicht so tragisch sei. Freude über einen Auftrag lässt einen leicht Probleme ungünstiger Vertragsbedingungen «übersehen». Angst kann wach machen oder starr. Häufig führt sie zur Verdrängung, zum Wegschieben oder Verniedlichen der angstauslösenden Information.

Interpretation: Der Wahrnehmung Bedeutung geben

Das, was diese Wahrnehmungshürden übersprungen hat, wird weiter verändert: es wird interpretiert. Ich gebe diesen Informationen die entsprechende Bedeutung. Dieser Bedeutung entsprechend werden meine Ziele und Handlungen anders aussehen. Nichts läuft ohne Interpretation. Information wird erst durch die Bedeutung relevant, die wir ihr geben. Vorher ist sie «Schall und Rauch» – was wiederum schon eine Interpretation ist.

Zunächst versuchen wir, Informationen in die uns *vertrauten Muster* (Erfahrungen, Wertvorstellungen, Regeln und Theorien) einzuordnen. Es wird gewissermaßen nachgeschaut, ob die Information in ein bekanntes Raster passt. Häufig wird sie so ergänzt oder so beschnitten, dass sie «passend» wird. Selbst Bruchstücke einer Beschreibung werden rasch zu einem Ganzen aufgebaut. Jemand mit schwarzen Haaren und Schnurrbart ist – natürlich ein Südländer.

Unser Vorrat an Mustern hilft uns, Informationen schnell eine inhaltliche und gefühlsbezogene Bedeutung und Priorität zu geben. Die Muster helfen uns zu erkennen, worum es sich handeln könnte, lang bevor wir alle Informationen aufgenommen und verarbeitet haben. Das ist eine Überlebenschance (rasches, entschlossenes Handeln) und eine Gefahr (Fehlreaktion, unangemessene Fortschreibung überholter Erfahrungen) zugleich.

Jeder ist zudem eingebunden in Gemeinschaften, in Rollen, in Beziehungsgeflechte, aus denen heraus ein gewisser Druck in Richtung gleichgerichteter Wahrnehmung und Interpretation entsteht: *Man nimmt wahr, was man wahrnehmen soll* und gewohnt ist, wahrzunehmen – und gibt ihm die gewohnte Bedeutung.

Erst wenn offensichtlich die Information von außen nicht mehr mit diesen Mustern der Erfahrung in Übereinstimmung zu bringen ist, beginnt ein – mitunter schmerzlicher – Lernprozess, um neue Erklärungen bzw. Bedeutungen und neue Handlungsmuster zu entwickeln.

Jede *Interpretation löst auch ein Echo auf der emotionalen Ebene aus.* Ursache für Freude oder Ärger ist nicht der Sachverhalt als solcher, sondern die

Bedeutung, die er für uns hat. Dieses Gefühl verstärkt oder dämpft dann auch den Impuls zu Handeln.

6.5.2 Das Bewusstheitsrad

Es ist dieser «Dreisprung» von Wahrnehmung, Interpretation und Gefühl, der dem Impuls zum Handeln Richtung und Energie gibt. Was daraus wird, ist eine andere Frage. Nicht jeder Ärger wird zur Tat, nicht jede Freude sichtbar. Zwischen dem Impuls zum Handeln und der Ausführung – oder Unterlassung – liegen Hemmschwellen und Filter. Manchmal allerdings «rasten wir auch aus» oder es «springt uns die Sicherung heraus». Im Jähzorn überspringt der Impuls zum Handeln die erwähnten Hemmungen und Filter und führt zu einer impulsiven Tat. Diese Zusammenhänge sind im sogenannten Bewusstheitsrad dargestellt (in Anlehnung an Miller, Sherod u.a., Minnesota Paarkommunikations-Programm. Handbuch für Paare. Studienausgabe, herausgegeben von Michael Paula, 1974, S. 7).

Als Filter und Barrieren wirken hier zum einen unsere *Fähigkeiten* und unsere Ausstattung mit *Macht* und *Kompetenz* zum Handeln, zum anderen die untere Hälfte des oben im Kapitel 6.4 (Gruppenphasen) erwähnten Eisberges mit den dort verankerten *Normen*, *Werten* und *Gefühlen*. Nicht alles davon ist uns bewusst, so dass wir uns nachher selbst wundern, was uns da «getrieben» hat. Da jeder der an einer Situation beteiligten Personen mit seinem eigenen Bewusstheitsrad reagiert, ist es nicht verwunderlich, wenn ein und dieselbe Ausgangslage zu völlig unterschiedlichen Beurteilungen und Handlungen führen kann.

Mit dem Begriff Bewusstheit soll unterstrichen werden, dass wir in der Interaktion mit anderen zielorientierter und mit einer nachhaltigeren Wirkung handeln können, wenn wir unsere Selbstwahrnehmung stärken und unsere inneren Antreiber besser kennen. Da wir in der Regel nicht wissen, was uns nicht bewusst ist, ist *Selbstbeobachtung* und die *Aufnahme von Feedback* über das eigene Handeln ein wichtiger Schlüssel zu mehr Bewusstheit.

Die hier skizzierten Abläufe und ihre Zusammenhänge erinnern uns zunächst daran, dass hinter dem Weg von der Wahrnehmung zum Tun immer rasch ablaufende sozialpsychologische Vorgänge stehen, die unter Umständen sehr verfestigt sind. Sie sind uns oft nicht mehr bewusst. Ihre Veränderung kann heikel sein und mitunter die Fachkompetenz des Laien übersteigen. Die Mechanismen, die mit dem Bild des Bewusstheitsrades dargestellt sind, können auch eine wichtige Schutzfunktion für den einzelnen haben. Durch seine

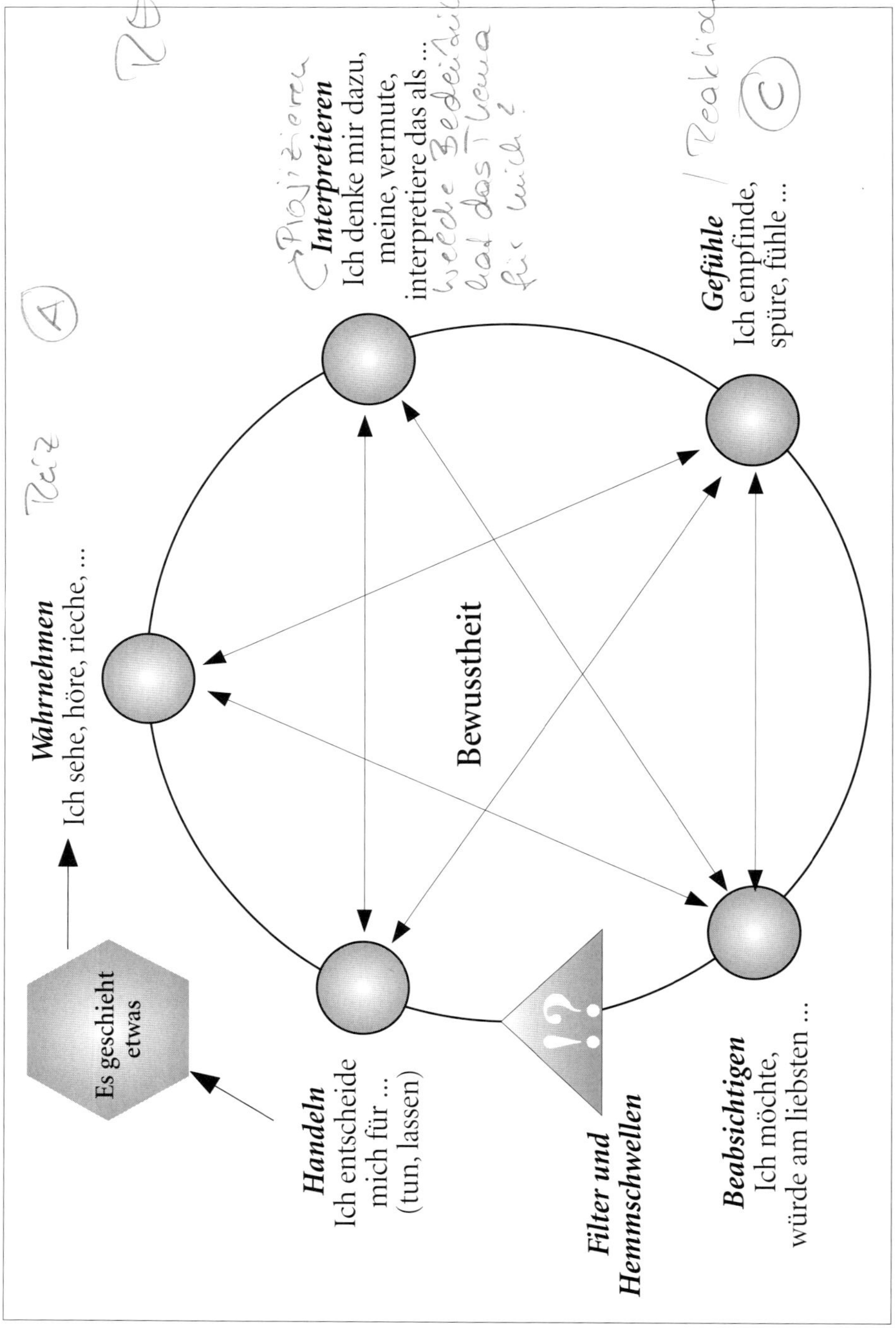

Abbildung 15: Das Bewusstheitsrad

auswählende Wahrnehmung und durch seine Art der Interpretation dieser Auswahl kann er auch Dinge zugedeckt lassen, die ihn zu sehr ängstigen oder mit denen er nicht recht fertig wird.

Verhaltensbeeinflussung im Wechselschritt

Die Geschehnisse beeinflussen unser Verhalten anderen gegenüber. Daraus entsteht ein Kreislauf wechselseitiger Verhaltensbeeinflussung: Mein Verhalten wird vom anderen (wie verzerrt auch immer) wahrgenommen und interpretiert und beeinflusst dadurch sein Verhalten mir gegenüber. Darauf reagiere ich wieder, usw. – ein ständiger Prozess der gegenseitigen Steuerung und Beeinflussung.

Dieses Wechselspiel betont die Verantwortung für das eigene Tun. Was trage ich bei, um meine Wahrnehmungen zu überprüfen? Was unternehme ich, um zu einem gemeinsamen Bild mit den anderen zu kommen? Nur diese gemeinsame Bildgestaltung ermöglicht es, von der Wahrnehmung von unterschiedlichen Standpunkten aus zu gemeinsamen Handeln zu kommen.

6.5.3 Eine Botschaft kommt selten allein: Hören mit vier Ohren

Jeder ist Sender und Empfänger von Botschaften

Jedes Gespräch ist im Grunde nichts anderes als ein Austauschen von Botschaften, die aufeinander bezogen sind. Aufgenommen wird eine Botschaft mit allen Sinnesorganen, im Gespräch natürlich besonders mit Augen und Ohren. Der Sender begleitet die Worte seiner Botschaft nicht nur mit den

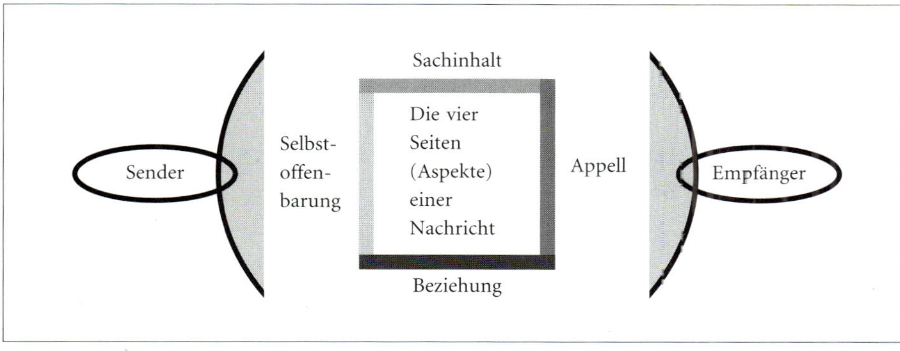

Abbildung 16: Die vier Seiten einer Botschaft

Tönen und Betonungen seiner Sprache, sondern auch mit seiner Gestik, Mimik, Körperhaltung. Er «sagt» in dieser Mischung von verbalen und nonverbalen Signalen mehr und anderes, als es ihm oft bewusst ist. Auf der anderen Seite muss der Empfänger diese Sendung annehmen, entschlüsseln, interpretieren und darauf antworten – das heißt, selbst zum Sender werden. Dieses Wechselspiel erfolgt in schneller Abfolge. Eben habe ich etwas gesendet, da ist auch schon die Antwort zurück, fast immer mit einer neuen Nachricht.

Jede Botschaft hat vier Seiten

Nun kennt jeder die Erfahrung, dass in diesem Wechselspiel mehr läuft als nur das Austauschen von Sachinhalten. Weitere Ebenen spielen eine Rolle, die Schulz von Thun in seinem Buch «Miteinander reden: Störungen und Klärungen» sehr übersichtlich dargestellt hat, so dass wir hier darauf zurückgreifen können: Jede Botschaft, die man jemand anderem übermittelt, wird vom Sender auf vier «Frequenzen» gesendet und vom Empfänger entsprechend empfangen und gehört.

Dieser Austausch auf den vier Ebenen jeder Botschaft kann am folgenden kleinen Beispiel verdeutlicht werden:

Angenommen, der Partner sagt abends:
«Liebling, es ist kein Bier mehr im Kühlschrank.»
Für seine Partnerin hört sich das möglicherweise so an:
als sachbezogene Botschaft: «Es ist kein Bier mehr im Kühlschrank».
als Appell zum Tun: «Bring' bitte morgen welches mit!
als Botschaft des Senders über sich selbst: «Schade, ich hätte jetzt gerne etwas getrunken, ich habe Durst.»
als Aussage über die Beziehung oder über die momentane Wertschätzung des Partners für die Partnerin: «Immer wieder vergisst du, rechtzeitig mein Bier mitzubringen. Typisch!»

Auch in diesem Beispiel reisen Verbales und Nonverbales zusammen. Auf der nonverbalen Ebene liegen die Quellen für die Missverständnisse und Doppelbotschaften. Der Satz «Liebling, es ist kein Bier mehr im Kühlschrank» ist als solcher ja zunächst eine Sachinformation und nicht unfreundlich. Zusammen mit dem Tonfall, dem schrägen Blick und der deutlich zugeschlagenen Kühlschranktür wird daraus eine ganze Story, und Liebling weiß, dass sie in diesem Moment kein Liebling ist.

Schulz von Thun (1991) hat diesen Sachverhalt in dem schönen Bild vom «Hören mit den vier Ohren» ausgedrückt:

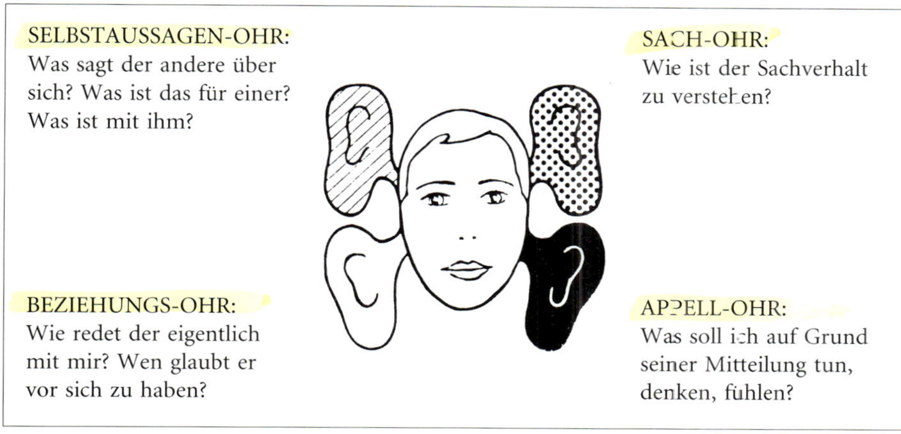

Abbildung 17: Der «vierohrige Empfänger»

Es ist für den Sender nicht möglich, nur auf einer Ebene zu senden. Wichtiger ist es für ihn, sich so weit wie möglich bewusst zu sein, was er auf den vier Ebenen mitteilen will und durch gute Selbstbeobachtung auch auf die Stimmigkeit der gesendeten Botschaft zu achten.

Andererseits weiß jeder aus eigener Erfahrung, dass er als Empfänger auch einiges in die Sendung hineinhört, was gar nicht gesendet wurde. Jede Sendung ist Gegenstand der Interpretation durch den Empfänger. Es gibt Beziehungen, in denen Sachinformationen praktisch nicht mehr übermittelt werden können, ohne dass sofort ein Streit entsteht, weil der andere auf der Beziehungsfrequenz schon das leiseste Rauschen zu einem ganzen Gewitter verstärkt. Die Sachnachricht hat dann wenig Chancen, überhaupt noch anzukommen.

Die Tatsache, dass jede Nachricht die obigen vier Seiten hat, macht es für Sender wie Empfänger erforderlich zu überprüfen, was der andere als Botschaft empfangen hat bzw. was nun eigentlich die Botschaft sein sollte. Die Frage «Haben Sie verstanden?» macht dabei meist keinen Sinn.

6.5.4 Feedback geben und nehmen

«Ich weiß erst, was ich gesagt habe, wenn ich die Antwort darauf gehört oder gesehen habe.» Dieser Ausspruch des Kybernetikers Norbert Wiener weist uns auf die Bedeutung des Feedbacks für unser Lernen und Arbeiten und für unsere persönliche Entwicklung hin: Angemessenes Verhalten gegenüber Personen und Situationen lernen wir in hohem Maße dadurch, dass wir die Auswirkungen unseres eigenen Verhaltens auf andere beobachten und die entsprechenden Signale aufnehmen und für eine Veränderung nutzen.

Wirkung von Feedback

Feedback ist an sich unser Alltagsbegleiter, auch wenn wir uns dessen meist nicht bewusst sind. Als gezielte Intervention aber verbinden sich mit dem Feedback in der Regel drei Zielsetzungen:

1) Ich will den anderen darauf aufmerksam machen, wie ich sein Verhalten erlebe und was es für mich im positiven wie im negativen Sinne bedeutet. Damit kann ich die «Produktivität» unserer Beziehung fördern: es gibt weniger unausgesprochene Stolpersteine und Reibungsverluste.
2) Ich will den anderen über meine Bedürfnisse und Gefühle informieren, damit er besser überblickt, auf was er sich einstellen kann. Damit muss er sich in seinem Verhalten weniger auf Vermutungen und Phantasien über mich abstützen.
3) Ich will dem anderen deutlich machen, welche Veränderungen in seinem Verhalten mir (oder anderen) gegenüber die Zusammenarbeit mit ihm erleichtern würden.

Nonverbales Feedback: auch Ungesagtes wirkt …

Diese Signale kommen nicht nur verbal mit Worten herüber. Weitaus häufiger sind die nonverbalen Signale: Körpersprache, Mimik, Stimmlage, Blicke, Schweigen, Unterlassungen etc. Meistens erfahren wir Zustimmung oder Ablehnung ungesagt – ein Lächeln, ein eisiges Schweigen, ein Gähnen, eine Einladung oder ein Nicht-beachtet-werden.

Jedes nonverbales Feedback hat jedoch fast noch mehr als Worte den Nachteil der Mehrdeutigkeit. Was ist wirklich gemeint, wenn der andere während des Gespräches auf die Uhr schaut: Langweilt er sich? Hat er einen dringenden Termin? Will er nur sicher sein, noch genügend Zeit für das Gespräch zu haben?

Positive Wirkung von Feedback

Indirekt kann Feedback beim Empfänger auch die Fähigkeit zur Selbstwahrnehmung stärken, wenn er über die aktuelle Situation hinaus sein Verhalten im Alltag besser wahrnehmen und steuern lernt.

Die stärkenden Wirkungen von Feedback liegen darin, die in der Zusammenarbeit störenden Verhaltensweisen zu korrigieren und hilfreiche zu verstärken. Gegenseitiges Feedback löst in der Regel eine verbesserte Qualität der zwischenmenschlichen Beziehung aus. Es befähigt die Teilnehmenden, sich selbst besser zu steuern und sich verständlicher und selbstbewusster – d.h., sich ihrer selbst bewusst – einzubringen.

Feedback kann weh tun

Dennoch ist es keine leichte Angelegenheit, Feedback zu geben oder Feedback zu nehmen. Es kann weh tun, es kann peinlich sein, Abwehr auslösen, neue Schwierigkeiten provozieren. Es gehört zudem nicht unbedingt zu den Normen in unserer Gesellschaft und in unseren Unternehmen bzw. Institutionen, offen über Gefühle zu sprechen. Es gehört auch nicht unbedingt zu den Normen, angstfrei den Mächtigeren (z.B. den Vorgesetzten oder Gruppenleiter) zu kritisieren – mit der Folge, dass viele, die Führungspositionen einnehmen, wichtige Informationen über sich nicht mehr erhalten.

Regeln für Feedback

Es gibt eine Reihe von hilfreichen Regeln, durch deren Beachtung Menschen zu Feedback ermutigt werden und es so zu einer wichtigen Quelle des Lernens auch im Alltag machen.

- Der Empfänger entscheidet, ob er Feedback aufnehmen und für Veränderungen nutzen will. Feedback sollte willkommen sein und nicht aufgedrängt werden. Freilich: Wenn jemand weder ein störendes Verhalten abstellen noch sich das Feedback anhören will, dann ist Konfrontation nötig, sonst tragen die falschen Leute die Kosten.
- Der Empfang von Feedback wird durch rasches Gegenargumentieren und sich Verteidigen blockiert – so nach dem Motto: «Sie haben ja durchaus Recht in gewissen Punkten, aber …, und außerdem sollten Sie mal lieber vor der eigenen Türe kehren …».
- Auch vorschnelle Zweifel an der Gültigkeit der Feedback-Information oder das Unterstellen von unlauteren Motiven bringen den Feedbackgeber rasch zum Schweigen: «Sie greifen jetzt einen Fall heraus, der aber keineswegs repräsentativ ist, und außerdem wollen Sie ja nur davon ablenken, dass …».
- Im Klartext sagt der andere in allen diesen Fällen nur: «Ich will das Feedback nicht hören!» Zunächst muss man das akzeptieren.
- Feedback ist keine Aufforderung zur Selbstkritik.
- Feedback soll das konkrete Geschehen und die eigene Reaktion darauf beschreiben und Verurteilungen, Anklagen oder Verallgemeinerungen vermeiden (also nicht: «Sie unterbrechen ständig und hören nie zu …»).
- Feedback wird für den Empfänger deutlicher, wenn der Feedbackgeber mitteilt, was das Verhalten des anderen für ihn bedeutet, z.B. «Wenn Sie so lange und so schnell reden, geht meine Aufmerksamkeit zurück und ich verliere den roten Faden.»
- Nicht aus der Mücke den Elefanten machen oder ständig im Museum nach alten Fundstücken suchen. Feedback ist kein Gang durch die Ahnen-

galerie. Es sollte möglichst bald nach dem aktuellen Geschehen erfolgen und sich darauf konzentrieren und nicht noch alle früheren Vorfälle mit hineinpacken.

- Feedback ist nur sinnvoll, wenn es sich auf Verhaltensweisen bezieht, die der Empfänger auch verändern kann.
- Feedback bezieht sich auf Handlungen des anderen und nicht auf seine persönlichen Eigenschaften. Der Feedbackgeber kann jemandem mitteilen, dass er viel geredet habe, nicht dagegen, dass er ein Vielredner sei. Nicht aus einem störenden Verhalten eine störende Person machen!
- Feedback bezieht sich auf hilfreiche Verhaltensweisen ebenso wie auf störende. Es ist oft leichter, hilfreiche Verhaltensweisen weiter zu verstärken, als störende abzubauen – vor allem, wenn nur diese thematisiert werden.
- Die Entscheidung, Feedback zu geben oder nicht, bezieht auch die Bedürfnisse und den Zustand des Empfängers mit ein.
- Feedback erfolgt in eigenem Namen, da es die Beziehung zwischen dem Empfänger und dem Sender klären soll. Der Feedbackgeber versteckt sich nicht hinter dem «Wir alle …» oder «Man handelt nicht so wie Sie …».
- Die Menge der Information, die mit dem Feedback verbunden ist, muss angemessen sein. Weniger ist eher mehr.
- Feedback nicht in suggestive Fragen kleiden nach dem Motto: «Meinen Sie nicht auch, dass …».

6.5.5 Selbstbild und Fremdbild oder «Gibt's mich viermal?»

Jeder Mensch entwickelt ein Bild von sich selbst, und jeder Mensch entwickelt Bilder von denen, mit denen er lebt und arbeitet. Die Kommunikation miteinander würde natürlich erleichtert, wenn mein Selbstbild mit dem Bilde der anderen von mir übereinstimmen würde. Die Wirklichkeit sieht anders aus:

- Da gibt es zunächst Teile meiner Persönlichkeit, die mir und allen anderen verborgen bleiben. Es sind unbewusste Teile, auf die ich keinen Zugriff habe, obwohl sie durchaus wirksam sein können. Man könnte diesen Teil – etwas leger formuliert – als die «Dunkelkammer» bezeichnen.
- Weitere Aspekte meiner Persönlichkeit werden nur mir bekannt sein, Dritten jedoch verborgen bleiben – jedenfalls solange, bis wir uns besser kennenlernen. Manches davon will ich vielleicht auch gar nicht preisgeben,

Verhalten ist …	*mir bekannt*	*mir unbekannt*
anderen bekannt	A **Öffentliche Person** Dieser Teil meiner Verhaltensweisen und Motivationen ist mir selbst bekannt und für andere wahrnehmbar.	C **Blinder Fleck** Der Teil des Verhaltens, der für andere erkennbar, mir jedoch nicht bewusst ist. Abgewehrtes und nicht mehr bewusste Gewohnheiten gehören dazu.
anderen unbekannt	B **Private Person** Der Bereich meines Verhaltens, der mir bekannt und bewusst ist, den ich aber anderen nicht bekannt gemacht habe oder machen will.	D **Dunkelkammer** Dieser Bereich umfasst Vorgänge, die weder mir noch anderen bekannt sind (in der Tiefenpsychologie das Unbewusste).

Abbildung 18: Vier Fenster zur Persönlichkeit

weil ich es nicht akzeptieren kann, auch so zu sein. «Privat» steht auf diesem Türschild.

- Umgekehrt wird es auch Aspekte meiner Persönlichkeit geben, die mir überhaupt nicht bewusst sind, die aber Dritte sehr wohl wahrnehmen und auf die sie entsprechend reagieren – für mich dann überraschend und unverständlich. «Blinder Fleck» ist die übliche Bezeichnung für diesen Teil.
- Schließlich gibt es noch den Bereich meiner Persönlichkeit, den wir beide kennen – der andere und ich selbst. Dieser Teil von mir ist gewissermaßen die «öffentliche Person».

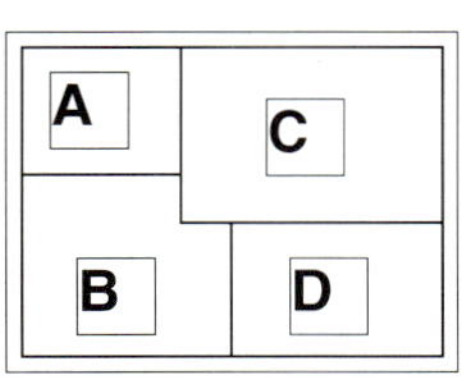

Zu Beginn einer neuen Gruppe nimmt der Bereich A (öffentliche Person) einen relativ kleinen Raum ein, während die Bereiche B und C dominieren. Mit Hilfe der Feedback-Prozesses kann erreicht werden, dass die Quadranten B und C kleiner werden, während der Quadrant A sich vergrößert. Das bedeutet die Verschiebung der Grenzen dessen, was der Bearbeitung zugänglich ist, und damit eine Erweiterung der offenen Kommunikation und der freien Aktivität des Einzelnen. Blinde Flecke werden aufgehellt.

Feedback, vor allem aber auch die konkrete Zusammenarbeit in der Gruppe bewirkt, dass sich Fremdbild und Selbstbild stärker angleichen. Damit entspricht automatisch auch das, was ich bei anderen bewirke, vermehrt meinen Absichten. Fremdbild und Selbstbild wird nie deckungsgleich werden. Sie werden aber zunehmend stärker übereinstimmen.

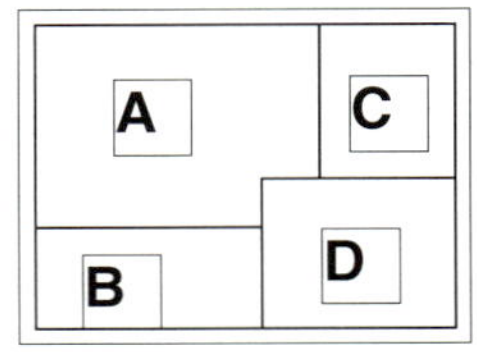

6.5.6 «Du erinnerst mich an ...»: Übertragungen und ihre Wirkung

In vielen Situationen treffen wir auf Menschen, die uns in irgendeiner Weise an Personen erinnern, die für uns im Guten wie im Schlechten in früheren Zeiten Bedeutung hatten: Eltern, Geschwister, Lehrer, Freunde, Freundinnen, Chefs usw. Je früher das geschah, desto nachhaltiger ist die Prägung durch sie. Diese Erinnerungen werden ausgelöst durch innerliche oder äußerliche Ähnlichkeiten der anderen Person, z.B. in der Gestik, der Sprache, der beruflichen Position. Wir sehen plötzlich im anderen auch die entsprechende frühere Person und verhalten uns ihm gegenüber so, wie wir uns jener Person gegenüber verhalten haben. Subjektive Erfahrungen aus früheren Zeiten und anderen Orten werden in das aktuelle Geschehen hineingeblendet, ohne dass es uns bewusst wäre.

Übertragungen verzerren die Wahrnehmungen

Diesen Vorgang nennen wir Übertragung. Übertragung ist eine der häufigsten Wahrnehmungsverzerrungen in der Kommunikation. Übertragungsprozesse sind unter der Oberfläche des Gruppengeschehens stets wirksam. Jedes noch so an sich unbedeutende Geschehen kann dazu angetan sein, eine Übertragung auszulösen. In Lern- und Arbeitsgruppen äußert sich die Übertragung in positiven und negativen Affekten, in zärtlichen oder feindseligen Einstellungen. So haben Übertragungen für den Empfänger oft etwas Verführerisches an sich, manchmal jedoch auch Kränkendes. Nicht bei jedem Ärger oder bei jedem anziehenden Gefühl handelt es sich freilich gleich um eine Übertragung. Anzeichen dafür liegen vor, wenn ein Teilnehmender mit übertriebener Hartnäckigkeit und Intensität oder sehr plötzlich und unangemessen stark z.B. mit Enttäuschungsgefühlen reagiert.

Die Bandbreite und Vielfalt dieser Verzerrungen geht von der Übertragung von Verhaltensweisen und Einstellungen früherer Autoritätspersonen auf den Leiter oder auf andere Teilnehmende bis hin zur unreflektierten Übertragung von Verhaltensweisen aus früheren Situationen auf die aktuelle Situation. Wir leiten aus der Übertragung auch Verhaltenserwartungen an den anderen ab. Unser Gegenüber «soll» (Anforderung) oder «wird» (Prognose) sich so verhalten, wie Vater, Mutter, der große Bruder, die Lehrerin, etc. sich damals uns gegenüber verhalten haben. Dabei werden nicht nur negative Erinnerungen, Gefühle und Handlungsmuster aus der Vergangenheit in die momentane Situation hinein genommen, sondern auch positive. Beides kann gleich störend werden.

Eine Übertragung ist immer ein «Irrtum» in Zeit, Ort und Person! Ehe diese falsche Einschätzung nicht aufgedeckt und, so gut es geht, aufgelöst wird, können die gegenwärtige Situation und der gegenwärtige Mensch nur verzerrt wahrgenommen werden. Es wird dann entsprechend unangemessen gehandelt. Viele Enttäuschungen entstehen in dem Moment, in dem wir erkennen, dass der andere nicht der ist, den wir in ihn hinein gesehen haben. Durch unsere unbewusste Selbsttäuschung haben wir den anderen nicht in seiner Realität erkennen können.

Als kleines Beispiel für Übertragung dient das Verhalten eines Teilnehmers, der sich gegenüber einem anderen Teilnehmer – einem Juristen – auffällig ablehnend, aggressiv und reserviert verhielt. Er erinnerte sich daran, dass sein Vater als Handwerker einige Erfindungen gemacht hatte, um deren Ertrag er durch einen Juristen gebracht wurde. «Ich glaube, ich habe mit der Muttermilch die Überzeugung aufgesogen, dass alle Juristen Lügner sind, denen man mit Vorsicht begegnen muss».

Umgang mit Übertragungen

In der Regel werden Übertragungen in den hier diskutierten Gruppen nur so weit aufgegriffen, wie sie den Lern- und Kommunikationsprozess behindern. Im Verlauf des Gruppenprozesses können wir überlegen, ob und wann es sinnvoll wäre, Übertragungen anzusprechen und zu thematisieren. Das kann in einer der Sitzungen der Anfangsphase geschehen, unterstützt durch Themen wie «Wer erinnert mich hier an jemanden, den ich kenne? Welche Unterscheidung ist nötig?»

Zur vertieften Bearbeitung ist in normalen Arbeits- und Lerngruppen weder Raum noch Zeit noch therapeutisches Know-how vorhanden, um (störende) Übertragungen aufzuarbeiten. Das würde einen Dreischritt bedeuten, den wir hier nicht tun können:

- Wiederbeleben der Situation, aus der die Übertragungen stammen
- Durcharbeiten der früheren Situation
- Neubewerten und Neueinordnen der damaligen Situation und Überprüfen der aktuellen Situation.

Der Leiter selbst löst unvermeidlich Übertragungen aus, vor allem im Hinblick auf Personen, deren Autorität die Teilnehmenden früher erlebt haben. An diese Übertragungen knüpfen sich, wie gesagt, Erwartungen, die der Leiter enttäuschen muss, da er ein anderer ist. Er wird einen Teil dieser Übertragungen abbauen können durch Auskünfte über seine Wirklichkeit, durch Konsequenz im Verhalten und ggf. durch das Thematisieren von Übertragungen in der Gruppe.

Auch der Leiter ist nicht frei von Übertragungen auf die Teilnehmenden. Diese können bei ihm Gefühlseinstellungen und Verhalten als Gegenreaktion auf den Teilnehmenden auslösen, die nicht der Situation entsprechen, sondern in seiner Biografie begründet liegen. Für ihn wird es ein Teil seiner Aus- und Weiterbildung sein, daran zu arbeiten, damit sie ihm nicht bei der Arbeit mit den Teilnehmenden im Wege stehen.

6.6 Wenn's kritisch wird: Ursachen, vorbeugende Interventionen und Vorsorge für den Ernstfall

Übersicht über Kapitel 6.6

6.6.1 Krise: Gefahr oder Chance?

Die Teilnahme an einer Gruppe, in der berufliche und persönliche Themen bearbeitet werden, ist für jeden eine Art «Sondersituation», in die er sich aus seinem ihm vertrauten Alltag begibt. Je nach Thema, Teilnehmerkreis und Prozessverlauf kann der damit verbundene Lernprozess für den Einzelnen durchaus belastend sein oder werden, was in der Regel durch das gegenseitige Fremdsein verstärkt wird.

Der Abschied vom Gewohnten, das Sicherheit gibt, die Konfrontation mit den eigenen Schwachstellen oder unerwarteter Kritik, das sich – vielleicht widerstrebende – Einlassen auf neue Ideen oder Bedingungen und vieles andere mehr sind Begleiterscheinungen von Lernprozessen. Solche kritischen Phasen sind wichtige Episoden im individuellen Lernprozess, die im Prinzip zu jeder Entwicklung gehören – sie lassen sich auch bei umsichtiger Leitung nicht vermeiden. Ein vertrauensvolles Klima und eine sichere, vorausschauende Leitung bilden wichtige Rahmenbedingungen, damit es dem Einzelnen gelingt, krisenträchtige Situationen zu meistern und einen neuen Schritt ausprobieren und gehen zu können.

Krise:
Chance und Gefahr

Das chinesische Schriftzeichen für Krise setzt sich aus den beiden Zeichen «Gefahr» und «Chance» zusammen. Wer Krisen durchlebt hat, wird sich an beide Qualitäten und die damit verbundenen Gefühle erinnern. Zu Beginn einer Krise sieht man freilich eher die Gefahr und Bedrohung, erst nachher kann man sie auch als Chance schätzen. Nun ist das Wort Krise für viele kritische Lernphasen oft zu hoch gegriffen. Begriffe wie Stress oder Belastung würden hier besser passen. Kritische Lernphasen können sich zu Krisen zuspitzen, wenn sie zu spät wahrgenommen werden oder mit ihnen leichtfertig umgegangen wird. Doch auch bei hoher Aufmerksamkeit und umsichtig steuernder Leitung können im Prozessverlauf oder durch eine an sich «harmlose» Intervention Reaktionen hervorgerufen werden, die sich zu Krisen auswachsen.

Krise als Gefahr

Wir sprechen von Krise bei Einzelnen oder in der Gruppe, wenn sich unterschiedliche Beweggründe und nicht allen bekannte Ängste oder Wünsche zu Konflikten auswachsen, diese sich brennpunktartig verdichten und in einen Höhepunkt gipfeln.

Eine Krise ist eine Situation, die eine Entscheidung fordert und meist einen Wendepunkt bei Einzelnen oder der Gruppe darstellt.

Die Notwendigkeit zur Entscheidung ist umso größer und aktueller, je unerträglicher das Augenblickliche geworden ist. Dieses kann der Verlust des seelischen Gleichgewichtes sein oder ein so hoher emotionaler oder realer Druck, dass die Schleusen jeden Moment zu brechen drohen, anders ausgedrückt, dass die Abwehrmechanismen keine Wirkung mehr zeigen.

Krise als Chance

In jeder Krise stecken Gefahren, zugleich bietet die Krise die Chance, dass Probleme und Ursachen besprechbar und veränderbar werden.

Der Gefahr, den Kontakt zur inneren und äusseren Realität vorübergehend zu verlieren, steht die Chance gegenüber, eine vielleicht schon lange anstehende «Not» endlich zu wenden und einen bisher nicht gewagten Schritt – möglichst unter zugewandter Begleitung, die nicht als Erziehungsmaßnahme verstanden wird – ein erstes Mal zu wagen. So kann eine konfliktreiche und spannungsvolle Situation zur Progression und damit zum Entwicklungsschritt werden.

- Wir wollen eigenständig werden und bleiben:
  Streben nach Selbstbewahrung und Individuation
  und wir wollen uns in kollektive Zusammenhänge einfügen:
  Streben nach Integration.
- Wir streben *nach Dauer und Beständigkeit* und
  wir wollen Impulse der *Veränderung* und der *Wandlung* umsetzen.

Anders ausgedrückt:
- Dem Grundstreben nach *Distanz* steht das Grundstreben nach *Nähe* gegenüber,
- dem Grundstreben nach *ordnenden, dauerhaften Strukturen* steht das Grundstreben nach *Wandel und Veränderung* gegenüber.

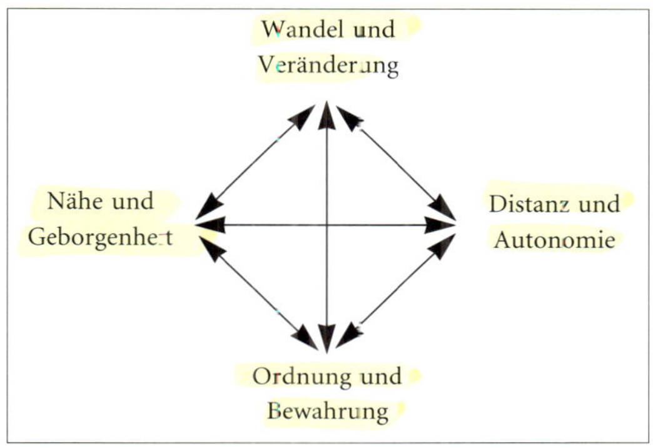

**Abbildung 19:
Grundelemente der menschlichen Persönlichkeit**

Eine gewisse Problematik in der Verwendung der Riemann'schen Begriffe für unsere Zwecke liegt darin, dass die im Originaltext verwendeten Begriffe vor allem für die Kennzeichnung von Krankheitserscheinungen dienen und dort Bedeutung gewonnen haben. Es scheint uns aber wichtig, diese Grundstrebungen im «Normalbereich» kennenzulernen, gerade auch, um Zuspitzungen und ihre Konsequenzen besser zu erkennen.

Die Mischung macht's

Jede Persönlichkeit gewinnt ihr Profil dadurch, dass bestimmte Grundstrebungen besonders ausgeprägt sind und die anderen demgegenüber mehr im Hintergrund stehen bzw. angstbesetzter sind. Die so entstehenden spezifischen Stärken und Schwächen, Kanten und Ecken machen die Einzigartigkeit jedes Menschen aus. Hat sich ein Profil allerdings extrem verschoben, so erlangt es Züge, die Probleme machen und das Zusammenleben von Menschen erschweren. Ideal wäre es, wenn der Einzelne sich flexibel zwischen den Polen bewegen könnte und je nach den Erfordernissen der Situation eine angemessene Mischung aus Nähe und Distanz, Bewahrung und Veränderung finden könnte, sowohl für sich selbst als auch für das Eingehen auf andere – aber es fügt sich selten so ideal und würde auch an Spannung verlieren.

Ist eine der erwähnten Grundstrebungen bei jemandem allerdings besonders ausgeprägt, so neigt er dazu, in bestimmten Situationen leichter in Krisen zu geraten als jemand, bei dem die Durchmischung der Grundelemente für Ausgleichsmöglichkeiten sorgt. Insofern hilft eine Kenntnis dieser Grundelemente auch, Krisenanfälligkeit bei einzelnen Teilnehmenden frühzeitiger zu erkennen und darauf personenbezogen zu reagieren.

A. Der distanzierte Persönlichkeitstyp

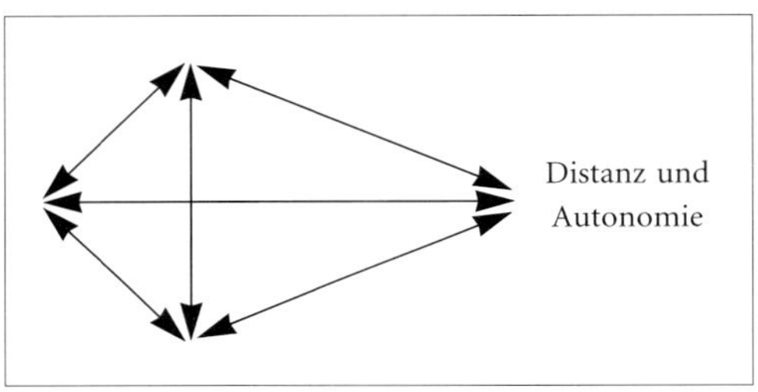

Hierbei handelt es sich um einen Menschen, dem die Autonomie und alles, was damit zusammenhängt, Bedingung zu einem befriedigenden Leben ist. In der ersten Begegnung wirkt er auf andere eher kühl und zurückhaltend, er verbreitet eine gewisse Distanz, die es dem anderen schwer macht, ihm näherzukommen. Er führt ein relativ intensives Eigendasein, möchte über längere Strecken allein sein, was er auch gut kann, auch wenn der Wunsch, doch dazuzugehören, ihn manchmal einholt.

Eine Beziehung aufzunehmen und auch zu halten gelingt ihm am besten durch Sachinhalte, über die er sich mit anderen trifft und über die er dann auch seine Kontaktscheu aufgeben und Gefühle zeigen kann, wenn auch in versachlichter Form und sehr verhalten.

Seine Eigenständigkeit und Unabhängigkeit geht ihm über alles. Sie zu bewahren ist in erster Linie eine Schutzhaltung, mit der er die Nähe, die ihn so verletzbar macht, vermeiden kann.

Der Distanzierte ist ein kritischer und scharfer Beobachter, der in seiner klaren und unsentimentalen Haltung dem ordnend-bewahrenden Typ ähnlich ist. Er kann dabei soweit gehen, dass er verletzend wirkt, besonders, wenn ihm der Rückzug aus zuviel Beziehung verwehrt wird.

Das Leben im Kollektiv der Gruppe kostet den Distanzierten viel Kraft. Während des Gruppengeschehens erlebt man ihn häufig mit einem Bein draußen stehend, was sich im Zurückziehen in den Pausen und im verstärkten Wahrnehmen von Außenbeziehungen äußern kann, im sehr zurückhaltenden Einlassen am Anfang und in fast blitzartiger Abreise am Ende. Während man andere zum Abreisen ermuntern und sehr deutlich auf die Realität des Endes hinweisen muss, ist er längst weg!

Als Schutz vor allzu verbindlicher Nähe nutzt er auch gern die Gelegenheit, persönliche Inhalte in Sachinhalte umzumünzen. Lässt man ihm nicht den Raum, den er zu seinem Wohlbefinden braucht, so droht er von Eigenständigkeit in Eigensinnigkeit und Verbohrtheit überzuwechseln und damit auch aus der Gruppe herauszufallen. Ein konstantes Kontaktangebot auf sachlicher Ebene dagegen, das ihm gleichzeitig die Möglichkeit zur Distanz lässt, macht ihn offen für sehr konstruktive Mitarbeit, in der er dann auch sein meist differenziertes Wissen gern zur Verfügung stellt und Witz und Spontaneität zeigt.

B. Der Nähe suchende Persönlichkeitstyp

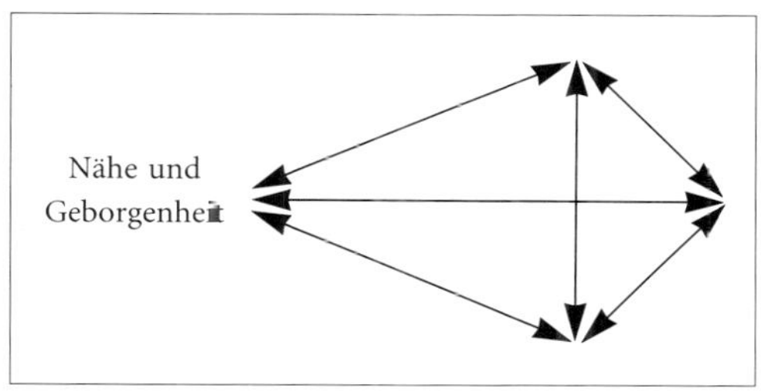

Er bildet den Gegenpol zum Distanzierten und kommt uns als herzlicher, offener Mensch entgegen, der vertrauensvoll auf die Angebote des Leiters eingeht und für den Zugehörigkeit und Beziehung zunächst einmal oberstes Ziel sind. Während sich beim Distanzierten die Beziehung über Sachthemen langsam anbahnt, ist für ihn zunächst der Wunsch nach Beziehung vorrangiger als das Interesse an Sacharbeit.

Der Mensch mit dieser Grundhaltung ist ohne großes Fragen bereit mitzumachen und vertraut zunächst darauf, dass das Angebotene für ihn das Richtige sei. Er sagt eher zu spät als zu früh «nein» und trägt, wo er kann, zu einem guten Gruppenklima bei. Diese Menschen übernehmen problemlos Aufgaben für die Gruppe, selbst außerhalb der offiziellen Zeiten, und befriedigen damit gleichzeitig ihren eigenen Wunsch nach Nähe und Dazugehören.

Diese relativ hohe Hilfsbereitschaft und Aufgeschlossenheit kann allerdings auch zur Falle werden. Hat er nämlich sein Potenzial an Hingabe und Hinnahme einmal zu weit ausgeschöpft, hat er andere zu lange umsorgt und ist zu bereitwillig auf die Angebote des Leiters eingegangen, so wird er die angestaute Spannung zwar noch über einige Zeit nach innen ableiten, wobei auch körperliche Symptome auftreten können, ehe er sich dann nach außen Luft macht, für Dritte unerwartet und überzogen und für ihn selbst angstbesetzt.

Ist er Konflikten zu lange aus dem Wege gegangen und will sie letztendlich doch loswerden, so mündet das häufig in eine Flut von Beschwerden auf dem Boden zu großer Erwartungen ein, oder es zeigen sich depressive und resignative Einstellungen.

Diese offene Bereitschaft mitzumachen macht es dem Leiter zunächst leichter als mit dem Distanzierten. Der Leiter sollte darauf achten, dass dieser Teilnehmende nicht aufopfernd oder resignativ wird, sondern den Weg zu eigener Autonomie ausprobiert. Der Wunsch nach Beziehung, den diese Menschen haben, darf nicht den Sachinhalt verschlingen.

Eines fällt dem Nähe suchenden Persönlichkeitstyp auch in der Gruppe besonders schwer: das Abschiednehmen. Hier schafft ein frühzeitiges Daraufhinweisen und eine konsequente Struktur Abhilfe.

C. Der ordnend-bewahrende Persönlichkeitstyp

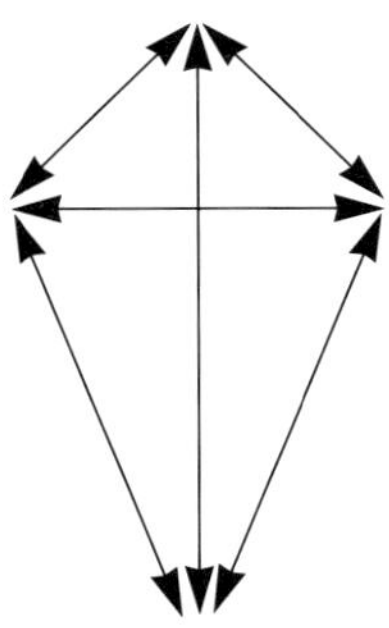

Ordnung und Bewahrung

Wir finden hier die Menschen, die uns sachlich und nüchtern entgegentreten, die gern von Anfang an wissen wollen, wo es langs geht, wie das Programm sein wird, worauf sie sich einstellen können und was sie selbst dazu beitragen sollten.

Affekte und emotionale Impulse sind nicht ihre Sache. Ein fundiertes Wissen und ein gutes Gedächtnis für Tatsachen herrschen meist vor. Mit ihnen kann man Pläne machen und von Anfang an klare Verabredungen treffen, die sie dann allerdings auch einzuhalten wünschen. Spontanen Ideen und risikoreichen Veränderungsvorschlägen stehen ihre Wünsche nach Dauer, Abwägbarkeit und Überschaubarkeit und ihre Skepsis entgegen. Aus diesem Grund machen sie es den anderen in der Gruppe oft schwer, die länger experimentieren möchten oder die schneller bereit sind, Veränderungen umzusetzen, auch wenn sie nicht bis ins Letzte abgesichert sind.

Wie der Distanzierte sucht auch er auf seine Weise nach Eigenständigkeit und Freiraum. Darüber hinaus ist der Ordnend-Bewahrende auch noch daran interessiert, dass möglichst sein Vorschlag zum Tragen kommt. Auf Gruppen bezogen liegt die Fähigkeit dieses Typs darin, planend und ordnend einzugreifen und den Überblick auch dort zu behalten, wo der Rote Faden verlorenzugehen droht und Sacharbeit von Emotionen verschlungen wird. Er scheut die Auseinandersetzung nicht. Arbeiten wie Protokolle übernimmt er zwar nicht mit fliegenden Fahnen, aber doch leichter als andere und gewinnt eine gewisse Freude daran, wenn er verantwortlich mitarbeiten kann und seine Vorschläge berücksichtigt werden.

Für den Leiter ist es wichtig zu wissen, dass Veränderungen diesem Typ eher in kleineren Dosen und nicht in großen Sprüngen angeboten werden sollten. Das Prinzip des geordneten Ablaufs muss für ihn nachvollziehbar bleiben. Einblick in die Planung schafft hier beruhigende Transparenz. Mitunter braucht dieser Typ auch den Anstoß, vor lauter Planen die Umsetzung nicht zu vergessen oder nicht zu spät damit zu beginnen.

Als Leiter merke ich meist schon zu Beginn einer Veranstaltung, ob jemand vermehrt Fragen stellt, die der Orientierung und den ordnenden Strukturen dienen, während ein anderer ruhig abwartend im Hintergrund bleibt. Im Sinne von Angstminderung tue ich sicher gut daran, dem ersteren viel und früh Informationen zu geben und den letzteren in seiner Zurückhaltung zu belassen und zu mehr Offenheit zu drängen.

D. Der überschwenglich-schwungvolle Persönlichkeitstyp

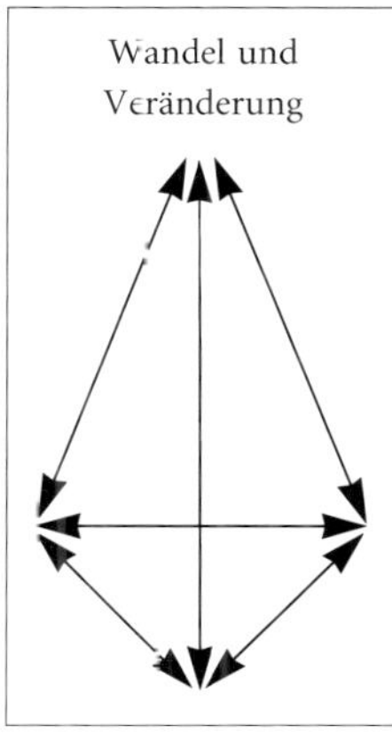

Sein Verhalten ist von einer unerschöpflichen Suche nach neuen Reizen geprägt. Jede neue Gruppe ist für ihn ein reiches Feld an Möglichkeiten, auf die er sich gern einlässt, wenn er sich auch das Zugeständnis der Unverbindlichkeit am liebsten bis zuletzt erhält. Mit seiner anregenden Art zieht er schnell die Aufmerksamkeit auf sich. Er löst sowohl positive als auch negative Reaktionen damit aus, von Faszination bis Aggression. Je ausgeprägter sein Typenschwerpunkt ist, um so schwieriger ist es für ihn, sich einer Gruppennorm anzupassen und Abmachungen einzuhalten. Das mögen andere nicht immer gern, aber ehe sie es ihm deutlich gesagt haben, hat er sie mit seinem Charme aufs Neue verführt.

Ähnlich wie der Distanzierte liebt er sein eigenes Aktionsfeld, möchte aber, anders als jener, mit dem «Publikum Gruppe» um sich herum agieren. Kontakte werden leicht geschlossen, Sach- und Arbeitsbeziehungen werden schnell aufgenommen, sind oft aber nicht von langer Dauer. Für die

Die charakteristischen Eigenschaften der Riemann'schen Grundformen der Persönlichkeit (nach Dahm, 1979)

Grundstrebung A: Distanzierter Persönlichkeitstyp		
Stärken	**leicht übertrieben**	**übersteigert**
selbstsicher	auf andere nicht angewiesen	gleichgültig gegen andere, überheblich
konsequent	lässt nicht leicht mit sich reden, zu Änderungen weniger bereit	unnachgiebig
distanzierungsfähig	wenig kontaktorientiert	kontaktschwach
entscheidungsfreudig	trifft seine Entscheidungen lieber unabhängig von anderen	einsame Beschlüsse
unbeirrbar	nicht leicht zu überzeugen	störrisch
kritisch	weniger vertrauensvoll	misstrauisch, nörglerisch
eigenständig	geht gern seiner eigenen Wege, von sich überzeugt	eigenbrötlerisch, selbstherrlich
skeptisch	sieht in anderen leicht Gegner	menschenfeindlich
zielstrebig	weniger sensibel	rücksichtslos
unabhängig	isoliert sich leicht	einsam

Grundstrebung B: Nähe suchender Persönlichkeitstyp		
Stärken	**leicht übertrieben**	**übersteigert**
verstehend	etwas übertrieben verständnisvoll	indifferent
empfindsam	beeindruckbar und etwas dünnhäutig	empfindlich
zugewandt	sehr anhänglich	lästig
kooperativ	weniger eigenständig	unselbstständig
kompromissbereit	verlässt einen festen eigenen Standort	resignierend, gibt zu schnell auf
offen	vertrauensvoll	vertrauensselig
verantwortungsbereit	fühlt sich oft stark von anderen gefordert	opfert sich auf
einfühlsam	nachgiebig	nachgiebig
kameradschaftlich	zuvorkommend	kumpelhaft
hilfsbereit	bietet sich immer wieder als Helfer an	aufdringlich, sich selbst überfordernd

Grundstrebung C: Ordnend-bewahrender Persönlichkeitstyp		
Stärken	**leicht übertrieben**	**übersteigert**
genau	etwas pingelig	formalistisch
pünktlich	hält Richtlinien und Regeln buchstabengetreu ein	pedantisch
systematisch	überwiegend am System orientiert	starr
ausdauernd	lässt nicht locker, hält eisern am Vorhaben fest	verbissen
fleißig	viel persönlicher Ehrgeiz	streberhaft
zuverlässig	wenig spontan	beharrend
sauber	etwas übertrieben ordnungsliebend	putzfreudig
verlässlich	wenig beweglich	unweglich
vorsichtig	auf Sicherheit bedacht	kleinlich
korrekt	hält sich an Grundsätze und hält an Grundsätzen fest	doktrinär
planend	wenig improvisierend	unflexibel

Grundstrebung D: Überschwenglich-schwungvoller Persönlichkeitstyp		
Stärken	**leicht übertrieben**	**übersteigert**
wendig	rasch anders interessiert	unruhig
spontan	etwas unruhig, bewegt	chaotisch
gewandt	weniger Tiefgang zeigend	oberflächlich
flexibel	etwas wechselhaft	sprunghaft
innovativ	unbeständig	unrealistisch
beweglich	etwas schnell	flatterhaft
großzügig	an der großen Linie orientiert und im Detail weniger genau	unzuverlässig
agil	rasch	hektisch, flüchtig
mitreißend	impulsiv	launisch
risikofreudig	manchmal etwas unbedacht und unvorsichtig	tollkühn
reaktionsschnell	vorschnell reagierend	ablenkbar
abenteuerfreudig	weniger bodenständig und bindungsfähig	tollkühn

kurzfristige Übernahme von Rollen, auch in Rollenspielen, und für die Mitwirkung bei Übungen mit kreativer Darstellung finden wir in ihm einen willigen Partner.

Es sieht so aus, als ob sich hier für den Leiter ein unkompliziertes Gegenüber anbietet. Das starke Nach-außen-Gehen und die selten müde werdende Betriebsamkeit verlangen aber eine Standfestigkeit auf der anderen Seite. Das manchmal überschwengliche Temperament bedarf einer konsequenten Konfrontation mit der Realität, mit den Bedürfnissen der anderen Teilnehmenden sowie mit gegebenen Rahmenbedingungen. Wenn sich der Leiter von ihm überfluten lässt, läuft er Gefahr, mattgesetzt oder in eine Richtung mitgerissen zu werden, die an dem Bedürfnis der Gruppe und den Zielen ihres Zusammenkommens vorbeiläuft.

Für das Erkennen der vier Grundtypen kann die Übersicht auf den beiden vorherigen Seiten hilfreich sein.

Fazit

Die Entwicklung von persönlichen Grundstrebungen ist sehr von Anlage, Umwelt und Sozialisation abhängig. So darf eine Einordnung der Typen nie zu einer Schematisierung führen. Jeder Mensch hat alle vier Strebungen stärker oder schwächer zur Verfügung. Jeder Mensch ist durch eine dieser vier Grundstrebungen besonders stark geprägt. Das schließt aber nicht aus, dass er auch auf den anderen Grundstrebungen ansprechbar ist, die nicht so deutlich hervortreten.

Krisen entstehen, wenn jemand zu schnell und einseitig auf denjenigen Grundstrebungen gefordert wird, auf denen er sich unerfahren fühlt und die von daher eher angstbesetzt sind. Meist kennt jeder seine «Defizite» und «Übersteigerungen» selbst ganz gut. Oft sind sie ja auch Anstoß, um sich in Lernsituationen zu begeben.

In Grenzsituationen tendieren die meisten dazu, sich in ihr «Heimatland» zurückzuziehen. Der Distanzierte wird noch distanzierter, der Ordnende versucht noch mehr zu strukturieren, der Zugewandte ist bestrebt, das Klima um jeden Preis zu retten, während der Überschwengliche sich und das Thema gleichzeitig inszeniert.

Für die Intervention des Leiters bei persönlichen Krisen in nicht-therapeutischen Situationen heißt das, je nach Typ Angebote machen, bei denen dieser mit einem Fuß bei seiner Stärke (z.B. seiner Ordnungsliebe) bleiben kann, um gewissermaßen mit dem anderen Fuß Neues (z.B. spontanes Entscheiden) relativ angstfrei auszuprobieren.

Die Typenkenntnis ist nur eine Fährte zum Verstehen krisenträchtiger Situationen und zum Einsatz effektiver und gezielter Interventionen. Sie hilft dem Leiter auf der persönlichen Ebene, den anderen wirklich als anders zu begreifen und sich von seiner Andersartigkeit weder einfangen («So möchte ich aber auch sein!») noch abstoßen zu lassen («Wie kann man nur so sein!»).

6.6.3 Der Blick auf die Gruppenphasen: Ein zweiter Weg zum Verständnis der Entstehung von Krisen

Als zweite Fährte, um Krisen zu erkennen, erinnern wir an die aufeinander folgenden Teilabschnitte der Gruppenphasen, wie wir sie im Kapitel 6.4 beschrieben haben. Jede Phase und besonders die Umbruchstellen von der einen in die nächste Phase haben ihre kritischen Situationen und ihre heiklen, oft unterschwelligen Themen. Bei jedem Umbruch geht es für die Teilnehmenden und die Gruppe als ganzes um ein Stück neue Identitätsfindung im laufenden Prozess.

Die Anfangsphase

Die Anforderungen der *Anfangsphase* an die Beteiligten sind hoch und oft folgen sie rasch aufeinander: Jeder muss sich der neuen Realität «Gruppe» stellen. Jeder muss seinen Platz in dieser Gruppe finden, Kontakt aufnehmen und Vertrauen entwickeln. Ambivalente Gefühle der Fremdheit und der Neugier sind im Spiel. Die Regeln für das Zusammenleben und -arbeiten in der Gruppe müssen erst entstehen und akzeptiert werden. Nicht zuletzt muss auch die Spannung, die sich aus dem Schritt vom «dort» des Heimatortes zum «hier» der neuen Gruppe ergibt, bewältigt und eine erste Beziehung zum Leiter ausgelotet werden.

Auf diese die Anfangsphase jeder Gruppe prägende Situation reagieren Menschen je nach der bei ihnen vorherrschenden Grundstrebung (vgl. Abschnitt 6.6.2) unterschiedlich: Während der Zugewandte endlich aus seinem Fremdheitsgefühl erlöst werden möchte, geht die Annäherung dem Distanzierten eventuell viel zu schnell, so dass er schon nach einer baldigen Rückzugsmöglichkeit Ausschau hält. Lässt man den Schwungvollen zunächst einen längeren Vortrag hören, so fällt es ihm meist schwer zu folgen, es sei denn, er ist zunächst selbst zu Wort gekommen. Ordnungsliebende Menschen dagegen schätzen es gar nicht, wenn sie mehrere Stunden auf die klare Übersicht des Seminarablaufs warten müssen und obendrein noch verwehrt bekommen, sich Notizen zu machen.

So ist diese Anfangsphase mit ihrer Ambivalenz ein Nährboden für Krisen Einzelner und untereinander, geht es doch um das entscheidende Zusammenfinden von sich noch fremden Menschen und um das Schaffen zu einer gemeinsamen Arbeitsebene, wobei die Gruppe in ihrem Verlauf zwei weitere Krisenmomente vor sich hat: Die «Krise der Entscheidung», oft verbunden mit Enttäuschung und die «Krise der Annahme der Realität», in der sich die Gruppe auf den langen Weg der inhaltlichen Arbeit macht, die in ihrer Zielorientierung und Vertiefung besonders den Schwungvollen nicht leicht fällt.

Auseinandersetzungsphase

Eilt der Prozess in die «Niederungen» der Phase, die wir oben mit «Gärung und Klärung» bezeichnet haben, dann wird wieder jeder anders davon betroffen sein und mit anderen Ängsten reagieren. Die Auseinandersetzungen mobilisieren in dieser Phase stärker die emotionalen Kräfte und treffen die Persönlichkeitstypen damit in ihren unterschiedlichen «Angstthemen»: Dem Ordnenden wird es schnell zu chaotisch und dem Distanzierten zu dicht, sowohl äußerlich als auch innerlich. Während dieser mit seinem eigenen Bedürfnis nach Abstand in der Phase der allzu großen Nähe auch als Gegenpol für die Gruppe dient, fällt er dann häufig selbst ein wenig später in sein eigenes Loch des Alleingebliebenseins.

Die Nähe und Geborgenheit Suchenden haben selbst selten den Kampf geübt und fühlen sich höchst unwohl, wenn sie in Auseinandersetzungen hineingeraten oder gar hineingestoßen werden.

Die Arbeitsphase

In dieser *inhaltlichen Arbeitsphase,* die den Hauptanteil der Zeit der Gruppe einnimmt, nehmen die Ordnend-Strukturierenden meist gern Zielerreichung und Zeitgestaltung als ihre Aufgabe im Ganzen an, während die Zugewandten sich am Arbeitsprozess beteiligen, wo immer sie es im Verbund mit den anderen tun können. Sie tragen dazu bei, dass ein Klima entsteht, in dem auch langwierige und schwierige Arbeit angenommen wird.

Die Distanzierten hingegen steigen gern in einen zielorientierten Arbeitsprozess mit ein, wenn sie ihrer Aufgabe sicher sind, Eigenleistungen erbringen können und keine Angst haben müssen, von zu viel Gemeinsamkeit erdrückt zu werden.

Dem Schwungvollen geht es gut, solange noch alles offen ist. Kritisch wird es für ihn in der dritten Phase, wenn es um konkrete Sachinhalte, Einhalten von Verabredungen und auch mal trockene, systematische und länger gleichbleibende Arbeitsstrecken geht. Bei starker Detailarbeit wird man ihn sich z.B. mit Gestaltungsfragen befassen lassen, um ihm durch die Krise des Durchhaltens zu helfen.

Abschlussphase
Das *Ende und die Rückkehr* in den Alltag erwischt wiederum jeden auf einem anderen Bein: «Schnell weg» sagt der hauptsächlich Distanzierte, während der Zugewandte sich mit dem Abschied nehmen Zeit lässt. Der Ordnende muss aufräumen und vollenden und der Überschwengliche sucht sich einen letzten Auftritt.

6.6.4 Thema, Ich und Wir: Der Prozess als Krisenauslöser

Der Krisenanfälligkeit können wir auch noch auf einem dritten Weg auf die Spur kommen, nämlich anhand des Ich-Wir-Themen-Dreiecks der TZI. Schauen wir uns die Grundstrebungen aus der oben angeführten Typenkenntnis noch einmal an, so sind die Typen in sehr spezifischer Weise auf die Eckpunkte des Dreiecks und auf die Interaktionen zwischen diesen bezogen.

Der *Distanzierte* pendelt hauptsächlich zwischen dem Ich und dem Thema. Er ist derjenige, der durch zu starke bzw. zu lang anhaltende Arbeit an Beziehungs- und Kommunikationsfragen am ehesten in Bedrängnis kommt.

Für den *Nähe und Geborgenheit Suchenden* ist die Ich-Wir-Achse die tragende Komponente. In Phasen, in denen hauptsächlich Sach- und Theorievermittlung stattfindet, gerät er leicht ins Hintertreffen, zumal wenn er es in der arbeitsfreien Zeit nicht genügend ausbalancieren kann.

Der *Ordnende* neigt als Teilnehmender dazu, das Thema präzise zu benennen und die Vorgehensweise zu organisieren, etwa so: «Wir wollen doch zunächst einmal diesen Aspekt …». Er lehrt und vermittelt weitaus lieber, als dass er sich belehren lässt. Er lässt das Umfeld, den «Globe» nur ungern aus den Augen.

Der *Überschwengliche* setzt gern seine eigene Person in die Szene des Themas, etwa so: «Stellt euch nur vor, was mir damit passiert ist …» und versetzt dabei die anderen leicht in die Zuschauerrolle. Er will im «Wir» sichtbar bleiben.

Verwehrt der Leiter den beiden letztgenannten Typen diese Anliegen oder wollen die anderen Teilnehmenden nicht so recht mitmachen oder werden persönliche Aussagen erwartet, dann geraten beide auf ihre Art in gewisse Bedrängnis.

6.6.5 … und wenn wir in der Krise stecken

Wir haben oben das Zustandekommen von Spannungen, aus denen sich Krisen entwickeln können, aus drei Richtungen zusammengetragen. Daraus leiten sich zunächst – wie wir gesehen haben – eine Reihe von Präventionsmöglichkeiten ab.

Der flexible Umgang mit Arbeitsmethoden, die Abstimmung der Themenformulierung auf die unterschiedlichen Anfragen der Teilnehmenden und die wiederholte Kontrolle des Balance-Dreiecks sind u.a. die *Schwerpunkte präventiver Arbeit*. Sie setzen im Prinzip immer beim Einzelnen an. Das gilt auch für die Interventionen, die notwendig werden, wenn sich aus belastenden Lernphasen Krisen entwickeln, die nicht mehr mit dem normalen Leitungsrepertoire begleitet werden können.

Krisenintervention

Akute Krisen können Teilnehmende psychisch oder körperlich so belasten, dass ihre Weiterarbeit oder gar ihre Gesundheit ernsthaft in Frage gestellt ist. Eine solche Situation ist nicht die Zeit zum Deuten oder Diagnostizieren, zu Kritik und Vorwürfen, sondern der Augenblick des Anhaltens, Wahrnehmens und Ansprechens der Situation, wenn möglich ohne Wertung.

Eine gewisse Direktheit ist hier eher angebracht, etwa auf folgende Weise: «Ich sehe, dass … . Ich nehme an … . Stimmt das?» Wo eben möglich, sollte an die Eigenbestimmung des Teilnehmenden appelliert werden. Solange jemand nicht völlig hilflos und desorientiert ist, weiß er meist selbst am besten, was er jetzt möchte und braucht. Vielleicht kann er zunächst auch nur ausdrücken, was er jetzt auf keinen Fall will. Er allein weiß, was er sich zumuten möchte und was nicht. Er braucht allerdings dabei die stützende und erlaubende Zusicherung, auch ungewöhnlichen Wünschen nachgehen zu dürfen, solange sie nicht andere in Mitleidenschaft ziehen.

Widerstände akzeptieren

Dazu gehört auch, dass *Widerstände* akzeptiert werden. Der Leiter darf nicht zulassen, dass andere Teilnehmenden durch Fragen, Drängeln, Deuten u.a. den in einer Krise befindlichen Teilnehmenden noch mehr in die Enge treiben. Sein Widerstand ist ein Signal, mit dem er anzeigt, dass er etwas schützen möchte (z.B. für ihn wichtige Sicherheiten, «dunkle Themen», Beziehungen oder Auffassungen) oder, dass er Einfluss nehmen will auf das, was in Zukunft für ihn gelten soll.

Es geht in der Krise nicht darum, den Widerstand zu brechen, sondern zu verstehen, was der Teilnehmende mit seinem Widerstand anzeigt. Im Widerstand steckt für den Betroffenen immer ein Sinn, den er aber selbst oft noch nicht benennen kann. Darum ist es hilfreich, zunächst den Raum zu geben, in dem er sich sicher genug fühlt, um z.B. folgenden Fagen nachzugehen:

- Was will ich eigentlich erreichen?
- Was benötige ich, um auf das für mich Neue offener zugehen zu können?
- Was will ich schützen – und wie wichtig ist das, was ich da schützen will, heute und in Zukunft für mich?
- Verstehe ich, warum ich meine Ziele nicht erreicht habe?

Erst dann wird er an seinem Beitrag zur Lösung des Problems arbeiten können. In der Zwischenzeit kann ich auch mich selbst fragen, womit ich als leitendes Gegenüber Widerstand provoziert habe: War ich für ihn zuviel in der Elternrolle, bin ich zu schnell oder beeinträchtige ich ihn in anderere Weise in seiner persönlichen Entfaltung?

Der Umgang mit Widerstand braucht eine zugewandte und akzeptierende Grundhaltung des Leiters: Hier empfiehlt sich die konsequente Anwendung des Bewusstheitsrades aus Kapitel 6.5 (Wahrnehmung) in besonderem Maße.

Emotionalen Kontakt halten

Ein positiver emotionaler Kontakt ist die sicherste Hilfe für Teilnehmende, um aus schwierigen Situationen herauszukommen. Nicht immer besteht er zum Leiter, aber dieser sollte helfen herauszufinden, zu wem dieses Mitglied hier in der Gruppe im Moment eine tragfähige Beziehung hat und wie diese Beziehung in dieser für alle verunsichernden Situation genutzt werden kann. Eines sollte an dieser Stelle unterstrichen werden: Krisensituationen können zwar für alle Beteiligten lehrreich sein, sie sollten jedoch nicht deshalb provoziert werden, um Erziehungs- oder Trainingssituationen zu schaffen.

Der in einer Krise Befindliche soll mit seinen Gefühlen und Aussagen so akzeptiert werden, wie er im Moment ist. Er muss geschützt und gestützt werden. Für Konfrontation ist später Zeit. Seine Gefühle sollte der Betroffene, abgesehen von tätlichen Angriffen, ausdrücken können – als notwendiges Ventil, die Handlungsfähigkeit zurückzugewinnen.

Im Übrigen gilt für die Krisenintervention der gleiche Ansatz wie für die Krisenprävention. Was dem Einzelnen hilft, sich in der Gruppe zurechtzufinden, seine Eigenständigkeit zu bewahren und in der Gemeinschaft zu leben, und das, was wir im einführenden Teil dieses Kapitels skizziert haben, hilft ihm auch in Krisensituationen. Mehr noch als in normalen Situationen stelle ich mir die Frage: «Was braucht der Einzelne, was stützt ihn?»

Profile beachten!

Schauen wir zur Handhabung von Krisensituationen noch einmal auf die vier oben beschriebenen Persönlichkeitstypen:

- Beim *Distanzierten* werde ich vermehrt Sorge tragen, dass er seinen Freiraum findet und auf der Sachebene seine Möglichkeiten einsetzen kann.
- Der *Helfend-Zugewandte* braucht jetzt selbst Akzeptanz und Zuwendung.
- Für denjenigen, der eher *Ordnung* um sich braucht, ist jetzt vermehrt ein ordnendes Element nötig, das ihm die Richtung weist und auf das er sich verlassen kann.
- Und wenn der *Überschwengliche* für sich selbst die Übersicht verloren hat, so ist eine an der Realität haltende Begleitung nötig.

Die anderen Teilnehmenden nicht vernachlässigen

Neben der Arbeit an der Krise bleibt die Aufgabe, auch die anderen Mitglieder der Gruppe sowie Thema und Zielsetzung nicht aus dem Auge zu verlieren. Diese doppelte Anforderung an den Kräftehaushalt des Leiters ist ein Faktor, der mitbestimmt, wie lange er mit dem Eingreifen wartet und ob er sich auf eine Krisenbearbeitung in der Gruppe einlassen kann.

Nach der Krise die Prozessanalyse

Wenn durch eine Krisensituation oder andere unvorhergesehene Zwischenfälle der geplante Verlauf unterbrochen ist, so hat dadurch auch der Prozess eine besondere Wendung genommen. Wir können nicht einfach dort anknüpfen, wo wir vor dem Einschnitt unterbrochen haben. Oft ist es hilfreich, mit der Gruppe, soweit es geht, eine Prozessanalyse durchzuführen, um nachträglich die Vorgänge zu verstehen. Das mindert Angst und gibt Sicherheit zurück, ohne das Geschehen zu überspielen. In jedem Fall ist aber ein Neuansatz nötig, den wir ad hoc planen müssen. Eine Pause – *nach* der Krisenintervention, nicht *als* Krisenintervention – gibt oft allen Beteiligten die notwendige Luft dazu.

6.6.6 Rund um die Sicherheit und wenn's schnell gehen muss

Vorsorge für Ausnahmesituationen

Wir können nie genau einschätzen, wie belastbar Menschen in Gruppen sind. Wir haben oben an mögliche Stressfaktoren erinnert, die bei intensiver Arbeit in Gruppen durch ungewohnte Umstände und durch Beteiligt- und Betroffensein anfallen. Sie können auch durch unerwartete Attacken anderer, durch ungewohnte Prozesse oder durch das Anwenden noch nicht eingeübter neuer Verhaltensweisen entstehen. Stehen Folgen krankheitsbedingter Labilität im Hintergrund, dann kann sich der Umschlag von an sich aushaltbarem Stress in eine Krise rascher vollziehen.

Nicht zuletzt gibt es auch ohne diese Ursachen Unfälle und Erkrankungen, die rasches Handeln erfordern. Auch chronische Anfälligkeiten bei Teilnehmenden, im normalen Alltag durchaus nicht besonders belastend und in ihren Reaktionen bekannt, können sich in Stress-Situationen plötzlich anders bemerkbar machen (z.B. Asthma, Diabetes, Krampfneigung und Anfallsleiden, Tabletten- und Alkoholgebrauch, Nieren-, Herz- und Kreislauferkrankungen).

Dieses Buch ist nicht der richtige Ort, um die Darstellung einzelner Krankheitsbilder zu zeigen. Es ist wichtiger, als Nicht-Mediziner und Nicht-Therapeut einen «naiven», unbefangenen Blick für Abweichungen vom «Normalen» zu behalten, als mit medizinisch-therapeutischem Halbwissen in die Falle vorschneller Zuordnung zu geraten. «Lieber einmal mehr als zu spät eingreifen» und «Nicht lange herum experimentieren» ist die Devise.

Warnsignale

Als gute Faustregel für die Entscheidung zum Eingreifen könnte hier Folgendes gelten: Spätestens wenn mir ein Teilnehmender etwas über seine Belastungen sagt oder wenn mir selbst das Verhalten eines anderen so auffällig oder anders als sonst erscheint, dass ich nicht mehr ruhig dabei bleiben kann, tue ich gut daran, ihn im Auge zu behalten. Zeigt jemand z.B. eine ungewöhnlich starre Körperhaltung, schweigt jemand sehr lange und ist auch durch Ansprechen kaum zu aktivieren oder spricht unverständlich (formal oder inhaltlich), ist jemand auffallend unruhig, läuft mehrmals aus dem Raum, kann kaum stillsitzen, zieht sich Jacke oder Schuhe auffällig oft an und aus, schwitzt ohne äußeren Grund, nimmt über längere Zeit nicht an den Mahlzeiten teil, versäumt Sitzungen, ohne Nachricht zu geben, dann sind das Signale, die vermehrte Aufmerksamkeit auslösen.

Gezieltes Ansprechen

Eine erste Aktivität ist die direkte Ansprache. Oft kann er sein Verhalten erklären, braucht keine Hilfe und ich bin entlastet. Ein anderes Mal kann das gezielte Ansprechen schon der kleine Anstoß sein, der gefehlt hat, damit der Teilnehmende sein Unwohlsein äußern kann. Ein gutes Beziehungsgeflecht spielt hier oft die Hauptrolle. Ich sollte mich als Leiter fragen, wie seine Beziehung zu mir aussieht und wen er sonst hier zum Vertrauten hat. Ich biete an, dass mir Informationen unter vier Augen gegeben werden können und dass von meiner Seite Diskretion gewahrt wird. Etwa so: «Gibt es etwas, von dem Sie möchten, dass ich davon Kenntnis habe? Gibt es etwas, worauf ich für Sie mit achten sollte und wie?» Besser man ist vorher informiert, statt nachher lange rätseln zu müssen.

Die Notwendigkeit für diese Fragen ist wie gesagt dem Thema entsprechend unterschiedlich groß, und das «Wie» der Nachfrage erfordert das Fingerspitzengefühl des Leiters in besonderer Weise, da es hier ja nicht um alltägliche technische Absprachen geht, sondern um sehr persönliche Nachfragen, die sich im Spannungsfeld zwischen Verantwortlichkeit und Zudringlichkeit befinden.

Gewusst wo

Um schließlich im Falle eines Falles – auch bei kleineren Unfällen – rasch reagieren zu können, helfen mir folgende Vorabklärungen:

- ▶ Wer hat mich über seine besonderen Belastungen oder Erkrankungen in Kenntnis gesetzt, evtl. meine Hilfe erbeten?
- ▶ Wer wohnt in welchem Zimmer?
- ▶ Wo gibt es einen Erste-Hilfe-Kasten (Zugang und Inhalt)?
- ▶ Telefonzugang – Ort, Karte oder Geld?
- ▶ Wo wohnt der nächste diensthabende Arzt – Telefonnummer, Weg dorthin, Sonntagsdienst (steht meistens im Lokalblatt)?
- ▶ Wo ist ein Krankenhaus?
- ▶ Telefonnummer des Krankentransportes oder Taxidienstes? Übrigens: Wenn jemand ins Krankenhaus oder zum Arzt gebracht werden muss, dann sollten das in der Regel zwei (Fahrer und Begleiter) tun.
- ▶ Wo gibt es eine Polizeidienststelle (Telefonnummer)?
- ▶ Wo werden die Schlüssel aufbewahrt, um Türen auch nachts öffnen zu können?
- ▶ Wer in der Gruppe könnte mir behilflich sein, z.B. durch seine Art, mit dem Betroffenen umzugehen, mit Körperkraft, mit medizinischer, psychologischer oder therapeutischer Ausbildung u.a.?

Was auch immer geschieht, der Leiter sollte in unklaren Situationen als konstante Bezugsperson zur Verfügung stehen bis der Krisenkandidat sich stabilisiert hat. Das heißt unter Umständen, ihn zu keiner Zeit allein zu lassen, auch wenn er das selber ablehnt.

Wir möchten nicht den Eindruck erwecken, persönlichkeitsorientiertes Lernen und Arbeiten in Gruppen sei eine risikoreiche Angelegenheit. Das ist es normalerweise nicht. Wir möchten aber darauf aufmerksam machen, dass Entwicklung und Lernen nicht ohne Risiko abgeht und dass krisenträchtige Situationen nicht einfach auszuschließen sind. Von einzelnen Fällen abgesehen hält sich die Belastung des Lernens in Gruppen in zu bewältigendem Rahmen für Leiter und Teilnehmende. Aber ist es einmal soweit, so schützt das Wissen über Krisenentstehung und Krisenbegleitung den Leiter vor Hektik und Überreaktion.

7 Damit der Fluss zum Fließen kommt: Prozessgestaltung und Strukturgebung

7.1 Allgemeines zum Prozess

Der Prozess der Gruppe ist der Weg zu ihrem Ziel. Dieses Ziel gibt dem Prozess Richtung, auch wenn er sich manchmal über Nebenwege dahinschlängelt oder in einer Sackgasse verfängt. Für die Gruppe und für die Qualität der Zielerreichung ist es nicht gleichgültig, auf welchem Weg, d.h. mit welchem Prozess die Ziele erreicht werden. Der Weg und seine Ausgestaltung sind ausschlaggebend für die Qualität der erreichten Ergebnisse und für die Qualität der späteren Umsetzung. Mitunter kursiert der Ausspruch «Der Weg ist das Ziel». So einseitig können wir das nicht sehen. Der Weg allein ist kein Selbstzweck, ohne Ziel führt er nirgendswohin. Ziel und Weg brauchen einander.

Die gewünschte Art der Ergebnisse – auf der sachlichen und psychosozialen Ebene – bestimmt die Strategie der Prozessgestaltung – und umgekehrt: Wenn die Teilnehmenden z.B. lernen sollen, vermehrt zu delegieren und ihren Mitarbeitenden Verantwortung und Mitwirkung einzuräumen, dann muss sich dieses angestrebte Ziel als Übungsfeld schon im Prozess niederschlagen: Man kann Kooperation nur in einem kooperativen Umfeld lernen.

Was ist mit Prozess gemeint?

Wenn wir hier von *Prozess* sprechen, dann meinen wir damit die zeitliche Abfolge von Tätigkeiten und Verhaltensweisen einer Gruppe, mit denen sie ihre Zusammenarbeit gestaltet, ihre Aufgaben bearbeitet und mit denen sie die dafür notwendigen Rollen, Spielregeln, Werte etc. entwickelt, entscheidet und verändert. Die Arbeit des Leiters ist nur einer der Faktoren, die diesen Prozess beeinflussen.

«Prozesse lassen sich nicht detailliert planen», haben wir an anderer Stelle gesagt. Zu viele Faktoren spielen hinein. Die Interventionen des Leiters, seine Phantasie und Spontanität sowie seine Fähigkeit, in Beziehung zu den Teilnehmenden zu treten und zu bleiben, das alles sind unentbehrliche Schlüssel, deren Fehlen sich nicht durch Planung oder Methodik überspielen lassen.

... und mit Struktur?

Ein weiterer oft benutzter Begriff ist der der *Struktur*. Damit fassen wir die Rahmenvorgaben zusammen, die der Leiter oder die Gruppe sich für die jeweilige Bearbeitung des Themas vorgibt: z.B. Zeiteinteilung, Dauer, örtliche Angaben, Gruppeneinteilung, Arbeitsanleitungen, Arbeitshilfsmittel oder Vorgaben in Bezug auf die Art der Präsentation von Arbeitsergebnissen. Das englische Wort «setting» ist eigentlich eine bessere Bezeichnung dafür.

Die Rolle der Planung

Planung ist ein vorausschauendes Sichauseinandersetzen mit den thematischen Möglichkeiten und Notwendigkeiten der kommenden Einheit(en), mit ihrer Ausgangslage und vor allem mit den Bedürfnissen der Menschen: Planung bedeutet, sich in die Teilnehmenden oder jedenfalls in einige von ihnen hineinzuversetzen, um einen Teil dessen zu erspähen, was sie als nächstes sachliches, emotionales und strukturelles Angebot benötigen. Insofern planen wir nicht den Prozess als solchen, sondern die Bedingungen, unter denen sich der Prozess ereignen kann. Bedingungen, die öffnen oder blockieren, ermöglichen oder verhindern, beschleunigen oder bremsen können.

7.2 Rollende Planung

Lernergebnisse und tragfähige Lösungen entstehen nicht in einem Wurf, sondern in einem schrittweisen Vorgehen, das flexibel Teilziele anpeilt, ohne dabei das Gesamtziel aus dem Auge zu verlieren. Wir bezeichnen dieses Vorgehen als *Rollende Planung* und möchten damit unterstreichen, dass sich die Intervention des Leiters nicht nur am aktuellen Prozess und an den von den Teilnehmenden geäußerten Wünschen orientieren sollten, sondern auch an den im Kontrakt oder der Ausschreibung festgelegten Zielen des Gesamtprojekts. Auch die Realität und die Anforderungen des Praxisfeldes der Teilnehmenden sowie die inhaltlichen Gegebenheiten sind ebenso wichtige Wegmarken.

Rollende Planung ist nur ein anderes Wort für den sich immer wiederholenden Zyklus von Handeln auf der einen und Überprüfung der Ergebnisse und der Art und Weise des Handelns auf der anderen Seite, um daraus die nächsten Schritte abzuleiten. Ein Zyklus, der eingebunden ist in die Ziele und die zur Verfügung stehende Zeit. Es ist gewissermaßen der Kreislauf des Lernens, der sich in dieser Folge von Tun und Überprüfen vollzieht.

Aus diesem Kreislauf der Rollenden Planung leiten wir auch die Gliederung dieses und der nächsten Unterkapitel ab: Wir wollen nach diesem einführenden Teil zunächst auf die Prozessanalyse zu sprechen kommen – auf die Auswertung des Handelns. In den folgenden Kapiteln geben wir dann Anregungen zum Gestalten der Anfangs- und Endphase, die sich aus den Erkenntnissen der Prozessanalysen ergeben.

Als Zwischenschritt wird uns zunächst die Frage nach dem Einbeziehen der Teilnehmenden in die Prozessgestaltung beschäftigen.

7.3 Mitwirkung der Teilnehmenden an der Rollenden Planung

Eine immer wieder neu sich stellende Frage ist die nach dem aktiven, bewusst geplanten Einbezug der Teilnehmenden in den Prozess der Rollenden Planung. Die Praxis scheint in dieser Hinsicht oft etwas zwiespältig zu sein. Auf der einen Seite legt das hier zugrunde gelegte Lernmodell der TZI mit seinen Zielen der Partizipation und der Selbststeuerung eine weitgehende Beteiligung der Teilnehmenden nahe.

Die *Grenzen* ergeben sich in der Praxis aus einer ganzen Reihe von Argumenten:

- *Planung kostet Zeit*
  Intensiver Einbezug von Teilnehmenden in die Planung kostet Zeit, die oft so nicht eingeplant war und die nicht nur auf Kosten der Mittagspause oder der abendlichen Freizeit geht, sondern die auch die Dynamik der Gruppe beeinflusst.

- *Grenzen der Flexibilität*
  Die Ziele und das «Programm» sind mitunter nicht flexibel genug oder ohnehin schon zu überfrachtet, um größere Abweichungen auf Grund von Teilnehmerwünschen zuzulassen.

- *Fähigkeiten fehlen noch*
  Mitunter sind Fähigkeiten und Kenntnisse nötig, die die Teilnehmenden erst lernen müssen, bevor sie sich an einer Planung der Inhalte beteiligen können.

- *Zusatzbelastung für den Leiter*
  Die Beteiligung von Teilnehmenden kann eine echte psychische und physische Zusatzbelastung für den Leiter bedeuten, da leicht eine Veranstaltung in der Veranstaltung entsteht, indem die Planungssitzungen zu einer Lehrveranstaltung über das Planen und Leiten von Themen und Sitzungen werden.

- *Ungleichzeitigkeiten*
  Wenn ein Teil der Gruppe an der Planung beteiligt ist, werden diese das Thema der nächsten Einheit schon kennen und befassen sich inhaltlich

damit. Sie starten dann von einem anderen Punkt als der Rest der Gruppe.

Auch der Mitplanende selbst kann in einen Zwiespalt geraten, wenn er sich intensiv an der Planung beteiligt: Im Prozess steht er mit einem Bein auf der Leiterebene und mit dem anderen auf der Teilnehmerebene.

- *Unterschiedliches Interesse und Verbindlichkeiten*
  Das Interesse an der Teilnahme bei der Planung kann in der Gruppe sehr unterschiedlich verteilt sein. Wenn sich dann nur die Interessierten beteiligen, muss der Leiter darauf achten, wie die Gruppe mit einer möglichen Spaltung in «Planer» und »die anderen» umgeht.

  Schließlich lässt die Verbindlichkeit der Teilnahme an der Planung, sofern sie in «der Freizeit» geschieht, oft zu wünschen übrig, sobald andere Aktivitäten locken. Man wollte ja eigentlich nur mal hinter die Kulissen schauen!

Organisation der Mitwirkung

Damit wird jedoch nicht einer möglichst zurückhaltenden Beteiligung an der Planung das Wort geredet, sondern vor allem einer differenzierten Vorgehensweise, die die eben skizzierten Probleme in Rechnung stellt. Im Ablauf des Seminars kann man mehrere Möglichkeiten aus der folgenden Palette nutzen und jeweils neu entscheiden, wie die Mitwirkung an der Planung sinnvoll realisiert werden kann.

- *Transparenz durch Information*
  Der Leiter gibt das Ergebnis seiner Planung bekannt und erläutert die Hintergründe, die zu dem Thema der aktuellen Sitzung geführt haben. Er schafft so Transparenz und ermöglicht Verständnisfragen, ohne allerdings das Thema durch eine Diskussion in Frage stellen zu lassen.

- *Einbezug durch Anregungen*
  Der Leiter fragt am Ende einer längeren Sequenz oder am Ende eines Tages nach Änderungswünschen und neuen inhaltlichen Interessen, bezieht diese in die Planung mit ein und macht sie in der nächsten Sitzung deutlich.

- *Feedback über Inhalt und Prozess an den Leiter*
  Die Teilnehmenden besprechen in Untergruppen den bisherigen Verlauf und formulieren daraus Anregungen und Änderungswünsche, die sie mit dem Leiter besprechen. Eine Variation dazu ist, dass die Gruppen Dele-

gierte bestimmen, die dieses Gespräch mit dem Leiter führen. Das Thema für die Untergruppen könnte lauten: «Was habe ich heute gelernt bzw. erarbeitet, welche offenen Fragen blieben, welche weiterführenden Wünsche in Bezug auf Inhalt und Zusammenarbeit sind da?»

- *Prozessanalyse als Basis für die gemeinsame Überprüfung der Planung*
  Der Leiter überprüft mit der Gruppe die Ergebnisse seiner Prozessanalyse – oder die der Gruppe – und bringt seine eigenen Vorstellungen mit ein. Er startet eine Diskussion, an deren Ende eine gemeinsame Zielvereinbarung und Bedürfnisabklärung steht. Die weitere Planung im Einzelnen übernimmt er selbst.
  Als Variante verfährt der Leiter wie oben, zieht jedoch interessierte Teilnehmende für die weitere Planung hinzu. Außerdem kann er den Teilnehmenden, die sich an der Planung beteiligen wollen, die Möglichkeit anbieten, die nächste Sitzung selbst vorzubereiten und zu leiten.

- *Der Leiter moderiert den Prozess der Themenwahl und des Vorgehens*
  Der Leiter erarbeitet mit der Gruppe für ein bestimmtes Gebiet eine Themenlandkarte (Sammlung der Probleme und Fragen, an denen die Teilnehmenden arbeiten wollen) und moderiert die Auswahl der Themenkreise, die bearbeitet werden sollen. Er bespricht mit ihnen geeignete Bearbeitungs- und Zeitstrukturen und überlässt es der Gruppe oder den Untergruppen, wie sie auf dieser Basis die weitere Arbeit organisieren wollen.

- *Die Teilnehmenden planen und leiten selbst mit Supervision durch den Leiter*
  Der Leiter «übergibt» eine bestimmte Anzahl von Sitzungen an eine Planungsgruppe, die in eigener Verantwortung die Einheiten thematisch plant, vorbereitet und leitet, mit anschließender gemeinsamer Auswertung.

Mitwirkung ist kein Selbstzweck

Der Einbezug von Teilnehmenden in die Planung sollte eine Funktion im Lern- und Arbeitsprozess der Gruppe haben. Er ist kein Selbstzweck. Kriterien für diese Entscheidung können sein:

- Bedeutung der Mitwirkung an der Planung für den Lernprozess der Teilnehmenden – besonders wichtig z.B. bei Ausbildungsgruppen für Gruppenleiter,
- Notwendigkeit der Klärung der aktuellen Bedürfnisse der Gruppe und der gemeinsamen Entscheidungsfindung über Prioritäten,
- Bedeutung für die Qualität der Arbeitsergebnisse – z.B. bei innerbetrieblichen Projektgruppen,

- Die Phase, in der sich die Gruppe befindet – die Anfangs- und Endphase zum Beispiel eignen sich in der Regel nur bedingt,
- Fähigkeiten und Kenntnisse der Teilnehmenden in Bezug auf das Thema,
- Zeitbedarf und vorhandene zeitliche Möglichkeiten,
- Interesse der Teilnehmenden an einer Mitwirkung.

7.4 Prozessanalyse: ... wenn wir wissen wollen, warum und wohin

7.4.1 Lieber bewusst als unbewusst

Um sich in der vielfältigen Landschaft dessen zurechtzufinden, was auf den Prozess der Gruppe einwirkt und Berücksichtung bei der Vorbereitung der nächsten Schritte finden soll, wird der Leiter sich kontinuierlich mit dem bisherigen Prozessverlauf beschäftigen. Wir möchten die Prozessanalyse als Diagnose verstanden wissen. Es geht nicht nur um das Sammeln von Daten und Fakten, sondern vor allem um das Verstehen der Zusammenhänge und Ursachen, d.h., es geht um die Bildung von Hypothesen, die das Geschehen erklären. So ist es z.B. zunächst wichtig wahrzunehmen, dass der Gruppenprozess unter mangelnder Offenheit litt. Doch was sind Hypothesen des Leiters über die Ursachen dafür?

Eine Antwort könnte beispielsweise sein, dass noch zu viele Teilnehmende auf ihren eigenen Interessenstandpunkten verharrten und diese verteidigten. Vielleicht war die Ursache dafür fehlendes Vertrauen und Angst vor Verlust. Vielleicht waren viele noch stark mit dem persönlichen Nachdenken über die vorhergehende Sequenz beschäftigt. Vielleicht war auch einfach keine Konzentration mehr möglich, weil alle durch die bisherige Arbeit ermüdet waren. Die Diagnose soll helfen, Symptome und Ursachen voneinander zu trennen. Nur so können wir auch in Gruppen vermeiden, dass Symptome kuriert werden, die Ursachen aber unvermindert weiterwirken. Im Prinzip leiten sich aus dem TZI-Dreieck (vgl. Kapitel 6.1) auch die meisten der Fragen für die Prozessanalyse ab. Viele Elemente, die wir dort finden, sind auch im abgelaufenen Prozess im Spiel gewesen.

Die Instrumente zur Prozessanalyse flexibel einsetzen

Wir werden im Folgenden einige Instrumente zur Prozessanalyse vorstellen. Der Leiter wird solche Instrumente nicht immer in vollem Umfang benutzen. Oft genügt auch ein schnelles Überprüfen der darin erwähnten Faktoren, was um so leichter geht, je vertrauter einem diese Instrumente und die dazugehörenden Begriffe sind. Die Anwendung solcher Instrumente sollte nicht schematisch erfolgen, sondern flexibel und angepasst an die Situation. Die Systematik verhilft dazu, nicht immer die gleichen Aspekte zu «übersehen». Um die eigenen «blinden Flecke» zu erkennen, braucht man Anstöße und Fragen von außen.

Das eigene Gespür als Instrument der Prozessanalyse

Die Instrumente sollen das eigene «Gespür» ergänzen, aber nicht ersetzen. Der eigene Körper, die eigene Psyche spürt oft recht gut, wie es in der Gruppe steht. Die eigenen Gefühle und körperliche Anspannungen wie Verspannungen, Kopfschmerzen oder innere Unruhe können Indikatoren sein für Unstimmigkeiten in der Gruppe bzw. zwischen der Gruppe und dem Leiter. Sie sind ernstzunehmende Hinweise.

Es kann auch sinnvoll sein, wenn der Leiter seine eigene Gefühlslage in Bezug auf den Stand der Gruppe, inklusive seiner eigenen Beziehungen zu ihr, den Teilnehmenden mitteilt: entweder als Begründung für ein bestimmtes Thema, um zu verdeutlichen, warum er dieses Thema jetzt und in dieser Form anbietet, oder als Ausgangspunkt für eine gemeinsame Prozessanalyse zur Klärung der Situation. Selektive Authentizität ist auch hier angebracht: Planloses und unreflektiertes Einbringen der eigenen Unsicherheit – oder andere Beobachtungen aus dem Prozess – hilft der Gruppe nicht weiter. Bewusst agieren ist besser als unbewusst reagieren.

7.4.2 Das «Logbuch»: die kontinuierliche Prozessaufzeichnung als Grundlage für die Prozessanalyse

In der Seefahrt ist es üblich, Standorte und Geschehnisse in das Logbuch einzutragen. Es dient unter anderem dazu, rekonstruieren zu können, warum das Schiff da steht, wo es steht. Ein anderer wichtiger Zweck des Logbuches ist, bei einer zweiten Reise besser vorbereitet auf diesem Kurs segeln zu können: in Kenntnis der möglichen Untiefen, Strömungen und Winde.

Das im Folgenden (S. 204f.) dargestellte Instrument hat den Charakter des Logbuches. Es bietet einen ständig abfragbaren und aktuell ergänzten Überblick über die Folge der Themen und Strukturen, über die Reaktion der Teilnehmenden und meine eigenen, über die Balance zwischen ICH, WIR und THEMA sowie über Besonderheiten, die die jeweilige Sitzung von außen beeinflusst haben. Es steht jederzeit bereit, wenn ich meine Leiterinterventionen oder meine Vorlieben und Vermeidungen bei Themen und Strukturen überprüfen will.

Logbuch

- ► *Datum, Uhrzeit und Dauer der Sitzung*

- ► *Stichworte zur Einführung*

- ► *Stichworte zur Wirkung des Themas*
  Z.B.: Wie ging es mir und den Teilnehmenden mit dem Thema? Was geschah nicht, was ich eigentlich erwartet hatte? Was geschah unerwartet?

- ► *Struktur und Arbeitsanleitungen und Stichworte zu ihrer Wirkung*
  Z.B.: Wie erlebten die Teilnehmenden die Struktur? War klar, was getan werden sollte? Passte die Struktur zum Thema?

- ► *Schwerpunkt im Balance-Dreieck, der speziell im Vordergrund stand*
  (Es hilft dem raschen visuellen Überblick, in dem kleinen TZI-Dreieck die Schwerpunkte der jeweiligen Sitzung zu markieren. Wenn zwei Schwerpunkte gleichzeitig da waren, dann beide markieren.)

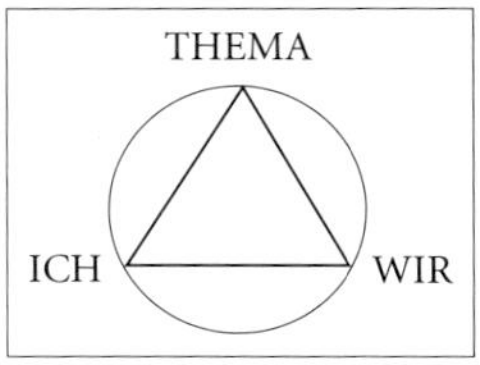

- ► *Stichworte zur Wirkung und zu möglichen Ursachen*
  Z.B.: War die Arbeit mehr ICH-orientiert, hauptsächlich am Sach-THEMA, eher auf der WIR-Ebene? Spielte die Umwelt der Teilnehmenden (Globe) eine wichtige Rolle? Gab es im Verlauf eine Verlagerung? Wodurch?

- ► *Beobachtungen in Bezug auf die Teilnehmenden und die Gruppe*
  Z.B.: Schwerpunkte der Gruppendynamik? Konfliktverhalten? Beteiligtsein am Thema? Beobachtungen zu Reaktionen von Teilnehmenden?

- ► *Äußere Umstände, die auf den Prozess eingewirkt haben*
  Z.B: Baulärm, Besuch von Vorgesetzten, Erkrankung/Unfall etc.?

- ► *Mein subjektives Befinden während und nach der Sitzung*
  Auf einer kleinen Skala kann man spontan markieren, wo man sich emotional zwischen Wohlbefinden und Missbehagen einordnet. Auch das hilft der visuellen Wahrnehmung eines Stimmungsverlaufes während des Seminars. Die Eintragungen beziehen sich auf Zusammenhänge zwischen meiner Stimmung und einzelnen Geschehnissen im Prozess oder in der Beziehung zu den Teilnehmenden.

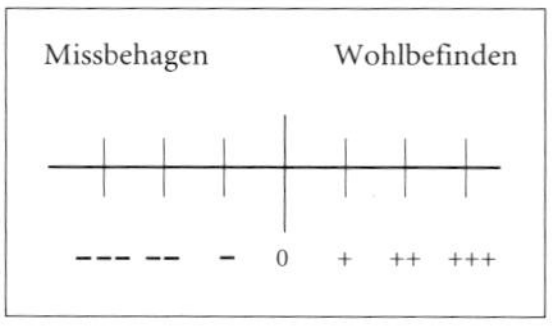

- ► *Hypothesen darüber, warum der Prozess so verlief, wie er verlief und nun im Logbuch abgebildet ist.*

Abbildung 20: Logbuchseite für eine Sitzung

Dieses Protokoll wird den Leiter durch das ganze Seminar begleiten. Nach Ablauf des Seminars bildet es in der Endauswertung eine Möglichkeit, den Prozess gemeinsam mit den Teilnehmenden oder allein noch einmal durchzugehen.

Die Auswertung des «Logbuch»-Materials kann unter verschiedenen Blickwinkeln erfolgen:

Ich kann zunächst einmal die Themenkette Revue passieren lassen:

- ▶ Wie gut ist die Verbindung zum Roten Faden, zur Ausschreibung, zum Kontrakt mit dem Auftraggeber?
- ▶ Was vermisse ich jetzt vom Thema her, was kam bisher zu kurz?
- ▶ Welche Themen wurden von den Teilnehmenden her bestimmt, welche durch den Roten Faden vorgegeben? Deutet das auf genügend oder eventuell auf zuwenig Raum für die Mitwirkung und für die Interessen der Teilnehmenden hin? Gibt es entsprechende Hinweise von Teilnehmenden?
- ▶ Worüber haben wir noch nicht gesprochen? Was sollte von der inhaltlichen Logik, von den Zielsetzungen und von der Psychologik her jetzt bearbeitet werden?

Der Blick auf die Strukturen weist mich ggf. auf Ungleichgewichte hin:

- ▶ Welche Strukturen überwogen zuletzt?
- ▶ Haben wir viel oder wenig in Untergruppen gearbeitet?
- ▶ Welchen Stellenwert hatte bisher die Einzelarbeit des Teilnehmenden?
- ▶ Wie förderten die Strukturen das THEMA und die WIR-Entwicklung?
- ▶ Was fällt mir bei den bisher angewandten Medien auf: Wie kamen nonverbale Medien oder praktische Übungen zum Einsatz?

Die Umwelt und der Alltag des Teilnehmenden wirken in das Seminar hinein:

- ▶ Wie wurde der Arbeitsalltag oder das persönliche Umfeld mit einbezogen?
- ▶ Waren die Übungen und Rollenspiele geeignet, die Erfahrungen und Erlebnisse von draußen hier sichtbar und bearbeitbar zu machen?
- ▶ Was haben wir bisher für den Transfer getan?

Ich kann auch die Reihe der TZI-Dreiecke auf mich wirken lassen:

- ▶ Wo lagen die Schwerpunkte? Was war meine Absicht dabei?
- ▶ Sind bestimmte Ecken des Dreiecks oder der Globe auffallend wenig markiert?
- ▶ Welche Probleme oder zuletzt genannten Bedürfnisse in der Gruppe könnte das erklären?
- ▶ Welche meiner Vorlieben kommen in der Verteilung zum Ausdruck?

Schließlich kann ich meinen eigenen Weg zurückverfolgen:

- Wie ging es mir mit den Themen und Strukturen? In welchen war mir wohl, wo fühlte ich mich mit Thema und Struktur nicht in Kontakt? Was sehe ich jetzt als Ursachen dafür?
- Wie habe ich mich bei Änderungen in Bezug auf meine Vorplanung gefühlt? War es ein Nachgeben um des lieben Friedens willen oder ein sinnvolles Umsetzen der Segel?
- Wie fühle ich mich jetzt, wo ich nur noch zum Teil auf meine Vorplanung zurückgreifen kann?

7.4.3 Prozessanalysen zusammen mit der Gruppe

Bis jetzt haben wir nur von der Prozesssteuerung durch den Leiter gesprochen. Natürlich steuern auch die Teilnehmenden mit – oder gegen – bewusst oder unbewusst, offen oder versteckt. Störungen oder Widerstand sind oft verdeckte Versuche, in die Prozesssteuerung einzugreifen und den Prozess in eine andere Richtung zu lenken.

Wenn wir also davon ausgehen, dass die Gruppe auf irgendeine Weise immer an der Steuerung der Gruppenprozesse beteiligt ist, dann muss sie auch ihren Anteil an der Prozessanalyse erhalten. So lernt sie den Prozess und seine Ursachen und Folgen zu verstehen und eigenverantwortlich mitzusteuern.

Ziele der Prozessanalyse

Mit der Beteiligung der Gruppe an der Prozessanalyse sind mehrere Ziele verbunden:

- Informationen darüber gewinnen, wie die Mitglieder der Gruppe sich zur Zeit in Bezug auf Arbeit und Klima in der Gruppe fühlen.
- Transparenz und Einsicht gewinnen über das, was den bisherigen Prozess in der Gruppe bestimmt hat.
- Das Ansprechen von bisher verdeckt in der Gruppe wirkenden Motiven, Absichten, Werten, Normen etc. erleichtern und dadurch das Erkennen ihrer Auswirkungen auf das Gruppengeschehen zu fördern.
- Feedback an einzelne Mitglieder und an den Leiter.
- Verbesserungsmöglichkeiten für die Arbeit und für eine umfassendere Nutzung der Potentiale in der Gruppe bewusst machen.
- Förderung der Fähigkeiten zur Selbststeuerung.
- Der Gruppe einfache Möglichkeiten für Prozessanalysen aufzeigen und sie dazu anregen, solche auch «draußen» einzusetzen, z.B. bei Sitzungen oder in Projektgruppen.

Prozessanalyse heißt immer auch, neben dem analytischen Verstehen Impulse für das Lernen und *neue Energie für das verändernde Handeln* auszulösen. Prozessanalysen ohne Wille zur Konsequenz bleiben eine halbe Sache und vermitteln die Botschaft, dass gefragt wird, sich aber im Grunde nichts ändern soll. Prozessanalysen sind deshalb immer auch Interventionen, und zwar relativ starke. Sie schaffen Aufmerksamkeit und weisen in eine bestimmte Richtung. Entsprechend sorgfältig sind sie zu planen und einzusetzen.

Möglichst einfach und nicht zu oft

Für die Prozessanalyse und ihre Auswertung mit der Gruppe sollte genügend Zeit zur Verfügung stehen. Es empfiehlt sich, Prozessanalysen mit der Gruppe nur in größeren Abständen zu machen: Die Teilnehmenden sollen ihren Prozess im Prozess bleibend erleben können. Das ist nicht möglich, wenn sie ständig auf der Metaebene mitfahren müssen. Eine Ausnahme bilden neugebildete Teams, deren Mitglieder noch wenig Gespür für soziale Prozesse in der Gruppe haben und die durch häufigere, kurze Prozessanalysen in der Anfangsphase ihrer Zusammenarbeit auf die Bedeutung der Pflege auch dieser Ebene der Zusammenarbeit aufmerksam gemacht werden sollen.

Generell sollten die Vorgehensweisen und Fragen, die zur Prozessanalyse mit der Gruppe verwendet werden, leicht und unkompliziert zu handhaben sein, eben um die Teilnehmenden zu ermutigen, solche Instrumente auch einmal daheim in ihren eigenen Gruppen oder nach Sitzungen auszuprobieren. Es ist auch möglich, mit der Gruppe selbst in einem kurzen Brainstorming die für sie wichtigen Kriterien für eine Prozessauswertung zusammenzutragen. Das hat – auch unter dem Aspekt der Selbststeuerung – den Vorteil, dass sich jeder schon bei der Zusammenstellung der Kriterien Gedanken darüber macht, woran er Erfolg oder Misserfolg einer Gruppenarbeit bewerten will.

Eine Auswahl von Fragen

Fragen für eine Prozessanalyse lassen sich aus der folgenden Liste ableiten. Die Auswahl und Kombination dieser Fragen wird der Leiter entsprechend der zur Verfügung stehenden Zeit und danach entscheiden, worüber er und/oder die Gruppe mehr in Erfahrung bringen will. Die letzte Frage sollte in der einen oder anderen Form nie fehlen. Aus ihr ergeben sich Material und Anregungen für künftige Themen, Strukturen und Arbeitsweisen.

Fragen für die Prozessanalyse durch die Teilnehmenden

- Wie habe ich den bisherigen Verlauf erlebt?
- Welche konkreten Geschehnisse und Beispiele fallen mir ein, die für mich den bisherigen Verlauf beeinflusst haben?
- Wie zufrieden bin ich mit dem Sachergebnis?
- Was habe ich auf der Sachebene beitragen können?
- Gab es genügend Raum für meine Ideen, Beteiligung und Mitwirkung?
- Wodurch habe ich die Gruppe auf der Sachebene blockiert oder behindert?
- Wie empfinde ich das Klima in der Gruppe – z.B. bezüglich Zuhören, Akzeptanz, Dominanz einzelner Teilnehmer, Offenheit etc.?
- Was habe ich auf der psychosozialen Ebene beitragen können?
- Wodurch habe ich die Gruppe auf der psychosozialen Ebene blockiert oder behindert?
- Wie erlebte ich die Zielorientierung unseres Arbeitsprozesses?
- Sind wir bei unserer Arbeit planmäßig vorgegangen?
- Wie konnte ich für die Erreichung meiner Ziele sorgen?
- Welche Rolle hatte ich in der Gruppe? Wie kam es dazu und wie fühlte ich mich darin?
- Welche Verhaltensweisen anderer Teilnehmer haben mir geholfen oder haben mich behindert mitzumachen?
- Inwieweit haben wir die Fähigkeiten in der Gruppe genutzt?
- Inwieweit wurden meine Fähigkeiten genutzt?
- Welche Rahmenbedingungen oder äußeren Einflüsse sollten verbessert werden?
- Bei allen bisherigen Fragen: Wer aus der Gruppe sieht es wohl ebenso wie ich, wer anders?
- Falls ich mit einer bestimmten Phase des Verlaufs unzufrieden war: Was tat ich, um eine Änderung herbeizuführen?
- Was sollte die Gruppe tun, um besser und effektiver zu arbeiten?
- Was will ich tun, was brauche ich von wem?
- Was wollen wir miteinander vereinbaren?

Die Fragen können bei Bedarf auch mit einer fünf- oder siebenteiligen Skala versehen werden, auf der jeder Teilnehmende zunächst seine eigene Einschätzung eintragen kann, ehe er sich mit anderen Gruppenmitgliedern darüber austauscht. Man kann vor Beginn der Diskussion die einzelnen Bewertungen auf ein großes, gut sichtbares Plakat übertragen und dadurch schon die Unterschiedlichkeit der Auffassungen deutlich sichtbar und diskutierbar machen. Jeder bezieht dadurch erst einmal selbst Stellung, statt seine Meinung zurückzuhalten und auf den Diskussionsverlauf zu warten. Ein solches Vorgehen gibt auch den Schweigern und den Zurückgezogenen die Möglichkeit, ihre Meinung einzubringen, ehe die Aktiveren die Diskussion für sich beanspruchen.

Auch Medien wie Collagen, Zeichnungen, Interaktionsspiele etc. können aussagefähige Bilder über den derzeitigen Stand der Gruppe und über die Beziehungen der Mitglieder untereinander liefern. Gerade solche nonverbalen Medien und Übungen fördern das nicht Abfragbare zutage und das, was sich nicht in Worten, sondern nur in Bildern ausdrücken lässt. Ein Bild sagt eben mehr als tausend Worte. Auswertungsgespräche werden dann helfen zu klären, was «hinter» den Bildern steht.

7.5 Seminarauswertung als Prozessanalyse mit der Gruppe: Ein Praxisbeispiel

Bei Gruppen, für die das Lernen über Prozesse wichtig ist, kann die gemeinsame Prozess- und Verlaufsanalyse gegen Ende des Seminars ein wichtiger Baustein im Lernprozess sein. Um für diese Sitzung entsprechendes Material zu sammeln und zugleich «unterwegs» schon die Aufmerksamkeit für den Prozessverlauf zu schärfen, haben wir das folgende Vorgehen ausprobiert. Es hat einen Phasenverlauf in Gruppen als Theoriehintergrund, wie wir ihn im Kapitel 6.5 (Gruppenprozesse) beschrieben haben. Die Auswertung braucht genügend Zeit und Ruhe und sollte nicht in der allerletzten Sitzung erfolgen.

Die Teilnehmenden führen eine Stimmungskurve

Jeder Teilnehmende erhält zu Beginn des Seminars ein Schema wie in Abbildung 21 dargestellt, in dem er im laufenden Prozess seine Befindlichkeit eintragen kann. Diese Befindlichkeit kann mit Kriterien wie «Wohlbefinden/Missbehagen», «Interesse/Desinteresse», «Zufriedenheit/Unzufriedenheit» oder ähnlichem beschrieben werden. Bei einer schwerpunktmäßigen Fixierung auf eher emotionale Kriterien ist es günstig, Einflüsse von außen extra zu vermerken, da sonst Ursachen für Stimmungsschwankungen im Gruppengeschehen gesucht werden, die dort nur ihre Auswirkungen zeigen.

Hier zunächst das Schema, schon mit einer möglichen individuellen «Stimmungskurve» versehen

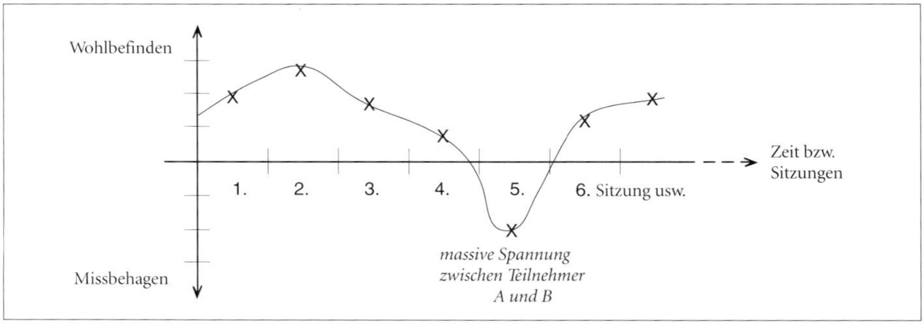

Abbildung 21: Prozessverlauf aus Sicht eines Teilnehmenden

Wird nach mehreren Kriterien gleichzeitig gefragt – z.B. Befindlichkeit, subjektive Einschätzung der Sachergebnisse – , dann müsste der jeweilige Verlauf mit unterschiedlichen Farben oder Zeichen markiert werden.

Ehe wir an die Auswertungen gehen, übertragen wir auf einem großen Bogen die Markierungen der Teilnehmenden in ein gleiches Schema für die ganze Gruppe und fassen dann die Punkte zu einer Linie zusammen, ein Unterfangen, dem wir Ungenauigkeit zugestehen müssen (Abbildung 22).

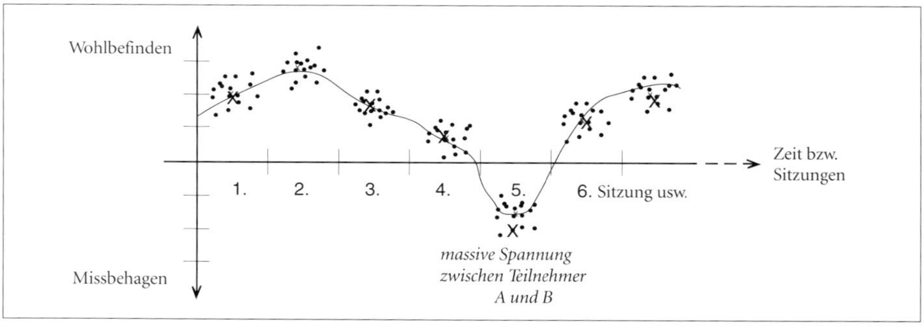

Abbildung 22: Prozessverlauf aus Sicht der Gruppe

Fragen für die Auswertung

An dieser Auswertung sind die Teilnehmenden in der Regel sehr interessiert, weil sie durch ihre Mitwirkung entstanden ist. Sie gibt ihnen Bewusstheit für den eigenen Prozess und die Möglichkeit, ihn mit dem der anderen zu vergleichen. An folgenden Fragen wird sich das Nachgespräch entwickeln:

- ► Wie sicher war ich mir jeweils, wohin ich die Punkte kleben wollte?
- ► Was hat mich bewogen, meine Punkte so zu setzen, wie ich es getan habe?
- ► Wo sehe ich Zusammenhänge zu Themen oder Strukturen?

- ► Durch welche Anstöße von innen und außen wurde mein Wohlbefinden beeinflusst?
- ► Ging es anderen ähnlich? Wodurch sind die Unterschiede bedingt?
- ► Welche Rolle spielen die Leiterinterventionen?
- ► Wo habe ich gut, wo nicht so gut für mich und meine Interessen gesorgt?
- ► Welche Rolle spielte die Tageszeit und Dauer der Sitzung in Bezug auf meine Stimmung – bzw. das meiner Kurve zugrundeliegende Kriterium?
- ► Wo spielte für mich die Geschwindigkeit des Prozesses eine Rolle – zu schnell, zu langsam – und wie wirkte sich das bei mir aus?

Zusammen mit der Gruppe können wir die gemeinsame Gruppenkurve mit den Themen, Strukturen und Schwerpunkten im Balancedreieck der TZI der jeweiligen Sitzung ergänzen, so dass wir eine Aufstellung wie Abbildung 23 erhalten.

Man kann die Themen zunächst aus dem Gedächtnis auf Zuruf notieren und sie später mit der tatsächlichen Formulierung vergleichen. Das gibt meist interessante Hinweise auf das, was Einzelnen oder der Gruppe besonders wichtig war, denn das wird auch als erstes genannt werden. Es weist uns auf gemeinsam erlebte Höhepunkte oder Krisen hin, auf deren Entstehen wir in der Auswertung zu sprechen kommen können.

09.00 - 10.30 Uhr	Wo wäre ich jetzt, wenn ich nicht hier wäre, was täte ich da?	Plenum	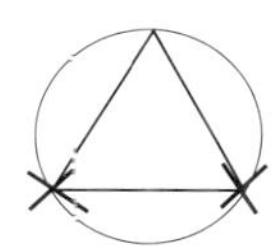
11.00 - 12.30 Uhr	Was will ich hier?	Plenum zur Organisation und Kontaktaufnahme	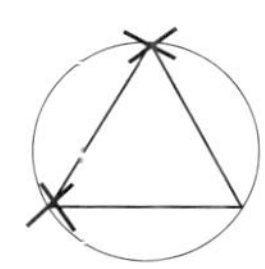
	Wer hat ähnliche Anliegen?	Kleingruppen mit unterschiedlichen Schwerpunkten	
		Plenum zum Sammeln und Entscheiden	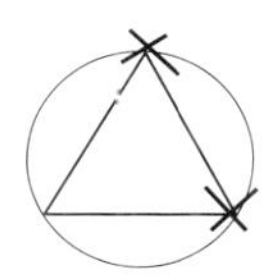

Abbildung 23: Sitzungsschwerpunkte in Bezug auf das TZI-Dreieck

Im Rahmen des Nachgespräches können wir uns dann z.B. über folgende Aspekte austauschen:

- Was hat bewirkt, dass ich mir dieses Thema so und nicht anders gemerkt habe.
- Warum steht es in meinem Gedächtnis vornan?
- Warum fielen andere Themen schon heraus?
- Wo gibt es Unterschiede in meiner Wahrnehmung im Vergleich dazu, wie er sich jetzt für die ganze Gruppe darstellt?
- Welche äußeren Umstände spielten eine Rolle? Wie war ich davon betroffen, was hat das bei mir ausgelöst? Wie haben sie Thema und Themenbearbeitung beeinflusst?
- Welche Zusammenhänge sehe ich zwischen meinen Hoch- bzw. Tiefpunkten und den Themen, Strukturen oder Störungen?
- Wo gab es Abweichungen zwischen Ziel bzw. Absicht der Sitzung und ihrem Ergebnis? Wodurch wurde das verursacht, wie wirkte sich das aus?
- Wie wirkte sich die Ungleichzeitigkeit von Interessen und Lerntempo der Teilnehmenden aus? Mit welchen Strukturen haben wir darauf angemessen – oder nicht – reagiert?
- Was lässt sich aus dieser Auswertung für meine Arbeits- und Lebenssituation übertragen? Was findet dort in ähnlicher Weise statt? Was verstehe ich jetzt besser?

Auswertung und Feedback als Vorbereitung für die nächste Gruppe

Die Auswertung und das Feedback der Teilnehmenden am Abschluss des Seminars wird für dieses Mal nicht mehr viel ändern können. Beim nächsten Mal werde ich mich als Leiter oder als Teilnehmender z.B. daran erinnern,

- dass Kleingruppenarbeit, zu oft hintereinander angeboten, das Gespür für die Gesamtgruppe negativ beeinflusst,
- dass eine bestimmte Übung unerwartete Nebenfolgen haben kann,
- dass zu früh angesprochene Abreisetermine vorzeitige Abschiedsstimmung auf kommen lassen,
- dass die Zeiten für eine Sitzung und der Umfang der Inhalte oder Aufgaben anders aufeinander abgestimmt werden müssen,
- dass Ungenauigkeiten in der Themenformulierung erhebliche Auswirkungen haben können.

So dient die Prozessanalyse, besonders, wenn sie mit den Teilnehmenden durchgeführt wird, neben der Grundlage für die weitere Planung immer auch als Lernschritt für Leiter und Teilnehmende, der auch bei der Analyse und Gestaltung von Prozessen im privaten und beruflichen Umfeld dienlich sein wird.

8 Leinen los ...: Die Anfangsphase

8.1 Die Anfangsdynamik: Ein Fluss mit vielen Quellen

«Niemand steigt zweimal in den gleichen Fluss»
(Herodot, Geschichtsschreiber, 400 v. Chr.)

Dieser Satz stimmt auch für den Anfang der Arbeit mit einer Gruppe. Es ist vielleicht die gleiche Stelle am Ufer, an der ich einsteige, das gleiche Wasser ist es nie, für den Leiter nicht und nicht für die Teilnehmenden. Zwei Seminare, kurz hintereinander gehalten, mit dem gleichen Thema, der gleichen Teilnehmerzahl aus einem vergleichbaren Teilnehmerkreis und mit vergleichbaren Rahmenbedingungen: Das «Ufer» stimmte durchaus überein, das Benutzen der gleichen Planung für das zweite Seminar lag auf der Hand. Aber es lief anders, weil es eben andere Menschen waren, mit anderer Dynamik, mit anderem Umfeld. Als Leiter war ich eingestiegen an der gleichen Uferstelle, aber in ein anderes Wasser.

Trotz aller «Gesetzmäßigkeit», die in der Entwicklung von Gruppen zu beobachten ist, ist es jedes Mal erneut notwendig, dass ich mich auf die ankommenden Menschen einstelle, die später das unverwechselbare Gesicht der Gruppe bilden werden. Dabei hilft mir eine gute, konkrete Vorplanung, solange ich nicht ihr Gefangener werde. Mit dem Durchschreiten der Eingangstür in den Gruppenraum (im tatsächlichen wie im übertragenen Sinne) wird sie ergänzt und verändert durch die Dynamik der jetzt entstehenden Gruppe und ihres beginnenden Prozesses.

Das kenne ich doch von früher ...

Für keinen der Teilnehmenden ist es die erste Gruppe, höchstens die erste Gruppe in dieser Art. Jeder bringt seinen Sack voller Erfahrungen in Gruppen mit, den er nicht einfach zur Seite stellen kann, schon gar nicht am Anfang der Gruppe. Denken wir doch selbst einmal zurück, wie wir Anfangssituationen in Gruppen erlebt haben, in der neuen Klasse, der Jugendgruppe oder am Arbeitsplatz.

Wie sind wir damals «eingestiegen» – zurückhaltend, beobachtend oder forsch und angriffslustig? Woran erinnern wir uns spontan? Was war hilfreich, hinderlich, unerfreulich? Woran erkannten wir, dass wir «drin» waren?

Diese individuellen Erfahrungen prägen das Einstiegsverhalten jedes Einzelnen in der Gruppe, sei es als Teilnehmender oder als Leiter.

Hinzu kommen unsere Erfahrungen im Umgang mit Menschen, besonders mit denen, die uns relativ früh als Kind geprägt haben und deren Spuren noch heute unser Verhalten mitbestimmen, wenn wir mit anderen Menschen in Kontakt treten – oder ihn vermeiden. Gerade die Anfangsphase ist besonders «geeignet», solche Kindheitserfahrungen auf der subjektiven Ebene zu aktivieren: Wir kennen uns noch wenig und setzen deshalb an die Stelle der Kenntnis zunächst unsere Vermutungen, Phantasien und Erfahrungen.

Da der Leiter von den Teilnehmenden zu Beginn in einer Art Elternrolle erlebt wird, als eine Person mit viel Autorität, löst er auch eine Reihe solcher Übertragungen aus. Frühe Erlebnisse mit Elternfiguren werden wiederbelebt. Wichtig für den Leiter ist, sich bewusst zu sein, dass nicht jeder finstere Blick, nicht jede spontane Zuneigung ihm als Person gilt, sondern dem, was auf ihn übertragen wurde.

Der Anfang ist emotional anstrengend

Diese Anforderungen sind sachlich und vor allem emotional anstrengend. Unsicherheit ist auszuhalten, Angst vor den anderen oder vielleicht vor schwierigen, heiklen Themen ist zu bewältigen. Vielfältige Eindrücke sind zu verarbeiten. Die Unterschiedlichkeit der Bedürfnisse und Interessen der verschiedenen Teilnehmenden scheint manchmal kaum überblick- und überbrückbar. Wir brauchen uns als Leiter deshalb nicht zu wundern, dass manche Anweisungen und Informationen am Anfang nicht gehört werden – die Teilnehmenden sind durch vieles abgelenkt.

Dazu kommen die *Unterschiede im Anfangstempo*: Der eine braucht viel Zeit zur Aufnahme der Beziehungen, der andere will gleich «zur Sache» kommen. Diese Unterschiedlichkeiten sind ebenso unvermeidlich wie die Spannungen, die sich daraus ergeben. Es lassen sich nicht alle Interessen zur gleichen Zeit befriedigen, es braucht auch die Bereitschaft zur Geduld und gegenseitigen Akzeptanz. Das ist ein wichtiges Lernergebnis der Anfangsphase, denn in jeder Problemlösung, die wir später bearbeiten wollen, wird diese Unterschiedlichkeit der Interessen und der Änderungsbereitschaft wieder auftauchen.

Neugier und Unsicherheit bestimmen den Anfang mit

Die Anfangssitzungen einer neuen Gruppe stehen mehr oder minder stark im Schatten von Unsicherheit und Neugier. Was darf ich hier, was nicht? Was tut «man» hier? Kann ich meine Wünsche durchsetzen? Was wird von mir gefordert an Wissen und Verhalten? Werde ich hier auch respektiert, nicht bloßgestellt?

Die einen reagieren die Anfangserregung eher innerlich ab mit Herzklopfen, Muskelverspannung, Magengrummeln oder abwartender Zurückhaltung. Andere kompensieren sie durch erhöhte Aktivität nach außen, reden eher zuviel und zu schnell. Wir akzeptieren die Anfangsangst, wie immer sie sich ausdrückt, als eine Realität und begegnen ihr als etwas, das dazugehört und von dem auch wir als Leiter nicht frei sind.

Bei Einstiegsübungen oder Einstiegsthemen müssen wir uns auch Gedanken darüber machen, welche Seiteneffekte sie haben bzw. wie mit dem auftauchenden Material weitergearbeitet werden soll. Ich will mit dem Einstieg nicht etwas auslösen, was weiterwirkt und doch nicht aufgenommen werden kann, weil Zeit und Anliegen des Seminars in eine andere Richtung drängen.

Der Anfang bedeutet volles Programm

In der Anfangsphase ist von allen – Teilnehmenden und Leitern – vieles zu leisten:

- Körperlich, geistig und seelisch ankommen. Ein arabisches Sprichwort sagt, dass «die Seele zu Fuß geht», also am meisten Zeit zum Ankommen braucht.
- Kennenlernen von neuen Menschen mit ihren Bedürfnissen und Zielen.
- Klären der eigenen Bedürfnisse und der eigenen Absichten in dieser Umgebung, in diesem Lernangebot.
- Sich zurechtfinden an einem neuen Ort.
- Kontakt aufnehmen mit den Zielen, den Inhalten und der Arbeitsweise.
- Erarbeiten von und leben mit den Normen, Spielregeln und Werten, die gelten oder entstehen sollen und die den Arbeitsstil, das Klima und die Ergebnisse bestimmen werden. Jeder hat dabei ein Mitspracherecht – aber er muss es erst entdecken und aktiv ausüben wollen.
- Die ersten Schritte der Planung mitgehen und schon jetzt Einfluss nehmen auf den weiteren Prozess.
- Energie für die kommende Arbeit entwickeln.

Ziele der Anfangsphase

Die Anfangsphase wird ungefähr das erste Viertel eines Seminars beherrschen. Was wollen wir am Ende dieser Phase ermöglicht und erreicht haben? Im Wesentlichen wird es sich um folgende Aspekte handeln:

- Ruhe finden sowie Stress und Ängste reduzieren.
- Beziehungen aufnehmen zu den anderen Teilnehmenden, zum Leiter und zum Thema.
- Orientierung geben über den Ort, zeitlichen Rahmen, Ablauf und über das, was hier inhaltlich und sonst noch möglich sein wird.

- Ziele und Erwartungen für Inhalt und Zusammenarbeit klären.
- Abmachungen miteinander treffen: Wie und woran werden wir hier arbeiten, womit beginnen wir?
- Die persönliche Verantwortung für das eigene Lernen stärken.

Sich Zeit nehmen!

Die paradox klingende Aussage «Wenn du wenig Zeit hast, dann nimm dir viel davon am Anfang» erweist sich immer wieder als richtig: Es sind ja meist nicht so sehr die Sachthemen, sondern die Beziehungen zwischen den Personen und zum Thema, die blockieren, wenn sie am Anfang nicht genügend geklärt werden konnten.

Ein hohes Tempo am Anfang sagt noch nichts über die Qualität des späteren Lernprozesses! Oft ist es das wichtigste Lernerfordernis und Lernangebot der Anfangsphase, den Wechsel vom altbekannten Unterrichtetwerden hin zum lebendigen Lernen mit seinen Prinzipien der Eigenverantwortung und des eigenen Beteiligtseins nachzuvollziehen. Das kostet Zeit. Deshalb gilt hier die Anregung, sich nicht von zu früher Intensität und Intimität blenden zu lassen. Raketenstarts erreichen nur selten später eine gute Grundlage von Sicherheit und Vertrauen.

Für die Vorbereitung der Anfangsphase wollen wir eines nicht aus den Augen verlieren: das Ende. Wo wollen wir stehen, bevor wir auseinandergehen? Wenn das Ende nicht Zufall sein soll, dann ist der Anfang um so wichtiger. «Was du beginnst, beginne es klug und bedenke das Ende».

Der folgende kommentierte Leitfragen-Katalog befasst sich zunächst mit der aktuellen Hier-und-Jetzt-Situation des Ankommens, dann mit dem Umfeld, aus dem die Teilnehmenden gekommen sind, und schließlich mit dem Prozess des Anfangens selbst. Den Abschluss bilden einige Fragen an den Leiter selbst, der seinerseits auch in einen neuen Prozess einsteigt.

8.2 Leitfragen und Notizen zur Gestaltung und Leitung der Anfangsphase

Es beginnt, bevor es beginnt

Vieles ist ja vor dem Anfangen schon geschehen, etliche Gespräche sind geführt. Manches davon habe ich mir in meiner Erinnerung oder in meinen Notizen aufgehoben, die ich mir im Zusammenhang mit der Planung des Roten Fadens gemacht habe.

Was steht in meinen Aufzeichnungen aus den Kontrakt- und Vorbereitungsgesprächen, in meiner Grobplanung und in meinen Notizen zum Roten Faden?

- Welche Informationen enthalten sie in Bezug auf Aspekte, die für die Gestaltung der Anfangsphase wichtig sein können?
- Welche Änderung oder Bestärkung im Verhalten, Wissen und in den praktischen Fähigkeiten soll am Ende des Seminars ermöglicht worden sein?
- Was ergibt sich aus den Zeitstrukturen, dem zeitlichen Ende und den Zielen für das, was schon am Anfang geschehen sollte?

Ich kann dieses Material gewissermaßen zu mir sprechen lassen und zuhören, was es mir über die Teilnehmenden, über die Ziele, über die möglicherweise vorhandenen Energien oder Blockaden sagt. Ich mache mir dabei auch klar, wieviel Zeit wir für den gesamten Prozess haben und damit auch für das Anfangen.

Orientierung erleichtert das Anfangen

Mit den ersten Minuten in der Gruppe beginnt auch ihr Prozess – wenn er nicht schon längst begonnen hat: in der Bahn, in der Garderobe, in den Zimmern, beim Warten auf das Anfangen oder in früheren Gruppen, in denen man sich bereits getroffen hat oder regelmäßig trifft, z.B. am Arbeitsplatz. Dann ist der Arbeitsalltag «mitgekommen».

Von woher kommen die Teilnehmenden angereist?
Wie wird für einen guten Empfang gesorgt?

- Wie, wann und woher sind sie gekommen?
- Hat jeder bereits sein Zimmer und sein «Zuhause auf Zeit» gefunden, bevor wir anfangen?
- Was benötigen die Teilnehmenden an praktischen Hinweisen und Informationen?

Eine erste Frage zwischen Eintreffen und Ankommen ist die Frage nach dem «Zuhause auf Zeit» hier. Wo habe ich mein Bett, meinen Raum? Mit wem muss ich ihn teilen? Wie sind die Freizeitmöglichkeiten, die Bar, der Kiosk, das Telefon, die Abfahrtszeiten der Züge? Kurz: Wo sind die kleinen Haltegriffe, von denen aus ich mich orientieren, zurechtfinden und Kontakt aufnehmen kann?

Als Leiter kann ich mit einfachen Mitteln (Vorinformationen, Infowände in der Eingangshalle etc.) diese Suche erleichtern.

Die neue Umgebung verliert an Fremdheit, je unbefangener ich mich auf ihrer Landkarte bewegen kann, je selbstverständlicher die Dinge des Alltags auf Zeit werden und ich ihnen dadurch keine Aufmerksamkeit widmen muss, die ich für das Seminar brauche. Eine gezielt angesetzte Informationszeit über die wichtigsten Aspekte des Seminars, des Seminarortes und seiner Umgebung zahlt sich somit schon bald in Konzentration bei der Arbeit aus.

Der Tagungsort und die Anfangszeit

Schon in der Anfangsphase macht sich der Charakter der Tagungsstätte und ihrer Umgebung positiv oder negativ bemerkbar. Sie kann das Ankommen erleichtern durch Übersichtlichkeit, Gastlichkeit, Vertrautheit oder auch durch den Reiz der Andersartigkeit, der Neugier und Interesse weckt. Sie kann durch Anonymität, schlechte Verkehrsverbindungen, unzureichende Räume, schlechte Organisation oder zu hohe Preise Spannungen erzeugen, für deren Abbau im Seminar selbst Zeit verbraucht werden wird.

Ein Tagungshaus und seine Umgebung setzen Grenzen, Bedingungen und Abhängigkeiten: Essenszeiten, Beteiligung am Abwaschen und Aufräumen, gemeinsame Benutzung von Räumen und Dingen mit anderen Gruppen. Daraus ergeben sich die ersten «Wir»-Themen dieser Gruppe: Gemeinsame Aktivitäten und organisatorische Entscheidungen tragen zur Gruppenbildung bei.

Was liegt im äußeren Stressgepäck der Teilnehmenden?

- Kommen durch Anreise, Anfangszeit, Wochentag, Tagungsort, organisatorische Gegebenheiten noch ungewohnte Anstrengungen hinzu, die Aufmerksamkeit fordern?
- Wie kann ich das gegebenenfalls für den Anfangsprozess und das gegenseitige Kennenlernen nutzbar machen?

Eine weitere Realität bildet die Anfangszeit. Fangen wir morgens an, kann das heißen, dass viele sehr früh aufstehen mussten und entsprechend müde sind. Andererseits haben wir so den ganzen Tag vor uns und können intensiv einsteigen. Fangen wir abends oder am späten Nachmittag an, so kann das bedeuten, dass etliche noch den Stress eines vollen Arbeitstages mitbringen und zur Seminararbeit sagen: «Heute noch nicht!» Sicher können wir aber abends noch etwas tun zum Kennenlernen und zur Orientierung. Das gemeinsame Abendessen fördert den Kontakt, was uns wiederum den Einstieg am nächsten Tag erleichtert. Einmal dort geschlafen und man ist schon mehr «da».

Was reist unsichtbar mit an?

> **Was liegt im inneren Stressgepäck?**
>
> ▶ Wie will ich frühzeitig Gelegenheit geben, Teile aus diesem Gepäck anzusprechen oder loszuwerden:
>   – in Bezug auf Stress, Widerstand, Befürchtungen?
>   – in Bezug auf Freude, Hoffnungen, Erwartungen?
>   – in Bezug auf Geschehnisse des Tages – in Bezug auf Fragen, die jetzt schon da sind?
>
> ▶ Wie kann ich diese «Gepäckstücke» in den Anfangsprozess und das Kennenlernen einbeziehen?

Die Zeit, die der Teilnehmende für das Ankommen benötigt, hängt auch von dem «inneren Gepäck» ab, das er mitbringt. Mit dem inneren Ankommen steht und fällt der Start ins lebendige Lernen, das nur geschehen kann, wenn nichts aktuell Wichtiges bei den Beteiligten abgedrängt werden muss. Wer nur körperlich anwesend ist, aber emotional noch woanders «hängt», wird kaum mehr als ein Pseudointeresse zeigen können.

Auf was verzichtet der Einzelne, um hier mitmachen zu können (oder zu müssen)? Was von «dort» hält ihn so fest, dass er noch Zeit braucht, um «hier» anzukommen? Was bedeutet es z.B., dass jemand zu Hause oder im Geschäft seine/ihre Arbeit miterledigen muss und so vielleicht zum x-ten Male unfreiwillig in die Weiterbildung des Partners oder Kollegen einbezogen ist? Auch seine eigene eventuelle Unfreiwilligkeit zur Teilnahme hier muss der Teilnehmende erst einmal überwinden und sich zum Mitmachen entscheiden können.

Für andere heißt es vielleicht, erst einmal ihre unrealistischen Erwartungen an dieses Seminar zu reduzieren, ehe sie voll dabeisein können.

An jedem Anfang gibt es zwei Stimmen in mir als Teilnehmender und Leiter: Die eine ist neugierig, freut sich auf andere Menschen, nimmt sich vor, diesmal etwas Neues zu versuchen. Die andere sucht erstmal festen Grund, von dem aus tastend ein Schritt nach vorne gemacht werden kann, und will nicht zu schnell verändern. Im Zwiespalt des Beginns hat meist die zweite Stimme die Oberhand. Doch die andere wartet nur auf ihre Chance und auf Verstärkung.

Was will ich als Leiter preisgeben?
Durch seine Beteiligung an den Einstiegsthemen und -übungen gibt auch der Leiter einen Teil seiner Person bekannt. Durch zusätzliche Information über den beruflichen Hintergrund sowie über seine Rolle und seine Aufgaben hier wird er dieses Bild ergänzen. Dabei bleibt ihm (hoffentlich) bewusst, dass er mit seiner Art der Selbstdarstellung und Offenheit Normen setzt. Auch hier gilt das Prinzip, nicht forcierter offen zu sein, als es ihm selbst, den Teilnehmenden und der Situation entspricht.

Mich selbst als Leiter vorstellen und einbringen
- ▶ Was will ich zu Beginn von mir selbst mitteilen?
- ▶ Wie will ich meine Rollen und Aufgaben hier verdeutlichen?
- ▶ Welche Normen setze ich damit, bewusst, aber auch implizit?

Wie immer ich einsteige, als Leiter habe ich auch meine Besonderheiten und meinen persönlichen Bezug zum Thema. Es ist für den Teilnehmenden wichtig zu erkennen,
- ▶ wie ich mir Zugang verschafft habe zum Thema,
- ▶ wo für mich wichtige Berührungspunkte sind,
- ▶ was ich als Leiter hier tun oder nicht tun kann oder will.

Ich bin als Leiter nicht nur einfach neutraler Moderator, sondern auch teilnehmend – Anteil nehmend – an Prozess und Thema, mit meinen Möglichkeiten, Gefühlen und Grenzen bzw. Grenzsetzungen.

Der Leiter setzt damit mit seinem Verhalten, bewusst oder unbewusst, von Beginn an Normen, an denen sich die Teilnehmenden ausrichten. Er ist Orientierungstafel für Umgang und Offenheit, Zuwendung, Akzeptanz und Arbeitsstil. Diese Tatsache veranlasst uns als Leiter, Handlungen und Worte auszuwählen aufgrund der Antwort auf die folgende Frage: «Was von dem, was ich derzeit denke, fühle, wahrnehme, ist für den Gruppenprozess oder für Einzelne förderlich, so dass ich es ausspreche. Was wäre eher hinderlich, womit sollte ich warten bis zu einem späteren Zeitpunkt?»

M. Kroeger (1989, S. 273) hat diesen Sachverhalt wie folgt umschrieben:

> *«Ob ich es will oder nicht: Ich bin mit meinem Sprech- und Verhaltensstil, mit meinem Zutrauen oder meiner Verschlossenheit oder gar Abschätzigkeit (...) das erste, unausgesprochene Lernangebot, und vermöge meiner gruppendynamischen Stellung als Leiter bin ich es mit Gewicht und Macht.»*

Kontakt und Kennenlernen fördern

Dem Bedürfnis nach Kennenlernen sollen Themen und Strukturen der Anfangsphase in besonderer Weise gerecht werden und den Kontakt mit vielen Teilnehmenden ermöglichen. Ein Teil davon geschieht bereits im «Vorhof»: über die Liste der Teilnehmenden, in der Lobby, beim gemeinsamen Mittagessen, beim Begrüßungskaffee.

> **Wie will ich Kontakt und Kennenlernen erleichtern?**
> - Bereits in der Vorphase?
> - Zu Beginn der Veranstaltung?
> - Mit welchem Einstieg, welcher Übung, wieviel Zeit?

Weiteren strukturierten Kontakt zueinander ermöglicht das Plenum, ergänzt durch nicht zu lange Kleingruppen- oder Nachbarschaftsgespräche, die letzteren zu einem persönlichen Austausch über das «Woher», über persönliche Ziele und Erwartungen und über die eigene Person. Es ist günstig, am Anfang die Kleingruppen im Plenumsraum arbeiten zu lassen und noch nicht in den Gruppenräumen: Die Anwesenheit aller und der gemeinsame Geräuschpegel schaffen emotional Verbindung und ein Gefühl für die Größe der Gruppe.

Zum ersten Fühlerausstrecken gehört auch ganz einfach das «Lautgeben». Man muss seine eigene Stimme und die der anderen erst einmal hören, wenn man die anderen wahrnehmen will. Auch deshalb werden zu Beginn Themen und Übungen angeboten, die erfahrungsgemäß mäßig psychisch belasten und zu denen jeder seine Wahrnehmungen, Gefühle und Erfahrungen weitgehend angstfrei mitteilen kann. Kontakt und Kennenlernen sollen nicht erzwungen werden. Auch als Leiter will ich mich nicht unter Druck setzen, in möglichst kurzer Zeit möglichst viele Teilnehmende kennenzulernen.

Orientierung über den Weg zum Ziel

> **Arbeitsweise, Arbeitsmethode und Zeiteinteilung**
> - Wie und wann sprechen wir über die methodischen und didaktischen Überlegungen, die dem Seminar zugrunde liegen?
> - Was gebe ich bezüglich der Zeiteinteilung vor, was will ich mit den Teilnehmenden gemeinsam entscheiden?
> - Wie und ab wann will ich die Teilnehmenden an der weiteren Planung beteiligen?
> - Was verabrede ich diesbezüglich mit ihnen schon zu Beginn?

Aus der Ausschreibung oder aus anderen Quellen haben die Teilnehmenden eine gewisse Vorstellung davon, mit welcher Methode der Leiter arbeitet und auf was sie sich einstellen können. Dennoch ist diese Vorinformation meist unvollständig, vielleicht auch unklar oder mit Gerüchten und Fantasien überlagert.

Hier kann eine übersichtliche Information mit Rückfragemöglichkeit Anspannung und Herumrätseln auflösen und die Neugierde und Bereitschaft zum Sicheinlassen stärken – zumal wenn deutlich wird, dass der Leiter mit der Gruppe frühzeitig Verabredungen treffen wird, wann und wie sie an der Gestaltung mitwirken kann. Eine zu frühe intensivere Beteiligung der Gruppe an der Prozessplanung verunsichert allerdings eher, als dass sie hilft, weil die dafür benötigte sachliche und psychosoziale Basis der Gruppe in der Anfangsphase erst geschaffen werden muss.

Welche Anfangsthemen und -strukturen wähle ich in Anbetracht der bisherigen Überlegungen aus?

- Wieviel Zeit kann oder muss ich für die Anfangsphase ansetzen?
- Zu welcher Tageszeit beginnen wir? Konsequenzen für Struktur und Themenwahl?
- Was muss vor der ersten größeren Pause besprochen oder geschehen sein?

Mit Spielregeln am Vertrauen bauen

Diesem Bedürfnis nach sozialer Orientierungsmöglichkeit werden wir zu Beginn der Gruppe in besonderer Weise mit klaren und informationsfördernden Strukturen und Themen gerecht, die es den Teilnehmenden und den Leitern ermöglichen, Informationen zu geben und zu erhalten zur Person, zu den Erwartungen und Befürchtungen und zu den Möglichkeiten, Grenzen und Spielregeln der Arbeit hier.

Spielregeln, die wir als Leiter zu Beginn der Arbeit nennen können, beziehen sich meist auf die folgenden Punkte:

- Jeder übernimmt für sich, sein Tun und sein Lernen die Verantwortung.
- Jeder respektiert die Vertraulichkeit der Gespräche hier gegenüber Dritten.
- Jeder nimmt persönlich und in eigenem Namen Einfluss, wenn er etwas anders haben möchte oder ihn etwas stört.
- Die Leiter sorgen dafür, dass gelernt werden kann.

Dies schafft eine akzeptierende Atmosphäre als Voraussetzung dafür, dass die Teilnehmenden später auch mit Kritik oder Auseinandersetzungen konstruktiv, d.h. für sich lernend, umgehen können. Die Festlegung von Spielregeln sollte daher zu Beginn eher dosiert erfolgen, in einem Umfang, der für das Anwachsen von Vertrauen und Sicherheit notwendig ist. Generell gehen wir am Anfang möglichst sparsam mit Kritik und Wertung um.

Jeder muss seinen Platz, seine Rolle und sein Vertrauen finden:

- Welche Spielregeln will ich als Leiter am Ende der Anfangsphase mit den Teilnehmenden erarbeitet und vereinbart haben?
- Welche Kontrakte müssen die Teilnehmenden miteinander schließen, um hier gut leben und arbeiten zu können? Inwieweit sind vertrauensbildende Maßnahmen nötig?
- Wann besprechen wir organisatorische Fragen und eventuelle Aufgabenverteilungen?

Die meisten Spielregeln entwickeln sich aus dem Prozess heraus an Punkten, an denen die Gruppe erlebt, dass sie Spielregeln braucht oder bestehende verändern muss. Die Gruppe muss die Möglichkeit haben, ihre Spielregeln möglichst weitgehend selbst zu finden (auch wenn es in den meisten Gruppen immer wieder die gleichen sind). Mit dem Einhalten von Spielregeln ist es so wie mit der ersten Erfahrung, was «heiß» bedeutet: Erst das Berühren der Herdplatte lässt es einen wissen und Konsequenzen daraus ziehen. Im übertragenen Sinne heißt das: Spielregeln ohne Feedback darüber, welche Wirkung sie zeigen, bleiben nur gute Vorsätze oder Absichten.

Vertrauen: Voraussetzung für das Ausprobieren neuer Rollen

Auch hier spielt uns unsere *Lebensgeschichte* manchen Streich: Wir haben früher in anderen Gruppen unsere Rollen gelernt, mit denen wir speziell in der Anfangsphase von Gruppen am besten klargekommen sind oder die uns zugewiesen wurden als «unsere» Rolle: Schweiger, Redner, Clown, Helfer, Spieler, Verantwortlicher usw. Wir wissen auch, wie schwierig es war und ist, aus diesen Rollen wieder herauszukommen, auch wenn sie einem lästig wurden und nie zu den gewünschten Zielen führten. Wir haben sie gut gelernt, und die Umwelt hält uns darin fest. In einem Klima der Akzeptanz und der Sicherheit werden jedoch auch andere Rollen ausprobierbar. Das Zutrauen steigt, auch ungeübte Teile der eigenen Persönlichkeit zu aktivieren und zu zeigen.

Voraussetzungen für das Wachsen von Vertrauen

Vertrauen wächst, wenn die folgenden Grundbedürfnisse des Teilnehmenden über die selbstgefundenen Regeln hinaus respektiert und bei Bedarf zunächst durch den Leiter geschützt werden:

- *Zugehörigkeit:* Jeder Teilnehmende möchte beachtet werden, dabeisein können, auch wenn er sich anders verhält. Er möchte nicht gleich unter den Druck des Sich-ändern-Müssens geraten.
- *Wertschätzung und Zuneigung finden:* Er will mit seiner Art und seinen Grenzen respektiert werden. Er möchte ernst genommen und geachtet werden, auch wenn er nicht immer etwas beitragen kann. Er möchte unterstützt werden bei dem Versuch, etwas für ihn Neues auszuprobieren.
- *Einflussnahme:* Er möchte mitbestimmen können, wohin die Reise geht. Er will Störungen und Wünsche äußern dürfen und damit gehört werden. Er will selbst entscheiden, was er tun oder lassen soll.
- *Spielraum haben:* Er möchte experimentieren können, sich verändern dürfen und nicht frühzeitig festgelegt werden.

Erst wenn ihm diese Grundbedürfnisse respektiert scheinen, kann mutigere Rollenflexibilität entstehen. Dort, wo es zunächst noch nicht so weit ist, weil z.B. das Vertrauen noch fehlt, hier auch Fehler machen zu können oder Bedenken gegen eine neue Idee zu äußern, braucht es die Unterstützung durch die Leitung, allen erwähnten Grundbedürfnissen Respekt und Befriedigung zu verschaffen.

Zuerst Vertrauen schaffen

Das Entstehen von Vertrauen ist Voraussetzung für offenen Informations- und Gedankenaustausch, für das Geben und Nehmen von Ideen und für das Treffen von gemeinsam getragenen Entscheidungen (statt Pseudokonsens durch Anpassung an den Stärkeren). Es hat deshalb keinen Sinn, zu tiefe oder stark konfliktbeladene oder stark aufgabenorientierte Themen zu stellen, solange nicht Vertrauen entstehen konnte. Hier zu schnell zu sein führt meist nur zu Widerstand, Konfliktvermeidung oder überzogenen und unrealistischen Zielsetzungen, die am Interesse vieler Teilnehmender vorbeigehen.

Einen weiteren Beitrag zum Vertrauensaufbau leisten wir mit Angeboten, mit denen die Gruppe die Spielregeln für Arbeit und Klima besprechen und gemeinsam mit uns festlegen kann. Ein solches Thema könnte lauten: «Welche Spielregeln sollen hier gelten, damit ich effektiv lernen kann und Lust zur Mitarbeit habe?»

Ziele und Erwartungen abstimmen

Wir müssen gemeinsame Vorstellungen über Ziele, Arbeitsweisen und Zusammenarbeit entwickeln, auch dann, wenn sich die Teilnehmenden freiwillig auf die Ausschreibung hin gemeldet haben. Jeder hat seine eigenen

Ziele mitgebracht, hat andere Erwartungen an das Leitthema, hat ein etwas anderes Programm im Kopf, das er mit unterschiedlichen Motivationen verbindet. Um für das alles einen genügend großen gemeinsamen Nenner zu finden, ist «Erwartungsmanagement» gefragt: Die Anliegen, Ziele und Wünsche der Teilnehmenden den Zielen, Möglichkeiten und Grenzen des Lernens und Arbeitens in dieser Veranstaltung gegenüber zu stellen und auf der Basis realistische und realisierbare Vereinbarungen zu treffen.

> **Orientierung über Ziele, Erwartungen und Inhalte**
> - Was will ich zu Beginn von der Vorgeschichte dieser Veranstaltung ins Gedächtnis rufen bzw. transparent machen?
> - Wie und wann sprechen wir über den Roten Faden (das «Programm»)?
> - Wie und wann will ich ermöglichen, dass die Erwartungen und Ziele der Teilnehmenden sichtbar und abgestimmt werden können?

Die erstgenannten Ziele sind oft noch nicht die wichtigen und richtigen Ziele

Der Vorteil des Sammelns der Erwartungen und Ziele in der Anfangsphase ist der, dass der Teilnehmende seine Wünsche «publizieren» kann und so eine gewisse Ruhe findet, um sich auf den laufenden Prozess zu konzentrieren. Zugleich ist es ein erster Test für ihn, inwieweit auch unkonventionelle Ziele ausgesprochen werden dürfen und Echo finden.

Entlastend wirkt auch, wenn die Teilnehmenden bald Übersicht gewinnen können über den Kurs, den wir eine Zeitlang segeln wollen – nicht nur inhaltlich, sondern auch klimatisch. Der Einzelne muss dann weniger angespannt darauf achten, wohin sich die Geschichte eigentlich entwickelt.

Die Erfahrung zeigt allerdings, dass zu Beginn eines Arbeitsprozesses die Teilnehmenden nur die Wünsche an diesen Prozess ausdrücken können, die ihrem Bewusstsein relativ nah sind und die sie schon in Worte fassen können oder zu fassen wagen. Wichtige Fragen, vielleicht erst diffus «angedacht», vielleicht mit Angst oder Resignation (es hat ja doch keinen Zweck) besetzt, entziehen sich in dieser Phase noch der direkten Benennung.

Die weitere Arbeit wird dann zeigen, wie konkret diese Ziele sind und wieviel Energie zu ihrer Erreichung da ist. Wichtig ist, dass hier nicht schon Festlegungen erfolgen in Bezug auf die zu bearbeitenden Probleme. Die Situation zu Beginn nicht vorschnell abzuschließen, bietet die Chance, dass im Verlauf der anfänglichen Klärungsprozesse und des Vertrauenszuwachses die wirklich wichtigen (und nicht vordergründigen) Probleme benannt werden können.

Ziele der Auftraggeber und der Gruppe abstimmen

Als Leiter bin ich gebunden an die früheren Abmachungen mit der Institution oder dem Auftraggeber bzw. an mein Angebot in der Ausschreibung. Mit der Gruppe muss ich jetzt klären, inwieweit sich ihre Ziele und Bedürfnisse mit den früher festgelegten Zielen und Anliegen decken.

Menschen, die sich auf eine gemeinsame Arbeit einlassen – besonders bei institutionsinternen Veranstaltungen – sollten auch die Vorgeschichte, die zu diesem Anlass und seinen Zielsetzungen geführt hat, kennen. Nicht selten besteht ein Informationsdefizit und daraus folgend ein gewisses Misstrauen in Bezug auf die Hintergründe bzw. die «Hintermänner/-frauen», auf deren Veranlassung die Teilnehmenden hier zusammengekommen sind. Klarheit über die Motive des Auftraggebers und über die bereits getroffenen Absprachen hilft, eine Arbeit im «luftleeren» Raum zu vermeiden.

Kontrakte schließen und nicht zu viel versprechen

Der Leiter sollte in dieser Phase der Zielbildung und der Erwartungsklärung auf einen heiklen Punkt achten: Er muss sich klar darüber sein, was er hier verspricht. Wird hier impliziert ein Versprechen abgegeben auf kommende, aktive Mitplanung der Teilnehmenden? Geschieht hier ein unbewusstes Verschieben von Entscheidungen auf später, statt gleich zu sagen, dass für dieses oder jenes Anliegen aus thematischen Gründen kein Platz ist? Lässt die Seminarplanung überhaupt genügend inhaltlichen und zeitlichen Spielraum? Es hat keinen Zweck, Entscheidungsprozesse in Gang zu setzen, wenn die Rahmenbedingungen so sind, dass nicht viel geändert werden kann.

Widerstände besprechen

Der eventuell vorhandene Widerstand gegen bereits festgelegte Ziele und Inhalte muss besprechbar gemacht werden, statt ihm einfach durch Umdefinieren der Ziele auszuweichen. Unter Umständen würde sonst eine wichtige Auseinandersetzung mit schwierigen Themen draußen und hier verschenkt werden. Widerstand gegen ein Thema oder gegen die Diskussion eines Problems ist ja häufig ein Zeichen dafür, dass sich der Einzelne oder die Gruppe vor etwas schützen möchte, sei es vor Sanktionen, vor Statusverlust, vor Verlust an Fähigkeiten und Einfluss oder einfach vor der Unsicherheit, die eine Veränderung zunächst mit sich bringt. Wenn über diese Hintergründe und Schutzbedürfnisse gesprochen werden kann, dann wird auch der Weg frei gemacht für einen Problemlöseprozess.

Ich bin als Leiter nicht einfach der Vollzugsbeamte eines Auftraggebers oder meiner eigenen Ausschreibung. Meine Aufgabe ist es, schon im Kontrakt mit dem Auftraggeber mir bzw. uns (Leiter und Gruppe) die Freiheit zu sichern, im Rahmen des Leitthemas die Interessen zu koordinieren und von dem Ort auszugehen, an dem die Teilnehmenden gefühlsmäßig und von ihrer Sachkenntnis her stehen.

Auch Fortsetzungskurse brauchen neue Anfänge

Anfangen müssen wir auch dann, wenn es eigentlich «nur» ein Fortsetzen ist, weil sich die Teilnehmergruppe zum wiederholten Male trifft. Aber der Prozess macht, wie wir wissen, nicht Halt. Jeder Einzelne ging seinen Weg in dieser Zwischenzeit, lebte seinen Prozess.

> **Wenn es ein Fortsetzungskurs ist, wir uns also schon kennen:**
> - Brauchen wir Zeit, um Reste vom letzten Mal zu erledigen?
> - Wer ist neu dabei? Wie führen wir ihn ein in das, was letztes Mal lief?
> - Was brauchen wir für den erneuten Anfang noch, außer dem Abschütteln des Reisestaubes?
> - Wie will ich Gelegenheit schaffen, Wichtiges aus der Zwischenzeit loszuwerden?

Wenn wir wieder zusammenkommen, steht niemand mehr da, wo er beim letzten Male aufgehört hat. Manche bringen noch Reste oder Ärger mit, Enttäuschungen darüber, dass alles «nicht viel geholfen» hat oder Erfolgserlebnisse. Andere sind von Ereignissen des Alltagsumfeldes so in Anspruch genommen worden, dass sie die Gruppe fast vergessen haben und sich nun schwer ein weiteres Mal einlassen können. So ist ein Wiedereinstieg auch ein neuer Einstieg und nicht immer leichter als ein Neubeginn – auch hier gilt der zu Beginn zitierte Ausspruch, dass wir nie in den gleichen Fluss steigen.

Auch ich als Leiter muss meinen Anfang finden

- Ich brauche Zeit, um mich einzurichten und mich auf die neuen Aufgaben und Teilnehmenden ein- und umzustellen. Ich will «angekommen» sein, bevor die Teilnehmenden ankommen.
- Ich will mich mit den Co-Leitern treffen, mich austauschen und wieder anfreunden. Ich will die Räume sehen und Materialien überprüfen, um rechtzeitig Fehlendes beschaffen zu können.
- Ich brauche im Seminar auch Raum für mich, um mich zu erholen – wie berücksichtige ich das in meiner Planung?

Diese Fragen sprechen für sich, klingen sie doch fast banal und sind gerade deshalb besonders zu betonen, um einmal hinzuschauen, wie mit den eigenen Kräften und Energien schonend umgegangen wird. Es strengt an, sich immer wieder auf neue Menschen einzustellen, sich ihnen zuzuwenden und sich für sie ernsthaft zu interessieren. Immer wieder gefordert zu sein von den verschiedenen Problemen und Fragen der Teilnehmenden – das kann sehr ermüden. Ich brauche deshalb als Leiter auch innerhalb des Seminars meine Grenzen und Ruhezonen, in die ich mich zurückziehen kann. Ein Egoist lebt in dieser Hinsicht gesünder als jemand, der immer ansprechbar ist.

Genug der Fragen

Das ist alles viel «Stoff» für den Anfang. Doch nichts hilft dem Arbeiten an der Sache so sehr wie ein guter Anfangsprozess. Damit ist die Gruppenbildung zwar nicht abgeschlossen, sondern erst eingeleitet. Die Teilnehmenden ebenso wie der Leiter sollten nach der Anfangsphase in der Lage sein, ihre Bedürfnisse, die Grenzen und Möglichkeiten der Inhalte so weit zu erkennen, dass sie informierte Entscheidungen treffen können für ihre Beiträge und ihre Zugehörigkeit zum Ganzen bzw. zu einzelnen Untergruppen. Wenn uns das gelungen ist, dann hat der Anfang sein Ende gefunden, dann sind wir «drin».

Zum ersten Mal «Stopp» – die erste große Pause

Eine Sonderstellung im Ablauf des Seminars nimmt die erste größere Pause ein, weil ich darin Zeit finde, die entstehende Gruppe auf Grund der ersten Eindrücke systematischer zu reflektieren. Ich kann die Mittagspause oder den ersten Abend für diesen «Rundblick» nutzen.

Der erste Rundblick

- Mit wem werde ich es voraussichtlich leicht haben?
- Wer erscheint mir für mich eher schwierig?
- Wer erinnert mich an wen?
- Wer ging leicht auf mich zu, für wen schien das eher schwierig?
- Wen habe ich noch gar nicht «gesehen»?
- Wo sitzen die Zugpferde, Bremser, heimlichen Leiter, Mitarbeiter, Außenseiter? Sitzen da schon Etiketten auf meinen Augen?!
- Wer erscheint unabhängig von der Gruppensituation in einer schwierigen Phase zu sein? Was könnte ich ihm anbieten?

Insbesondere gilt es zu überprüfen, wie sich die Informationen aus den Vorgesprächen in Bezug auf die Teilnehmenden und das Thema jetzt darstellen. Welche meiner Phantasien aus der Vorbereitung lagen daneben oder müssen noch überprüft werden? Welche der Vorentscheide und Vorbereitungen im Rahmen des Roten Fadens muss ich nochmal anschauen, ob sie so noch stimmen?

So gesehen ist es für die Leitung eine gute Orientierungshilfe, wenn sie sich nach den Anfangsrunden ein erstes Mal einen Blick aus der Metaebene gestatten kann.

Auch die Teilnehmenden haben diesen ersten Halt nötig, um sich noch einmal reflektierend zurückzuziehen oder um die ersten informellen Kontakte zu vertiefen, zu denen es sie jetzt schon drängt.

8.3 Praxisbeispiel eines Anfangs

Das Flipchart-Protokoll in Abbildung 24 zeigt ein Beispiel eines Kursanfanges. Es handelt sich um einen Ausbildungskurs für Gruppenleiter, der mit dem Thema «Anfangen» ausgeschrieben war. Hier findet in gewisser Weise eine Doppelung statt. Die Anfangsphase, über die wir hier berichten wollen, war gleichzeitig ein Teil des gesamten Kursthemas. Wir wollen dabei unser Augenmerk auf zwei Schwerpunkte richten:

a) An diesem Beispiel kann exemplarisch gezeigt werden, wie die gegebenen Notwendigkeiten am Anfang zum Kontaktaufnehmen und zu ersten gemeinsamen Themen genutzt werden können. Hier waren es Selbstverpflegung, Instandhaltung der Räume, Waschen der Wäsche der vorherigen Gruppe – alles Eigenleistungen, die die Institution erwartete. Das gemeinsame Umfeld musste also bewältigt werden. Die Themen des Zusammenlebens lagen auf der Schwelle.
b) Die Stationen des «inneren Ankommens» können verfolgt und nachvollzogen werden. In einer der letzten Sitzungen wurde eine Prozessanalyse gemeinsam erstellt, die u.a. dieser Fragestellung nachging und uns einen entsprechenden Einblick gibt. Die Teilnehmenden hatten Gelegenheit, einen Markierungspunkt im inzwischen erstellten Protokoll des Seminarablaufs an diejenige Stelle zu setzen, an der sie von sich sagen konnten: «Jetzt bin ich da, jetzt bin ich drin». Sie bezeichneten also ihre innere Ankunftsstunde.

Um die Lebendigkeit und Originalität des Prozesses möglichst zu erhalten, zeigen wir das Arbeitsprotokoll zunächst nachfolgend im verkleinerten Original (Abbildung 24). Betrachten wir das Ergebnis, so sind auf einen Blick

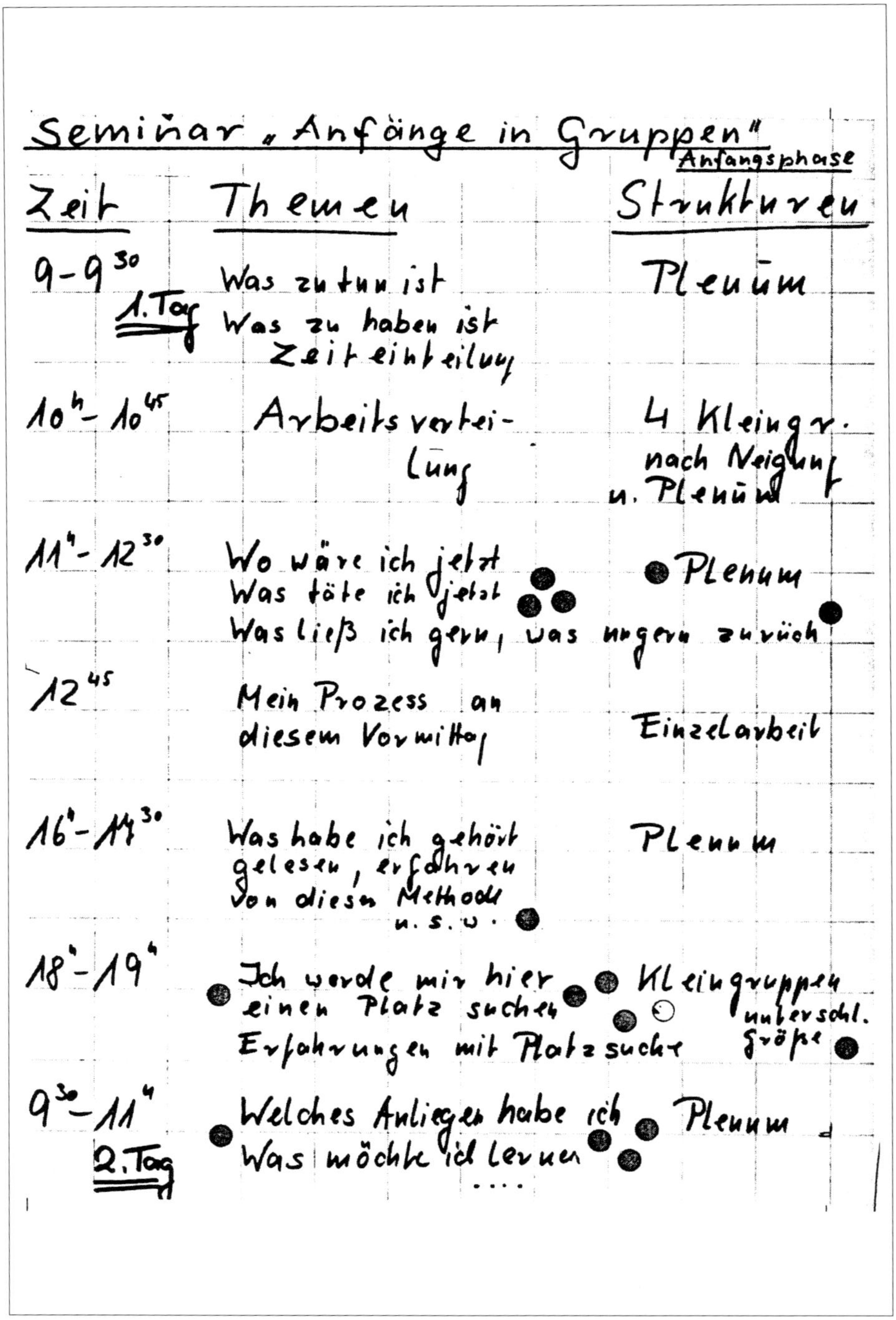

Seminar „Anfänge in Gruppen" Anfangsphase

Zeit	Themen	Strukturen
$9-9^{30}$ 1. Tag	Was zu tun ist Was zu haben ist Zeiteinteilung	Plenum
$10^{h}-10^{45}$	Arbeitsverteilung	4 Kleingr. nach Neigung u. Plenum
$11^{h}-12^{30}$	Wo wäre ich jetzt Was töte ich jetzt Was ließ ich gern, was ungern zurück	Plenum
12^{45}	Mein Prozess an diesem Vormittag	Einzelarbeit
$16^{h}-17^{30}$	Was habe ich gehört gelesen, erfahren von diesen Methoden u.s.w.	Plenum
$18^{h}-19^{h}$	Ich werde mir hier einen Platz suchen Erfahrungen mit Platzsuche	Kleingruppen unterschl. Größe
$9^{30}-11^{h}$ 2. Tag	Welches Anliegen habe ich Was möchte ich lernen	Plenum

Abbildung 24: Skizze einer Anfangsphase

drei Schwerpunkte zu erkennen, auf denen die Punkte – Ankunftspunkte – in nahezu gleicher Anzahl zu sehen sind:

Die erste Gruppe hat sich einem sehr frühen Thema (*«Wo wäre ich jetzt, wenn ich nicht hier wäre, was täte ich da?»*) zugeordnet, das drei Dinge bewirken sollte:

a) ein innerer Transfer vom «Dort und Damals» des Alltags hier an diesen Ort und in diese Gruppe;
b) von sich zu sprechen, so viel und so wenig, wie es dem Bedürfnis des Teilnehmenden in dieser Ankunftssituation entspricht;
c) einen ersten Schritt des Aufeinander-aufmerksam-Werdens, ein Aufeinanderzugehen. Meine und andere Stimmen in diesem fremden Raum zu hören ist ein Stück heimisch werden.

Die zweite Gruppe der Markierungen liegt bei den abendlichen Kleingruppen zu dem Thema: *«Ich werde mir in dieser Gruppe einen Platz suchen. Meine Erfahrungen mit dem Platzsuchen und wie wirkt das weiter?»*, bei dem man von sich selbst und seiner eigenen Vergangenheit erzählen und im Erzählen auch Erinnerungen bei den anderen wecken konnte.

Die dritte Gruppe der Markierungen finden wir beim ersten Sachthema: *«Welches Anliegen habe ich, an dem ich in diesen Tagen arbeiten will? Was möchte ich am Ende besser können? Welche Hilfe brauche ich?»*

Hier kann der Teilnehmende seine inhaltlichen Anliegen an das Seminar loswerden. Der Weg, der zum ganzheitlichen Lernen und Arbeiten führen sollte, war hier in fast idealtypischer Weise im Sinne der TZI vorgegeben, nämlich vom Ansprechen der einzelnen Persönlichkeiten über erstes Kontaktaufnehmen untereinander zum Interesse an gezielter Sacharbeit.

Aus diesem Themenablauf hat sich jeder Teilnehmende seinen Fixpunkt herausgesucht, zu dem er sagen konnte: »Jetzt bin ich da.» Es lohnt sich, der Entwicklung dieser Dynamik nachzuspüren und Themen, Strukturen und Wahrnehmungen des Leiters mit den Rückmeldungen der Teilnehmenden zu vergleichen. Im Folgenden gehen wir daher auf den konkreten Ablauf ein.

1. Tag

Das Tagungshaus steht der Gruppe zur Verfügung

09.30 Uhr

Thema:	Was zu haben ist. Was zu tun ist. Worauf geachtet werden sollte. Zeiteinteilung für die Tage.
Struktur:	Plenum

Kommentar:
Die Teilnehmenden sind angekommen. Sie haben sich äußerlich orientiert. Sie haben sich mit Bett, Raum, Haus und Hof bekannt gemacht. Sie fassen Fuß. Nun erfahren sie, was es zu tun gibt und was von ihnen erwartet wird. In diesem Fall handelte es sich um Zeiteinteilung für die Tage. Vorgesehen war Selbstverpflegung für die fünf Tage und damit auch gemeinsame Verantwortung für die zur Verfügung stehenden Dinge, was gleich zu Anfang gemeinsame Organisation verlangte. Ein Vertreter der Hausleitung war dabei und gab Hinweise. Bei der Klärung der Zeiteinteilung konnte jeder schon prüfen, ob er zwischen Alleinsein und In-der-Gruppe-Sein seine Balance fände.

10.00–10.45 Uhr
Thema: An welchen der notwendigen Hausarbeiten möchte ich mich beteiligen und wie?
Struktur: Vier Kleingruppen, 25 Minuten, Einteilung nach Neigung:
– die gern kochen,
– die gern früh aufstehen,
– die Wäscher, Abwäscher, Schmutzbeseitiger
– die am liebsten gar nichts tun würden
Plenum, 20 Minuten Ausfüllen der vom Haus vorgegebenen Arbeitsliste per Zuruf.
Kommentar:
Erstes gemeinsames Gruppenthema (ein Wir-Inhalt). Es sollte zur Kontaktaufnahme dienen, zu einer ersten kleinen Interaktion noch vor dem offiziellen Vorstellen.

Die Kleingruppen nach Neigung boten eine feste Struktur, niemand wurde gezwungen, gleich im Plenum zu sprechen. Das Thema setzte jeden in Aktion, die Struktur bot Entscheidungsmöglichkeiten. Weil in der Einführung vom Leiter Mut gemacht wurde, auch das «Gar-nichts-Tun» einmal auszuprobieren, fanden sich drei Frauen in dieser Kleingruppe.

Die Kleingruppen blieben im Plenarraum – man fühlte sich wohl in den selbstgewählten kleinen Gruppen und war doch durch den Geräuschpegel im Raum mit allen anderen in losem Kontakt. Das ließ ein erstes Gefühl für die beginnende Gruppe aufkommen, obwohl die offizielle Namensrunde noch nicht stattgefunden hatte. So mussten die Teilnehmenden hier selbst einen Weg finden, wenn sie sich ansprechen wollten.

Das Ausfüllen der Arbeitsliste im Plenum verlief dann ohne Zögern und mit Spaß. Die Kochgruppe bot schon verlockende Rezepte an, und bei den «Gar-nichts-Tuern« siegte der Wunsch nach Gemeinsamkeit über die Unlust am Haushalt: Auch sie übernahmen bestimmte Aufgaben. In der folgenden kleinen Pause wurde schon interessiert nach Räumen und Geräten gesucht. Das Fußfassen hatte begonnen, wenn auch hier noch keine «Ankunftspunkte» zu sehen sind.

11.00–12.30 Uhr

Thema: «Wo wäre ich jetzt, wenn ich nicht hier wäre? Was täte ich? Was ließ ich gern für fünf Tage zurück, was ungern?»

Struktur: Plenum ohne weitere Vorgaben. Jeder kann selbst entscheiden, wann er sprechen und was er sagen möchte.

Kommentar:

Mit diesem Thema will der Leiter die Teilnehmenden abholen vom «Dort und Damals» des Zuhauses und hinführen zu dieser Gruppe: Das noch einmal Zurückschauen erleichtert das Abschiednehmen und das Ankommen und zugleich auch ein erstes Orientieren untereinander: Namen hören (steht nicht im Thema, kam aber als Aufforderung in die Einleitung), erfahren, wo der andere herkommt, was ihn beschäftigt. Auch dies ein Angebot, das selbst entscheiden lässt, wieviel jeder sagen will.

Als Inhalte kamen in dieser Gesprächsrunde viel Traurigkeit und Todeserfahrung, die in letzter Zeit einige betroffen hatten, so dass sich im Persönlichkeitsbereich das Thema «Abschied» hier vor das Kurs- und Situationsthema «Anfangen» schob. Das Beenden und Abschiednehmen als Vorläufer für Anfänge – hier von der Teilnehmerrunde thematisiert – zog sich als wichtiger Bestandteil von da an kontinuierlich durch die Themenkette. Das Aussprechen so wichtiger Erlebnisse im Plenum war wohl durch die vorhergegangenen Strukturen und Themen möglich geworden und lässt fast ein Drittel der Teilnehmenden innerlich ankommen

12.45–13.10 Uhr

Thema: «Mein Prozess mit mir selbst an diesem Vormittag mit diesen neuen Menschen.»

Struktur: Jeder schreibt, in der Gruppe sitzend, seine ersten Eindrücke, Wahrnehmungen, Gefühle und wie sie sich unter Umständen schon gewandelt haben, in sein eigenes Notizbuch.

Kommentar:

Durch das gemeinsame Schreiben wird das Gespür für das sich entwickelnde «Wir» geweckt. Durch das schriftliche Festhalten holt der Einzelne das Geschehen noch einmal intensiver zu sich selbst. Außerdem soll das persönliche Erlebnismaterial Zulieferer sein für methodisches Lernen der Anfangsgestaltung. Was jeder hier selbst erlebt, ist beispielhaft für das, was die Teilnehmenden in ihren eigenen Gruppen später erleben werden.

Nach einer langen Mittagspause sollte eine erste Orientierung auf der inhaltlichen Ebene folgen:

16.00–17.30 Uhr

Thema: «Was habe ich gehört, gelesen oder erlebt von dieser Methode, mit Gruppen zu arbeiten? Was hat mein Interesse geweckt, was möchte ich vertiefen?»

Struktur: Plenum

Kommentar:

Obwohl das Thema sehr offen formuliert war – oder gerade deshalb –, verlief das Plenum schleppend. Die meisten hatten in eigenen Kursen erlebt, wie wichtige Weichen am Anfang gestellt werden, und wollten «das besser können». Differenzierter ließ sich das Lernanliegen noch nicht ausdrücken. Der Wunsch nach Gefüttertwerden war größer als das Vermögen, sich auf der inhaltlichen Ebene schon zu artikulieren. Vielleicht wollte man auch der großen Gruppe noch ausweichen.

Für den Prozess des Ankommens schlägt die nächste Sitzung deutlicher zu Buch:

18.00–19.00 Uhr

Thema: «Ich werde mir in dieser Gruppe einen Platz suchen. Welche Erfahrungen habe ich als Kind mit «Platzsuchen» gemacht, und wie wirkt das weiter?»

Struktur: Kleingruppen 45 Minuten
- alle Erstgeborenen
- alle Einzelkinder
- alle mittleren Kinder
- alle «Nesthäkchen»

Kommentar:

Dieses Thema hat eine zweifache Zielsetzung. Es ist zunächst dem Kursthema «Anfangen» auf der persönlichen Ebene zugeordnet. Intention: Ehe wir uns Anfängen in Gruppen zuwenden, richten wir den inneren Scheinwerfer auf eigene Anfänge im Leben. Wir gehen ins Dort und Damals. Die Kleingruppenaufteilung ermöglicht Intensität. Bei ähnlicher Ausgangslage (Erstgeborener usw.) werden Erfahrungen von ganz unterschiedlicher Qualität ausgetauscht und Gleichheiten gefunden.

Die letzte Frage «… und wie wirkt das weiter?» setzt methodische Überlegungen frei, wie man unterschiedlichem Teilnehmerverhalten und -bedürfnis am Anfang mit einem offenen Angebot entgegenkommen kann. Für den ersten Abend scheinen dieses Thema und diese Struktur das geeignete Angebot, damit Distanz und Nähe, Offenheit und «noch nicht heute» nach eigenem Ermessen gesteuert werden können. In der späteren Erinnerung trägt diese Runde am stärksten zum Ankommen bei. Das anschließende Plenum hat nicht mehr viel Energie, man sieht sich noch einmal, möchte nicht mehr viel sagen. Es zieht in den freien Abend.

In diesem besonderen Fall – unser Kursthema hieß «Anfangen» – sollten auch auf jeden Fall die Fakten des ersten Tages, also des Anfangs, als Auswertungsmaterial für das Ende verfügbar sein. So regten wir noch einmal zum Aufschreiben an, diesmal ohne Strukturvorgabe.

2. Tag

Den neuen Tag beginnen wir mit einer Bewegungsübung im Freien, die allein und gemeinsam durchgeführt wird.

9.30–11.00 Uhr

Thema: «Welches Anliegen habe ich, an dem ich in diesen Tagen arbeiten will? Was möchte ich am Ende besser können? Welche Hilfe brauche ich?»

Struktur: Plenum

Kommentar:

Inhaltlich ging es um das Sammeln der einzelnen Lernanliegen, Auflisten, Gewichten, Sortieren und Einordnen in die vorhandene Zeit.

Im Gegensatz zum Abend vorher wurde dieses Sachthema voll Interesse aufgegriffen. Wie das Originalprotokoll zeigt, sind während dieses Prozesses dann auch die letzten innerlich angekommen.

Die Anfangsphase kann nach Aussage dieses Protokolls nach diesen sechs Sitzungen als abgeschlossen gelten. Ankommen braucht seine Zeit, wenn wirklich der ganze Mensch ankommen soll.

Dieses Beispiel bestätigt, dass das Wachsen der Gesamtgruppe über persönliches Fußfassen in kleineren Einheiten und über das Bekanntwerden mit dem Inhalt geschieht. Gleichzeitig bestätigt es die Tatsache, dass es unterschiedliche Bedingungen des Ankommens gibt und dass die Teilnehmenden aus diesem Angebot ihre Schritte auswählen. Manche brauchen mehr die persönlich-interaktionelle Komponente (vgl. die ersten Themen), andere sind erst ganz da, wenn auch die Sachinhalte ins Blickfeld rücken. Diese Gruppe war nach sechs Sitzungen arbeitsfähig und hatte entsprechende Regeln für sich entwickelt, die ihnen halfen, eine lebendige Gruppe zu sein und sich selbst zu organisieren, auch wenn im Verlauf der Tage die Ich-Wir-Themen-Balance mal unausgewogen war. Wir greifen im Praxisbeispiel der Endphase diesen Gruppenverlauf noch einmal auf.

9 Einlaufen, Anlegen und Aussteigen: Die Endphase

9.1 Das Ende braucht noch Energie

Wer kennt sie nicht – diese Erfahrung aus den Ferien, dass die zweite Hälfte viel schneller vorüber ist als die erste? Die letzten Tage fliegen nur so vorbei, dieses und jenes wollte man noch sehen oder tun und kommt nicht mehr dazu. Der letzte Tag geht drauf fürs Packen und Abschied nehmen. Was auf der Hinfahrt in den Koffer passte, scheint jetzt nicht mehr reinzugehen. Geschenke, Souvenirs, Fundstücke müssen ihren Platz finden – oder zurückgelassen werden. Abschied nehmen, gemischt mit der Vorfreude auf die gewohnte Umgebung, aufs Erzählen, auf die Fotos … .

Wenn die Gruppe ihrem Ende zugeht, scheint es manchem Teilnehmenden ähnlich zu gehen. Da gibt es Teilnehmende, die man eigentlich noch näher kennenlernen wollte, und plötzlich ist keine Zeit und Gelegenheit mehr dazu da. Da gab es Themen oder Vorhaben, die man noch ansprechen oder ausprobieren wollte und für die man nun keine Möglichkeit mehr findet. Zu spät Einfluss genommen? Da gibt es neue Erfahrungen und Erkenntnisse, die sich noch mit meinen bisherigen Auffassungen stoßen, die sich erst «draußen» bewähren müssen. Will ich sie mitnehmen? Oder sortiere ich sie wie manches Ferienbild als unterbelichtet oder unpassend aus?

Die Endphase einer Lerngruppe bedarf der gleichen Aufmerksamkeit wie die anderen Phasen. Sie leidet mitunter etwas darunter, dass wir Aufbau und Entwicklung als positiv, kreativ und energievoll erleben, Ende und Auflösen dagegen als belastend und mit einem Gefühl von Verlust umgeben. So ist es nur verständlich, dass man diese Phase gern hinauszögern oder ausblenden möchte, auf jeden Fall aber «kurz und schmerzlos» gestalten will.

Themen der Endphase

In dieser Phase sind noch wichtige Aufgaben zu erfüllen:

- Themen sind auf der sachlichen Ebene zum Abschluss zu bringen und emotional einzuordnen.
- der Transfer hinaus in den beruflichen und privaten Alltag ist zu gestalten und auf seine Durchführbarkeit zu überprüfen,
- organisatorische und administrative Fragen sind noch zu klären,
- das Seminar als Ganzes ist auszuwerten in Bezug auf Inhalt, Prozess, Leitung etc.,

- die Teilnehmenden wollen Abschied voneinander nehmen,
- der Weg nach Hause muss angetreten werden.

Vieles davon ist fast ein Spiegelbild zur Anfangsphase. Während wir dort den Grundstein für den Aufbau der Gruppe gelegt haben, müssen wir jetzt das entstandene soziale Gebilde wieder auflösen.

Transfer, Abschied und Ende

Im Kapitel 6.4 (Entwicklungsphasen von Gruppen) haben wir die Endphase von Gruppen mit ihren Merkmalen und Hintergrundproblemen kurz skizziert. Wir haben dort gesagt, dass Abschluss und Abschied die beiden «großen» Themenschwerpunkte der Endphase sind. Darüber hinaus müssen die schon vorausgegangenen Transferüberlegungen in eine Form gebracht werden, die höchstmögliche Umsetzung garantiert. Sie sollen gemeinsam bereitmachen für einen neuen Anfang – draußen in der Familie, im Freundeskreis, im Beruf. Da bleibt nur wenig Raum für anderes. Neue Themen werden nicht mehr aufgenommen, weil sie nicht zu Ende geführt werden können oder weil sie zuviel Raum einnehmen würden zulasten der oben erwähnten Aufgaben der Endphase.

Stärkere Steuerung durch den Leiter

Themensetzung und Struktur liegen wieder stärker in den Händen des Leiters, der beides so handhabt, dass ein Abgleiten in neue emotionale Tiefe vermieden wird. Der Bau an den Brücken nach draußen steht im Vordergrund. Das Nachdenken und Arbeiten an den Kursinhalten soll hier beendet und durch Transferüberlegungen ergänzt werden. Der Blick in der Endphase ist nach draußen gerichtet.

Die Endphase beginnt fließend – für den Leiter zeitiger als für die Teilnehmenden. Er muss schon frühzeitig das kommende Ende in seiner Planung und Themenwahl mit berücksichtigen. Die Endphase als Ganzes kann bei einem fünftägigen Workshop bis zu einem Viertel der Gesamtzeit umfassen. Wir brauchen diese Zeit für Abschluss, Transfer und Abschied.

Der Leiter wird das Ende so zu gestalten versuchen, dass unterschiedliche Wege hinaus gangbar werden. Er wird die Mobilität in der Gruppe fördern und von der Themensetzung und von der Struktur her nicht mehr auf eine weitere Vertiefung des Wir-Gefühls hinsteuern. Mit herausführenden Themen wird er das Beenden von Beziehungen bzw. die Organisation ihrer Weiterführung (z.B. in Erfahrungsaustauschgruppen) ermöglichen und das gedankliche Aufnehmen des Kontaktes mit zu Hause und mit dem Arbeitsplatz erleichtern.

Jeder setzt seinen Endpunkt anders

Ähnlich wie in der Anfangsphase haben wir es wieder mit größerer Ungleichartigkeit und Ungleichzeitigkeit der Interessen zu tun. Der eine ist für sich mit dem Seminarthema fertig und ruht sich innerlich aus, der andere ist noch voller Hektik, weil ihm erst spät bewusst wurde, was er versäumt hat. Begrenzte Zeit und der Umgang mit den eigenen Interessen und Grenzen gehören zur Realität nicht nur in dieser Gruppe, sondern auch sonst im Leben. Für manche Teilnehmende ist das eine wichtige Einsicht in dieser Phase.

Spiegelbildlich zur Anfangsphase wird auch die Distanz zur thematischen Arbeit wieder zunehmen. Es lohnt sich nicht mehr, erneut zu investieren, teils aus Befriedigung, weil die persönlichen Themen an einen guten, vorläufigen Haltepunkt gekommen sind, teils auch aus Resignation, weil der Teilnehmende ohnehin nicht mehr finden wird, was er suchte oder weil seine Welt draußen doch so anders ist als hier. Die Unterschiedlichkeit der Situation des Einzelnen kommt wieder ins Bewusstsein: Was wird er umsetzen können – und wollen? Der bevorstehende Abschied lässt sich zudem leichter bewältigen, wenn vorher etwas Distanz geschaffen wurde.

Vorbereitet landen

Die Endphase hat eigentlich zwei Teile. Um es mit der Sprache der Piloten auszudrücken: Es gibt die Phase des Landeanflugs bzw. der Landevorbereitungen, und es gibt die Landung selbst mit dem Ausrollen, dem Aussteigen und dem Gepäckholen. Diese eigentliche Landung, der letzte Teil der Endphase also, sollte nicht zu früh erfolgen. Wenn ich diesen Schlussteil mit meinen Themen und meinem Verhalten zu früh einleite, dann stehe ich mit der Gruppe schon auf der Landebahn, ehe ich eine Aussteigeerlaubnis habe. Es ist unangenehm und für den Rest der Zeit mühsam und uneffektiv, wenn die Teilnehmenden oder sogar der Leiter innerlich zu früh gelandet sind. Solche Unannehmlichkeiten werden zusätzlich akzentuiert in Seminarhäusern, in denen die Zimmer schon am Morgen früh geräumt werden müssen. Der Teilnehmende wird dadurch den letzten Tag «heimatlos». Sein Koffer steht auf dem Flur oder liegt schon im Auto, in der Mittagspause weiß er nicht wohin. Es ist zu früh gepackt, was viele auch ihr Seminarinteresse packen lässt.

Andererseits: Wenn wir zu schnell heruntergehen müssen, weil wir zu spät den Landeanflug begonnen haben, dann kracht's bei der Landung – oder später auf der Heimfahrt. Das ist keineswegs ironisch gemeint. Wenn das Seminar stark persönlichkeitsbezogene Themen bearbeitete, dann ist ein ruhiger, stabilisierender Abschluss besonders wichtig. Falls wir zwar am Ende der Zeit, aber noch ganz in einer Arbeitsphase wären, dann gäbe es einen hektischen Abschluss, ohne Abrundung und mit einem flauen Gefühl, weil die Fäden nicht verknüpft sind.

Späte Planbarkeit
Die Endphase ist nur begrenzt im Voraus planbar, da ihre Gestaltung stark von dem bisherigen Prozess und seinen Ergebnissen abhängt. Erst nach der Mitte des Workshops werden Inhalte und Struktur der Endphase definitiv sichtbar.

9.2 Leitfragen und Notizen zur Gestaltung und Leitung der Endphase

In der Endphase löst sich das soziale System «Gruppe» wieder auf. Damit die Auflösung und die Ablösung in Ruhe geschehen können, spielt die Beachtung der noch zur Verfügung stehenden Zeit eine wesentliche Rolle. Zeit bestimmt den Rhythmus. Chronos, die Uhrzeit, und Chairos, der geeignete Zeitpunkt, den es zum Enden braucht, sollten sich in einem Punkt treffen können.

Zeitbedarf für Inhalt und Organisatorisches

- Wieviel Zeit haben wir (noch), wieviel Einheiten sind davon schon verplant oder inhaltlich vorbestimmt? Wann müssen wir fertig sein?
- Welche technisch-organisatorischen Dinge müssen erledigt werden?
  - Termine und Orte für das nächste Treffen?
  - Zimmerräumen, Packen, Aufräumen?
  - Wer muss deutlich früher weg?
  - Abrechnungen, Bescheinigungen?

Ein Blick in den Roten Faden zeigt uns, was schon fest verplant ist: ein oder zwei Einheiten, um Beschlüsse zu fassen und Maßnahmen zu planen; die Einheit für Auswertung und Rückblick; die Zeit für die Transferplanung und -beratung, die Zeit für den Abschied hier.

Auch das «Aufräumen» braucht Zeit: Unterschriften, Austausch der Adressen, Hinweise auf Ausbildungsmöglichkeiten und Literatur, für Organisatorisches und fürs Zimmerräumen. Viel Kleinkram, der seinen Platz beansprucht und der störende Hektik und Ablenkung bringen kann. Der letzte gemeinsame Abend dient meist bereits der Feier unseres Zusammenseins und dem

Abschiednehmen. Ganz rasch addiert sich all das zu einem ganzen Seminartag zusammen.

> **Was ist noch unerledigt?**
> - Was muss noch abgeschlossen werden in Bezug auf:
>   - die laufende Arbeit an den Zielen des Seminars,
>   - die Abmachungen im Kontrakt mit dem Auftraggeber,
>   - die Versprechen in der Ausschreibung des Seminars?
>   - die Verbindung mit den Geschehnissen im Gruppenprozess?
>   - die Verbindung mit der Rückkehr ins Arbeitsfeld?
> - Was wollte ich als Leiter noch einbringen?
> - Was wollte die Gruppe noch?

In der Endphase werden die zeitlichen Restriktionen fühlbarer und damit schwindet auch auf der Themenebene die Flexibilität, mit der wir in der ersten Hälfte Unerwartetes aufnehmen, Missverständnisse zurechtrücken oder auf Bedürfnisse eingehen konnten.

Ich muß mir als Leiter überlegen, ab wann ich nichts Neues mehr aufnehme, denn was ich angehe, muss auch Zeit zur Bearbeitung bekommen. Besonders die Überlegungen zum Transfer dürfen nicht in zeitliche Enge geraten. Die Themenvielfalt muss eingeschränkt werden, zugunsten der Auseinandersetzung mit der Anwendung und der Umsetzung im Arbeitsfeld. Mit Planung und Themensetzung ziehe ich die Grenzen, die der noch zur Verfügung stehenden Zeit gerecht werden sollen.

Damit der Koffer wirklich gepackt werden kann, sollten wir nachschauen, ob unerledigte Fragen aus dem bisherigen Gruppenprozess überlebt haben wie z.B. nachhaltige Spannungen aus Konflikten und Krisen. Emotionale Probleme können noch nicht zu einer (evtl. vorläufigen) Ruhe gekommen sein.

Oft ist auch eine Einheit zur Abrundung sinnvoll, in der die Teilnehmenden im Sinne einer «Fragestunde» oder der gegenseitigen Beratung noch für sie nützliche Einzelheiten nachfragen und klären können.

Gemeinsame Planung in der Endphase

Die Teilnehmenden sind in der zweiten Hälfte des Seminars besser in der Lage zu entscheiden, wo ihre Prioritäten liegen. Sie kennen die verschiedenen Themenschwerpunkte und deren Bedeutung für sie selbst und für ihre Arbeit. Gemeinsame Planung und Entscheidung ist in dieser Phase wichtig, damit ich als Leiter nicht stellvertretend für die Teilnehmenden über Prioritäten entscheide. Ich werde helfen, Transparenz zu schaffen über Zeitbudget und unerledigte Themen und die Reflexion des Einzelnen darüber fördern, was jetzt noch für ihn wichtig ist. Die Knappheit der Zeit in dieser Phase kann durch parallele Arbeit in Gruppen mit unterschiedlichen Themen aufgefangen werden.

Keine «unbearbeiteten Reste» zurücklassen

Etwas in Ruhe fertig machen zu können und es auch auf seine Anwendbarkeit draußen hin überprüft und durchgespielt zu haben erleichtert den Abschied. «Unbearbeitete Reste» halten eher ein eindeutiges und akzeptierbares Ende zurück, ähnlich wie in einem Theaterspiel, in dem ohne unser Wissen der letzte Akt gestrichen wurde: Wir sitzen dann unschlüssig, warten mit dem Beifall und dem Aufstehen. Die Gestalt ist noch nicht geschlossen, und solange sie es nicht ist, beschäftigt sie uns innerlich und hindert uns beim nächsten Schritt. Das gilt für die Sachebene und erst recht für die sozialen und psychologischen Prozesse in der Gruppe.

Vorzeitige Abreise aus welchem Grund?

Es muss immer damit gerechnet werden, dass ein Teilnehmender vorzeitig abreist. Das kann nicht nur den Zeitplan, sondern auch den inhaltlichen Plan durcheinander bringen und sollte deshalb frühzeitig angemeldet werden, um entsprechende Absprachen für die zeitliche Strukturierung der Endphase zu ermöglichen,

Eine vorzeitige Abreise ist ohnehin ein Grund für den Leiter, genauer hinzuschauen, auf was sie hinweist und was sie für die Gruppe bedeuten könnte. Oft ist der Grund eine von außen diktierte Notwendigkeit und verständlich. Für manche Teilnehmende aber ist es ihre Art, den Abschied zu verkürzen oder zu vermeiden.

Unter Umständen weist die Abreise auch auf latente Konflikte und Krisen in der Gruppe hin, die nicht genügend berücksichtigt wurden. Dann löst die vorzeitige Abreise den Impuls aus, diese Konflikte wieder auf die Ebene der Bearbeitung zu bringen. Zudem kann eine vorzeitige Abreise je nach ihrer «Dramatik» schon früher als sinnvoll Abschiedsstimmung auslösen.

Je nach dem muss also die vorzeitige Abreise zum Thema in der Gruppe werden – auch um zu vermeiden, dass sich die Abreise zur untergründig wirkenden, aber nicht bearbeiteten Störung auswächst. Dadurch würden Chancen für die Entwicklung der Gruppe und ihrer Arbeit ungenutzt bleiben, die in den durch vorzeitige Abreise ausgelösten Fragen liegen könnten.

Feedback nicht zu spät ansetzen

Ein weiterer Hauptaspekt der Endphase neben dem Transfer bildet der Wunsch nach Feedback. Auch diese Frage nach personbezogener und fachlicher Rückmeldung im Geben und Nehmen zieht sich wie der Transfergedanke im Grunde durch viele Teile des Seminars und findet auch dort schon Raum und Echo. Wir platzieren die Frage trotzdem hier noch einmal, verweisen aber auf das Kapitel 6.5 (Wahrnehmung), in dem ein ausführlicher Hinweis auf Feedback zu finden ist.

Feedback

- Wann findet eine Feedback-Runde ihren geeigneten Ort?
- Wie fachlich sollte sie sein, wie persönlich darf sie jetzt am Ende noch werden?
- In welche Struktur will ich sie dementsprechend kleiden, wieviel Zeit muss ich ansetzen?
- Welche motivierende Einführung will ich vorher geben?

Wenn wir im Rahmen der Auswertung – erstmals oder abrundend – eine Feedbackrunde unter den Teilnehmenden vorsehen, dann darf diese nicht zu spät und nicht unter Zeitdruck geschehen, damit Klärungen in Ruhe erfolgen können. Feedbackrunden am letzten Vormittag bringen meist nichts mehr, da niemand «fünf vor zwölf» noch einmal in einen Klärungsprozess einsteigen mag. Für ein qualifiziertes Feedback muss der Teilnehmende noch innerlich hier und bei der Gruppe sein. Auch die Feedbackrunde sollte im Plenum oder jedenfalls in einer größeren Gruppe erfolgen. Das Bild wird für den Empfänger ausgewogener und differenzierter, weil die Extreme der einen Wahrnehmung durch die Wahrnehmung der anderen ergänzt und relativiert werden.

Transferüberlegungen

Transfer haben wir als einen der Hauptaspekte der Endphase erwähnt. Natürlich ist diese Thematik immer präsent, in der Planung und den Interventionen des Leiters ebenso wie auch in den mitlaufenden Fragen, die sich der Teilnehmende immer wieder stellt: «Wo hilft mir das weiter, welche Bedeutung hat das für mich und die Welt, in der ich lebe und arbeite?» Dennoch ist es richtig, sich bewusst und ausführlich mit diesen Fragen erst in der zweiten Hälfte intensiver zu beschäftigen. Ein zu frühes Ansprechen hindert die Kreativität und überfordert, da wir noch zu wenig Zeit und Gelegenheit hatten, uns über die Hintergründe und über mögliche Alternativen klarzuwerden.

Um hier nicht missverstanden zu werden: Die Realität des eigenen Verhaltens und der eigenen Umwelt – privat oder bei der Arbeit – findet möglichst oft Eingang in die Arbeit mit der Gruppe, aber mehr als Basis für das Erkennen der Ursachen und das Entwickeln von Alternativen und nicht als Forderung, auch gleich wissen zu müssen, wie das alles später zu realisieren sei.

Den Blick nach «draußen» richten

- Wie soll der Transfer des Gelernten vorbereitet werden?
- Wann und wie entwickeln die Teilnehmenden ihre Maßnahmenpläne? Was brauchen sie noch, um diesen Plänen mehr Verbindlichkeit zu geben?
- Nach dem Workshop: Welche Anschluss- und Nachfolgeaktivitäten sind zu berücksichtigen und hier vorzubereiten oder abzusprechen?
- Was und wer erwartet den Teilnehmenden dort? Welche Brückenschläge nach Hause oder zum Arbeitsplatz müssen noch getan werden, um diese Rückkehr zu erleichtern?

Die Transferproblematik hat aus der Sicht des Teilnehmenden zwei Seiten: Die eine Seite ist er selbst mit dem, was er hier gelernt hat. Wie tragfähig wurde es, wie sicher fühlt er sich, wie fest «sitzt» das Neue schon?

Die andere Seite ist die der anderen, die er für seine neuen Ideen und Ziele gewinnen will oder von denen er Spielraum verlangen muss für die Anwendung und für sein verändertes Verhalten. Sie waren nicht hier, und sie werden nach seiner Rückkehr mit ihm in eine Art Anfangsphase geraten, die viel Ähnlichkeit hat mit der Anfangsphase hier, in der der Teilnehmende auch nicht zu früh unter den Druck der Veränderung geraten wollte.

Neue Lösungen verursachen Zweifel und Ängste

Eine neue Lösung für ein Problem leuchtet zwar dem Kopf ein, lässt aber innerlich Zweifel zurück, ob man die Veränderung und die damit eventuell verbundene Aufgabe alter Vorlieben, gewohnter Tätigkeiten oder Beziehungen eigentlich wirklich auf sich nehmen will. Der Blick nach draußen kann dem Teilnehmenden den Teppich wieder unter den Füßen wegziehen, weil er unsicher ist, ob er das Gelernte dort und «bei denen da» umsetzen kann und darf. Diese Zweifel, Unsicherheiten und Ängste werden manchmal sogar durch emsige Tätigkeit und ausgelassene Aktivitäten zugedeckt, die vor einer Auseinandersetzung mit diesen Fragen schützen sollen. Die Themen der Endphase dienen auch und besonders der späteren Umsetzung der im Seminar besprochenen Lösungsansätze.

Die Chancen gegenseitiger Beratung nutzen

Die Bewährung des Gelernten steht noch aus. Das Gespräch über die geplanten Schritte, über die Bedenken sowie die gegenseitige Beratung werden jedoch Ideen und Erfahrungen hervorbringen und gewissermaßen das Durchspielen der Umsetzung in der Realität ermöglichen.

Die Beratung zum Transfer kann aus der Sicht des Teilnehmenden an verschiedenen Überlegungen ansetzen:

- Wie groß soll mein nächster Schritt sein, nachdem ich zu Hause oder am Arbeitsplatz angekommen bin? Ist er zu groß, dann überfordere ich mich selbst und die anderen, die mit mir gehen sollen. Ist er zu klein, dann wird für die anderen das Neue kaum sichtbar und die Veränderung zu zaghaft, um ernst genommen zu werden – wahrscheinlich auch von mir selbst.
- Wen habe ich, der mich stützt und begleitet bei der Realisierung?
- Wo soll ich in meinem Wirkungsfeld ansetzen?
- Wie und wo kann ich mir mehr Sicherheit im Methodischen holen?
- Wie kann ich andere über das Geschehene informieren?
- Wie kann ich mehr Einfluss nehmen?
- Wie kann ich die Konflikte, die bei einer möglichen Änderung entstehen können, konstruktiv auffangen?

Aus gegenseitiger Beratung der Teilnehmenden untereinander, unterstützt durch den Leiter, werden z.B. Vorgehensweisen entwickelt, die beim Einstieg in einen spezifischen Veränderungsprozess im Arbeitsbereich des Teilnehmenden hilfreich sein können. Diese Gespräche helfen auch, die Ursachen der befürchteten Schwierigkeiten klarer zu sehen – vielleicht ist die eine oder andere auch nur in meiner Phantasie und meiner selektiven Wahrnehmung begründet.

Protokolle, Berichte und Bestätigungen

- Wer braucht Berichte/Protokolle, über was soll wer informiert werden?
- Wer braucht noch Gutachten oder Bestätigungen über die Teilnahme?

Mit einem speziellen Punkt der Endphase wollen wir uns jetzt noch befassen: mit der Erstellung von Protokollen für Dritte. Schon bei den Analysen, die während des Prozesses oder unmittelbar danach aufgeschrieben werden, ist es schwierig, die Dynamik in etwa einzufangen. Die Vielschichtigkeit der Prozesse und Interaktionen lebt in der Erinnerung der Beteiligten, lässt sich aber kaum zu Papier bringen. Wenn es schon für sie schwierig ist, den erlebten Prozess zu beschreiben, um wieviel schwieriger muss es dann für unbeteiligte Dritte sein, das Erleben nachzuvollziehen. Die Worte des Protokolls lesen sich für Außenstehende anders. Sie lösen bei ihnen keine Erinnerungen aus, sondern allenfalls Phantasien. Trotzdem können wir uns der Schwierigkeit und Lästigkeit eines Protokolls für Dritte mitunter nicht entziehen.

Zuvor sind jedoch zwei Fragen zu klären: Was an Information aus dem abgelaufenen Geschehen soll weitergegeben werden und was nicht? Ebenso muss Klarheit darüber bestehen, welchem Zweck das Protokoll dienen – und welchen Nutzen es stiften soll. Diese Punkte sollen für alle Beteiligten schon zu Beginn unserer Arbeit im Grundsatz klar und akzeptierbar sein. Zwecke, für die ein Protokoll benötigt wird, sind Supervisionssitzungen, Information Dritter über Beschlüsse und Maßnahmen, Informationen an künftige Leitungsteams oder Presse- und Medienberichte.

Gelegentlich lassen es die Zeit und die Struktur im Seminar zu, diese Berichte mit der Gruppe zusammen zu erstellen. Häufiger wird sie der Leiter oder ein Teilnehmender nachher erstellen. So oder so muss allen Beteiligten von vornherein bekannt sein, an wen etwas weitergegeben wird, was das sein wird und auf welchen Inhalt sich das konzentrieren soll. Die Erstellung der Protokolle sollte in dichter zeitlicher Anlehnung an das Seminar geschehen. Erfahrungsgemäß wird der Kontakt zu den Menschen und Themen des Seminars rasch von anderem Geschehen überlagert.

Prozessanalyse als Transferhilfe

Die Transferberatung richtet bereits den Blick nach draußen. Die gemeinsamen Auswertungen des Seminars tun Weiteres dazu. Wir müssen sozusagen auf Distanz zu unserem Prozess gehen. Wie intensiv und nach welchen Aspekten ausgewertet werden soll, hängt von dem Ziel des Seminars ab. Bei Ausbildungsgruppen für Gruppenleiter ist eine ausführliche methodische Auswertung ein wichtiger Bestandteil des Lernens, für eine Projektgruppe hat diese Frage vermutlich geringeren Stellenwert. Für sie ist die inhaltliche Bilanz wichtiger.

Um die Auswertung produktiv für die ganze Gruppe werden zu lassen, sollte sie im Plenum geschehen. Sinnvoll ist in der Regel eine vorgeschaltete Einzelarbeit, in der sich jeder mit seiner eigenen Lernbilanz befassen kann. Die abschließende Auswertung im Plenum macht das Bild kompletter und erinnert den Einzelnen an Posten in der Bilanz, an die er im Moment nicht selbst gedacht hat. Das gemeinsame Zusammentragen der Bausteine, das nachträgliche Errichten des Gesamtgebäudes «unseres» Seminars geben Übersicht und machen den Weg frei für den eigentlichen Abschied.

«Zu Hause» andocken können

Den Arbeits- oder Lebenspartnern wird es nicht anders ergehen als dem Teilnehmenden im Seminar, wenn sie mit neuen Ideen und verändertem Verhalten konfrontiert werden. Den anderen dort suchen, wo er steht – das gilt auch für den Transfer. Die anderen müssen erst über den Fluss, über den der zurückkehrende Teilnehmende schon übergesetzt hat. Transfer heißt also, nicht nur das inhaltlich Gelernte (das «was») hinüberzubringen, sondern auch das «Wie», das hier im Seminar als förderlich erlebt wurde. Die, die zu Hause oder am Arbeitsplatz auf den «Rückkehrer» warten, werden von ihm nur lernen, wenn sie motiviert werden. Sie fangen nicht unbedingt an der Stelle an, an der der «Rückkehrer» es gern hätte. Wenn die Beteiligten vor dem Seminar schon einmal miteinander über Ziele und Erwartungen gesprochen haben, ist die Brücke über den Fluss leichter zu finden.

Mit wem geht's nachher wie und wann weiter?

Der Transfer wird natürlich sehr erleichtert, wenn sich nach dem Seminar eine Phase der Supervision oder des Erfahrungsaustausches (Intervision) anschließt. Solche Netzwerke geben auch denjenigen Rückhalt, die in ihrer Praxis zu wenig Unterstützung bei anderen finden. Ohne einen solchen Rückhalt wird vieles von dem Gelernten schnell zu einer schönen, aber ungenutzten Erinnerung. Was will ich als Leiter anbieten oder anstoßen, um das zu vermeiden?

Mit Gruppen, deren Mitglieder in der gleichen Organisation arbeiten, kann man u.U. leichter Konzepte planen, wie sie sich intern weiter treffen können. Sie werden oft schon mit einem Auftrag und mit gemeinsam abgestimmten Zielen teilnehmen. Sie werden Zeit beanspruchen, um sich noch hier über entsprechende Maßnahmen zu verständigen. Ihr Aktionsplan sollte Antwort geben auf die Fragen nach den nächsten Schritten und Tätigkeiten, nach Zielen und gewünschten Ergebnissen, nach ihrer Reihenfolge und Terminierung und nach den Verantwortlichkeiten bei der kommenden Realisierung.

An dieser Stelle kann noch einiges passieren – unklare Punkte werden deutlich, nicht fertig bearbeitete Konflikte tauchen wieder auf, gemeinsame Termine sind schwer zu finden – vielleicht eben aus diesem Grund. Die verbindliche Verabschiedung eines Aktionsplanes braucht seine Zeit. Als Leiter fühle ich mich mit dafür verantwortlich, dass ein tragfähiger Kontrakt zustande kommt und dass hinter ihm genügend Energie steht.

Gibt es ein «follow-up»?

Oft wird der Wunsch nach einem weiteren Treffen am Ende eines Seminars laut. Die Verantwortung, dass solche Treffen zustande kommen, sollte bei den Teilnehmenden liegen. Sie müssen die Initiative ergreifen für ein weiteres Treffen. Wir können klären, ob jemand eine solche Initiative übernimmt. Oft genug ist dieser Wunsch nach einem Wiedersehen nur eine Brücke über den Abschied hinweg und später schwer zu realisieren.

Die erste Frage nach der Rückkehr: «Wie war's?»

Besonders bei längeren Seminaren mit intensiver, persönlichkeitsorientierter Arbeit ist der Übergang von der außerordentlichen Situation des Seminars zur «Normalität» des Alltags für manchen nicht ganz einfach. Was soll ich auf die Frage «Wie war's?» antworten, wie reagiere ich darauf? Was will ich überhaupt mitteilen, und wie geht das, ohne zusätzliche Phantasien oder Ängste auszulösen? Schnell fühlen andere sich von mir gedrängt, hören Vorwürfe heraus («... du müsstest eigentlich auch endlich ...») oder sind von meiner Begeisterung oder meinem ungewohnten Verhalten irritiert. Es fehlt ihnen der Hintergrund meines Erlebens und die Wegstrecke, die ich in meinem Lernprozess zurücklegen konnte. Hier, auf der Zielgeraden unserer Arbeit, können wir darüber sprechen, was uns erwartet und wer uns erwartet. Ein Rollenspiel zum «Wie war's denn?» hilft uns, die ersten Schritte durchzugehen und uns mit dem nach Hause Kommen vertraut zu machen.

Bei der Auswahl von Themen für solche Brückenschläge muss ich als Leiter darauf achten, nicht versehentlich jemand ins Abseits zu setzen. Die Frage «Ich komme nach Hause, wer oder was erwartet mich dort?» trifft unter Umständen einzelne Teilnehmende hart, auf die niemand wartet. Die Variation «Mein Weg nach Hause – was werde ich tun?» oder «Mein Anfang heute nach unserem Abschluss ...» lässt mehr Möglichkeiten des Ankommens offen, auch für die, die allein leben.

Was zum Schluss noch gesagt werden sollte

Bilanz ziehen und Seminarfeedback

- ► Wie ziehen wir ein Resumée der Ergebnisse und sammeln Feedback über die Erreichung der Ziele?
- ► Wie soll der Feedback über Prozessverlauf, Leitung, Klima, Zusammenarbeit erfolgen?

Es geht im Grunde um zweierlei bei diesem Teil:

- ► Wie schätzen die Teilnehmenden den *Gesamtertrag* dieser gemeinsamen Tage für sich ein und auf welche Weise waren Klima, Rahmenbedingungen und Leitung dafür förderlich oder hinderlich?
- ► Welche Anregungen ergeben sich aus der Gesamtschau dieses Seminars für ein nächstes Mal?

Vieles ist ja schon im Rahmen der Prozessanalysen im Verlauf des Seminars deutlich geworden. Hier zum Schluss reichen meist wenige Fragen wie die beiden folgenden, um als Leiter weitere Anregungen zur Weiterentwicklung des Angebotes zu erhalten:

- ► Was würden Sie wiederfinden wollen, wenn Sie an diesem Seminar noch einmal teilnähmen?
- ► Welche Veränderungsvorschläge fallen Ihnen ein, wenn Sie diese Veranstaltung selber leiten würden – in Bezug auf Prozess, Klima und Leitung?

Für vertiefte Fragen zur Struktur und Methode, zu Balance zwischen Sachlernen und persönlicher Entwicklung und zum Prozessverlauf sind die Teilnehmenden zu diesem späten Zeitpunkt kurz vor dem Ende selten noch motiviert. Solche Fragen würden zudem die Teilnehmenden wieder zurück ins Seminar holen, statt ihnen die Tür nach draußen zu öffnen.

«Kofferpacken» und Abschied von der Gruppe

- ► Mit welchem Thema will ich den persönlichen Abschied gestalten?

Und dann geht es in die letzte Runde, in das Abschiednehmen. Der Spannungsbogen sollte trotz Transfer, Aufräumen und Kofferpacken bis dahin halten, um zu vermeiden, dass die Gruppe nicht vorher schon «versickert». Der Grundtenor des Abschiedsthemas ist meist «Was nehme ich mit an Fragen, Lernimpulsen, Anregungen – und was will ich hier noch loswerden, bevor wir auseinandergehen?» Der Abschied steht an der Nahtstelle zwischen dem, was hier möglich war, und dem, was kommt. Das Abschiedsthema nimmt diese herausführende, aber an unseren Prozess anknüpfende Bewegung auf. Adieu, kommt gut heim!

Nach getaner Arbeit:

- ► Was will ich noch mit meinen Kollegen im Leitungsteam besprechen?

- ▶ Habe ich gegeben, was ich geben konnte bzw. wollte? Was hat mir dabei geholfen, was mich behindert?
- ▶ Wie stimmte meine Balance von
  - – Geben und Nehmen
  - – Distanz und Nähe
  - – Lehren und Lernen lassen?
- ▶ Wie passte meine Leitung zu meinem Anspruch an mich als Leiter?
- ▶ Was ließ mich gut sein, was hinderte mich an meiner Aufgabe?
- ▶ Mein Weg nach Hause? Wie gestalte ich ihn?

Da stehe ich nun wieder allein. Die Gruppe hat sich aufgelöst. Ich bin um eine Erfahrung reicher und muss mich selbst aus dem Geschehen lösen, einen letzten Kaffee trinken und packen. Ob ich mich den oben vorgeschlagenen Fragen sofort stelle oder sie für einen stillen Abend aufhebe oder für die nächste Supervision, das ist eine Frage der verfügbaren Zeit und Ruhe. Der «Burn-out» droht, wenn häufiger schon die nächste Veranstaltung die Beschäftigung mit diesen Fragen abdrängt.

9.3 Praxisbeispiel einer Endphase

Wir greifen hier das Praxisbeispiel der Anfangsphase (Kapitel 8.3) wieder auf, überspringen einen Teil des Seminars – sein Thema hieß «Anfangen» – und beginnen mit der Arbeitseinheit, neben der im Verlaufsprotokoll die erste Markierung für den «inneren Ausstieg» zu finden ist, in diesem Fall Donnerstag 11 h. Genau wie für den Anfang, so hatten die Teilnehmenden auch hier Gelegenheit, einen Punkt an die Stelle zu kleben, an der sie spürten: «Ich beginne Abschied zu nehmen».

Betrachten wir wieder zunächst das Originalprotokoll (vgl. Abbildung 24): Die Stationen des inneren Aufbruchs sind zwar breiter gestreut als die der Ankunft, trotzdem lässt sich eine ähnliche Tendenz wie in der Einstiegsphase wiederfinden. Eine Häufung der Markierungen ist beim inhaltlichen Transfer am Donnerstag-Nachmittag zu sehen:

Vorstellen der Arbeiten aus den Kleingruppen:
«Was habe ich gelernt, was leite ich für meine eigene Arbeit daraus ab?»

und ebenso am Freitag-Vormittag:

Prozessanalyse:
«Wir reflektieren unseren Prozess und lernen daraus für die eigene Praxis.»

Seminar „Anfänge in Gruppen gestalten"

Schlussphase

Zeit	Themen	Strukturen
Do. 11^{00} 4. Tag	unterschiedliche Arbeitsaufgaben an eigenem Material	3 Kleingr.
Do. 16^{00}	Vorstellen der Arbeiten vom Vormittag: „Was Leite ich für meine eigene Arbeit daraus ab?"	Plenum
Do 19^{00}	Übungen in Zweiergruppen z. Thema „Leiten"	Plenum
20^{30}	Tanz und Spiele	
Fr. 9^{00} 5. Tag	Meditativer Tageseinstieg (ausgefallen. Statt dessen Infos der Hausleitung)	PL.
Fr. 9^{20}	Gemeinsames Erstellen des Tagungsprotokolls Reflexion des Prozessverlaufs: „Was sagt mir das für meine Praxis zu Hause"?	
Fr. 11^{00}	Geleitete Phantasie „Wie komme ich hier fort." „Was erwartet mich dort" Abschlussrunde.	

Abbildung 25: Skizze einer Endphase

Diese Themen führen ganz automatisch auf eine Metaebene und damit aus dem Fluss des Geschehens heraus. Für die Teilnehmenden, die ihren Abschiedsbeginn diesen beiden Themen zuordnen, war ganz offensichtlich die Sachebene der bestimmende Teil für die Entscheidung. Sie hatten bekommen, was sie sich erhofft hatten und auch noch ein wenig mehr. Sie konnten sich auch damit abfinden, vielleicht einen anderen Teil des Erhofften nicht bekommen zu haben. Sie waren sicher, dass sie das hier Gelernte in ihre Arbeit übertragen können. Zum anderen hatten sie den Prozess der Gruppe nicht nur miterlebt, sondern in der Reflexionseinheit am Freitag auch verstanden. Beides verstärkte es den Impuls: «Ich könnte jetzt gehen, für mich ist es rund.»

Eine weitere Gruppe der Teilnehmenden hat ihre Abschiedspunkte den mehr persönlichen Themen und den Schwerpunkten auf der Beziehungsebene zugeordnet – am Donnerstag-Abend:

Gemeinsame Übungen zu Leiterthemen. Spiel, Spaß, Tanz

und am Freitag, letzte Sitzung:

«Wir treten den Heimweg an, wie komme ich hier fort, was erwartet mich dort?»
Abschiednehmen.

Die Teilnehmenden äußerten besonders zum Donnerstag abend zwiespältige Gefühle. Das Zusammensein in dieser lockeren Form, das bis spät in die Nacht dauerte, hatte sie noch einmal einander näherkommen und die Gruppenkohäsion deutlich spüren lassen und gleichzeitig den nahenden Abschied und die bevorstehende Trennung ins Blickfeld gerückt. Es war nicht der gleiche Impuls wie bei dem oben genannten «Ich könnte jetzt gehen», sondern mehr das «Ich muss morgen gehen. So ein Abend kommt nicht wieder.»

Am Freitag gehören zwei Punkte solchen Teilnehmenden, die mit der geleiteten Phantasie den Weg nach Hause innerlich angetreten hatten und nun auch nicht mehr bleiben wollten.

Die anderen beiden Punkte dagegen wurden erst später auf das noch aushängende Protokoll geklebt. Diese Teilnehmenden hatten den Ausstieg erst während oder nach dem gemeinsamen Aufräumen der Räume geschafft, nachdem die Spuren der Gruppe auch äußerlich immer mehr verwischt wurden.

Bleiben uns noch die Kommentare zu den Markierungen am Donnerstag, 11.00 Uhr und am Freitag, 9.00 Uhr. Am Donnerstag war eine Teilnehmende aus persönlichen Gründen, die wir hier nicht erörtern wollen, nach Hause gefahren. Ihr leerer Stuhl stand noch eine Weile in der Runde und ein anderer Teilnehmender kommentierte seinen Abreisepunkt später etwa so: «Als Hilde weg war, hatte ich den starken Impuls, auch zu gehen. Es war wie ein Sog. Erst durch die Arbeit in der Kleingruppe konnte ich wieder Fuß fassen.»

Am Freitag morgen drohte so etwas wie ein zu früher Abbruch. Als sich gerade alle zu der angesagten meditativen Übung versammelt hatten, kam ein Mitarbeiter der Institutsleitung, bat um ein paar Minuten Gehör und informierte über allerhand organisatorische Anliegen und weitere Kursangebote. Besonders dieses letzte brachte zwei Teilnehmende so aus dem Prozess, dass sie hier spontan ihren Abschiedspunkt markierten. Das Klima für die Übung stimmte für alle nicht mehr. Sie wurde gestrichen. Ein wenig von diesem «Verlust» konnte in der geleiteten Phantasie am Schluss aufgeholt werden. So löste sich der Zusammenhalt mit jedem Punkt ein wenig mehr auf, und am Schluss stimmte wieder die alte Erfahrung: «Auch eine intensiv aufeinander und auf ihre Arbeit bezogene Gruppe sucht nach einem konsequenten Ende.»

9.4 Der Leiter auf dem Weg nach Hause

Der Vorhang – um unser Bild vom Anfang aufzunehmen – ist gefallen. Für den Leiter bleiben der Abschied von den Kollegen aus dem Leitungsteam und ggf. die Nacharbeit mit ihnen. Auch hier sind Loslösung und Ausstieg nötig. In anderer Zusammensetzung trifft man sich sicher wieder. Es ist unpraktisch, dann gleich über Steine zu stolpern, die vielleicht noch vom letzten Mal zwischen uns liegen.

Die Plenar- und Gruppenräume müssen noch aufgeräumt werden. Sie sehen danach so neutral und nüchtern aus, als hätte nie eine, geschweige denn diese Gruppe darin gearbeitet. Für uns ist dieser Wechsel des Bühnenbildes immer wieder ein merkwürdiges Gefühl.

Was lasse ich selbst hier, was nehme ich mit, außer meinen Notizen für die Gruppenkladde oder die Supervision? In der Fabrik oder im Büro habe ich nach einer Woche Arbeit ein vorzeigbares Ergebnis. Und hier? Einige Plakate, Papier, Zettel, die zurückbleiben im Papierkorb des Seminarhauses? Abschied und welcher neue Anfang am Montag? Vielleicht drängt schon wieder die Vorbereitung der nächsten Gruppenleitung. Wo habe ich meine Gegengewichte an kontinuierlichen Beziehungen und Kontakten? Wo habe ich meine Kontinuität in anderen Projekten und Tätigkeiten, bei denen ich nicht von Gruppe zu Gruppe, von Hotel zu Hotel springe? Uns ist dieser Ausgleich sehr wichtig geworden.

Mit diesen Gedanken befinden wir uns schon auf dem inneren Weg nach Hause. Schön wäre es, wenn es zunächst eine Ruhepause gäbe zum Ankommen, zum Zuhause-sein, zum Aufräumen und Aufarbeiten und dann erst die Vorbereitung auf die nächste Gruppe.

Schön wäre es auch für uns als Autoren zu wissen, ob dieses Buch zur eigenen Gruppenkladde des Lesers passt und wie es ihn bei seiner Arbeit anregt und unterstützt.

Wir haben es so gemeint, wie H. Halbfas in «Der Sprung in den Brunnen» schreibt:

Als ein Junge sich anschickte, von seinem Lehrer Abschied zu nehmen, bat er ihn, den gemeinsamen Weg aufzuschreiben, damit auch andere ihn finden könnten.
Der Lehrer: Kann man einen Kuss durch Boten senden?
Der Junge: Es käme wohl anderes an, als gemeint ist.
Der Lehrer: Genau so wenig kann ein Buch, wenn es um den inneren Weg geht, den Lehrer und die Erfahrung ersetzen.

Literaturempfehlungen

Antoni, Conny (Hrsg.) (1994). Gruppenarbeit im Unternehmen. Konzepte, Erfahrungen, Perspektiven. Weinheim: Psychologie Verlags Union.
Umfassende Dokumentation zum Einsatz und zu den Erfolgsbedingungen von Gruppenarbeit in der Industrie (Produktion und Verwaltung).

Antons, Klaus (1996). Praxis der Gruppendynamik. Göttingen: Hogrefe Verlag.
Spiele und Übungen, die als Interventionsmöglichkeit eingesetzt werden können, um gruppendynamische Prozesse anzuregen und um im Problemlösungsbereich Erfahrungen zu sammeln. Gut beschriebenes Handwerkszeug.

Arndt, Erika et al. (1994). Aggression in Gruppen. Mainz: Grünewald Verlag.

Aschaffenburg, Helga et al. (1987). Gruppenarbeit themenzentriert. Entwicklungsgeschichte, Kritik und Methodenreflexion. Erschienen in der Reihe Aspekte Themenzentrierter Interaktion. Mainz: Grünewald Verlag.
Dieser Band gibt einen Einblick in die Arbeitshypothesen und Praxisfelder dieses pädagogisch-therapeutischen Gruppenarbeitskonzeptes.

Bachmair, Sabine et al. (1998). Beraten will gelernt sein. Ein praktisches Lehrbuch für Anfänger und Fortgeschrittene. Weinheim: Beltz-Verlag.

Bachmann, Claus Henning (Hrsg.) (1981). Kritik der Gruppendynamik. Grenzen und Möglichkeiten sozialen Lernens. Frankfurt: Fischer Taschenbuch Verlag.
Aufsatzsammlung zu verschiedenen Problemen und Anwendungsbereichen der Gruppendynamik.

Barthelmeß, Manuel (1999). Systemische Beratung. Eine Einführung für psychosoziale Berufe. Weinheim: Beltz-Verlag.

Belz, Helga (1992). Auf dem Weg zur arbeitsfähigen Gruppe. Kooperationskonzept von Helga Belz. Prozessberichte aus TZI-Gruppen. Mainz: Grünewald Verlag.
Dieser Band gibt einen Einblick in die Arbeitshypothesen und Praxisfelder dieses pädagogisch-therapeutischen Gruppenarbeitsprogrammes.

Betz, Otto & Betz, Felicitas (1982). Texte zur Ortsbestimmung (4. Aufl.). München: Pfeiffer.

Bion, Wilfred (1991). Erfahrungen in Gruppen und andere Schriften. Stuttgart: Klett-Cotta.
Eine grundlegende Schrift zum Verstehen und Steuern von sozialen Prozessen in Gruppen. Bion stellt keine allgemein gültigen Gesetze auf, aber er bringt wiederkehrende Phänomene nachvollziehbar auf einen Nenner.

Bion, Wilfred (1992). Lernen durch Erfahrung. Frankfurt: Suhrkamp.

Brocher, Tobias (1980). Gruppendynamik und Erwachsenenbildung. Braunschweig: Westermannverlag.
Eines der ersten deutschsprachigen Bücher, das den Versuch darstellt, die Methoden der Psychoanalyse mit den Erfahrungen der Sozialwissenschaft und Pädagogik auf solche Weise zu

verbinden, die Erwachsene in eine Art «Suchbewegung» führt, aus der heraus lebenslanges Lernen möglich wird.

Brocher, Tobias (1999). Gruppenberatung und Gruppendynamik. Eine Anleitung zum sozialen Lernen. Leonberg: Rosenberger Fachverlag.

Burkhard, Gudrun (1994). Schlüsselfragen zur Biographie. Ein Arbeitsbuch. Stuttgart: Verlag freies Geistesleben.

Cherniss, Cary (2000). Jenseits von Burnout und Praxisschock. Hilfen für Menschen in lehrenden, helfenden und beratenden Berufen. Weinheim: Beltz-Verlag.

Cohn, Ruth (1997). Von der Psychoanalyse zur TZI. Von der Behandlung einzelner zu einer Pädagogik für alle. Stuttgart: Klett-Cotta.

Cohn, Ruth (1993). Es geht um Anteilnehmen. Die Begründerin der TZI zur Persönlichkeitsentfaltung. Freiburg: Herder Verlag.

Eine anschauliche Darstellung der Grundregeln, die helfen, das Wachstum der Persönlichkeit zu fördern und heilsam zu wirken.

Cohn, Ruth & Farau, Alfred (1999). Gelebte Geschichte der Psychotherapie. Zwei Perspektiven. Stuttgart: Klett-Cotta Verlag.
Die Geschichte der Psychotherapie, ungewöhnlich lebendig dargestellt aus zwei Perspektiven: des Adler-Schülers Alfred Farau und von Ruth Cohn, eine der engagiertesten Vertreterinnen der humanistischen Psychologie, die sie mit ihrem Konzept der TZI wesentlich beeinflusst hat. In diesem Werk kann der Weg zu den Wurzeln der modernen Gruppenarbeit nachvollzogen werden.

Cohn, Ruth & Klein, Irene (1993). Großgruppen gestalten mit themenzentrierter Interaktion. Ein Weg zur lebendigen Balance zwischen Einzelnen, Aufgaben und Gruppe. Mainz: Grünewald Verlag.

Cohn, Ruth & Terfurth, Christina (1997). Lebendiges Lehren und Lernen. TZI macht Schule. Stuttgart: Klett-Cotta.

Dahm, K. W. (1979). Charakteristische Eigenschaften der Riemann'schen Grundformen der Persönlichkeit. Unveröffentliches Arbeitspapier.

Diessner, Helmar (1997). Gruppendynamische Übungen und Spiele. Ein Praxishandbuch für Aus- und Weiterbildung sowie Supervision. Paderborn: Jungfermann Verlag.

English, Fanita (1994). Transaktionsanalyse. Gefühle und Ersatzgefühle in Beziehungen. Hamburg: Iskopress.
Dieses Buch will deutlich machen, wie es zu Störungen, Ersatzgefühlen und Ausbeutungstransaktionen in zwischenmenschlichen Beziehungen kommt und welche Lösungsmöglichkeiten die TA bietet.

Fatzer, Gerhard (1998). Ganzheitliches Lernen. Humanistische Pädagogik und Organisationsentwicklung. Paderborn: Jungfermann-Verlag.
Darstellung der Ansätze der Humanistischen Psychologie und ihrer Anwendung im Unterricht und in der Organisationsentwicklung. Starker Einbezug der amerikanischen Literatur.

Fengler, Jörg (1998). Feedback geben. Strategien und Übungen. Weinheim: Beltz-Verlag.

Fisher, Roger & Brown, Scott (1992). Gute Beziehungen. Die Kunst der Konfliktvermeidung, Konfliktlösung und Kooperation. Frankfurt: Campus Verlag.

Franke, Heinz (1998). Problemlösen in Gruppen. Veränderungen im Unternehmen zielwirksam realisieren (3. Aufl.). Leonberg: Rosenberger Fachverlag.

Gäde, Ernst-Georg & Listing, Thomas (1997). Gruppen erfolgreich leiten. Ein Handbuch für die Zusammenarbeit mit Erwachsenen. Mainz: Matthias-Grünewald-Verlag.
Dieses Buch vermittelt Basiswissen für Leiter von Erwachsenengruppen und liefert anhand von Fallbeispielen und Checklisten Grundlagenwissen für eine gute Gruppenarbeit.

Geissler, Karlheinz (1994). Anfangssituationen: Was man besser lassen sollte. Weinheim: Beltz Verlag.

Geissler, Karlheinz (1994). Schlusssituationen. Die Suche nach dem guten Ende. Weinheim: Beltz Verlag.

Geissler, Karlheinz (1995). Lernprozesse steuern. Übergänge zwischen Willkommen und Abschied. Weinheim: Beltz Verlag.

Ginger, Serge & Ginger, Anne (1994). Gestalttherapie. Weinheim: Psychologie Verlags Union.

Glasl, Friedrich (1998). Selbsthilfe in Konflikten. Konzepte, Übungen, praktische Methoden. Bern: Haupt Verlag.

Gührs, Manfred & Nowak, Claus (1998). Das konstruktive Gespräch. Beratung, Unterricht und Mitarbeiterführung mit Konzepten der Transaktionsanalyse. Meezen: Verlag Christa Limmer.
Ein Leitfaden für Beratung, Unterricht und Mitarbeiterführung mit Konzepten der Transaktionsanalyse.

Hahn, Karin (Hrsg.) (1991). Beachte Deine Körpersignale. Körpererfahrungen in der Gruppenarbeit. Mainz: Grünewald Verlag.

Hahn, Karin (Hrsg.) (1998). Themenzentrierte Supervision. Mainz: Grünewald Verlag.

Hartmann, Martin, Rieger, Michael & Pajonk, Brigitte (1997). Zielgerichtet moderieren. Ein Handbuch für Führungskräfte, Berater und Trainer. Weinheim: Beltz-Verlag.

Kast, Verena (1999). Lebenskrisen werden Krisenchancen. Wendepunkte des Lebens aktiv gestalten. München: Herder Verlag.

Kast, Verena (1999). Vom Sinn der Angst. Wie Ängste sich festsetzen und wie sie sich verwandeln lassen. München: Herder Verlag.

Klebert, Karin, Schrader, Einhard & Straub, Walter (1997). Moderationsmethode. Gestaltung der Meinungsbildung und Willensbildung in Gruppen. Hamburg: Windmühle Verlag.

Klein, Irene (1998). Gruppenleiten ohne Angst. Ein Handbuch für Gruppenleiter (7. Aufl.). München: Verlag J. Pfeiffer.

König, Eckard & Volmer, Gerda (1997). Systemische Organisationsberatung. Weinheim: Deutscher Studienverlag.

König, Oliver (Hrsg.) (1997). Gruppendynamik. Geschichte, Theorien, Methoden, Anwendungen, Ausbildung. München: Profil Verlag.

Königswieser, Roswitha & Exner, Alexander (1998). Architekturen und Designs für Berater und Veränderungsmanager. Stuttgart: Klett-Cotta.
Gut zur Systemischen Beratung, mit Fallbeispielen und Interventions-Tools.

Kroeger, Mathias (1989). Themenzentrierte Seelsorge. Stuttgart: Kohlhammer Verlag.

Dieses Buch, ursprünglich für kirchliche Mitarbeiter gedacht, ist mehr und mehr eine Begleitlektüre für Gruppenleiter geworden, die die Anregungen von Carl Rogers (Klienten-zentrierte Methode) u. Ruth Cohn (Themenzentrierte Interaktion) als sich ergänzende Konzepte der humanistischen Psychologie lernen und anwenden wollen.

Langmaack, Barbara (1984). Mein wichtigstes Handwerkszeug als Leiter bin ich selbst. Materialien zur Gruppenarbeit, Heft 5. Bensheim: Kübel-Stiftung.

Langmaack, Barbara (2000). Themenzentrierte Interaktion: Einführende Texte rund ums Dreieck. Weinheim: Beltz Verlag.
Eine grundlegende Darstellung der TZI und eine Hinführung zu den humanistischen Werten und Einstellungen, auf denen TZI aufbaut.

Lipp, Ulrich & Will, Hermann (1999). Das große Workshop Buch. Konzeption, Inszenierung und Moderation von Klausuren, Besprechungen und Seminaren. Weinheim: Beltz-Verlag.

Löhmer, Cornelia & Standhardt, Rüdiger (Hrgs.) (1995). TZI. Pädagogisch-therapeutische Gruppenarbeit nach Ruth C. Cohn. Stuttgart: Klett Cotta.
In diesem Buch geben führende TZI-Gruppenleiter und -leiterinnen eine breitgefächerte Darstellung dessen, was TZI heute ist und wie sie heute angewandt wird. Der thematische Spannungsbogen reicht von Arbeiten über die anthropologischen Grundlagen und die spirituelle Dimension der TZI bis hin zu Berichten über konkrete Praxiserfahrungen.

Luft, Joseph (1993). Einführung in die Gruppendynamik. Frankfurt: Fischer Taschenbuch Verlag.

Lumma, Klaus (1982). Strategien der Konfliktlösung. Humanistische Psychologie in Aktion. Kern Verlag,
Im theoretischen Teil Einführung in Gedankengut u. Methoden der Humanistischen Psychologie, im praktischen Teil Konzepte der Konfliktbearbeitung.

Perls, Frederick S., Hefferline, Ralph F. & Goodman, Paul (1991). Gestalttherapie. Band I Grundlagen (Lebensfreude und Persönlichkeitsentfaltung). Band 2 Praxis (Wiederbelebung des Selbst). München: Deutscher Taschenbuch Verlag.
Während im ersten Band die Grundlagen der Gestalttherapie erarbeitet werden, liegen in Band 2 die Experimente zur praktischen Anwendung vor. Ein quasi systematischer Kurs, um die eigene Wahrnehmungsfähigkeit zu schärfen.

Pfeiffer, Jones (1977). Arbeitsmaterial zur Gruppendynamik, Band 1 bis Band 4. Gelnhausen: Burckhardthaus Verlag.
Sammlung von Übungen zur Gruppenentwicklung, zur Bearbeitung persönlichkeitsbezogener Themenstellungen in Gruppen und zur Verbesserung der Sozialkompetenz in Führungs- und Konfliktsituationen.

Pühl, Harald (Hrsg.) (1992). Handbuch der Supervision. Beratung und Reflexion in Ausbildung, Beruf und Organisation. Edition Marhold.
Dieses Handbuch dokumentiert die Vielfältigkeit und Breite der Supervision und ihrer unterschiedlichen Anwendungsbereiche.

Pühl, Harald (Hrsg.) (1999). Handbuch der Supervision und Organisationsentwicklung. Opladen: Leske + Budrich Verlag.

Rechtien, Wolfgang (1999). Angewandte Gruppendynamik. Ein Lehrbuch für Studierende und Praktiker (3. Aufl.). Weinheim: Psychologie Verlags Union.

Reddy, Brendan (1999). Prozessberatung in Kleingruppen. Wie der Berater erfolgreich interveniert. Leonberg: Rosenberger Verlag.

Redlich, Alexander (1998). Konfliktmoderation. Handlungsstrategien für alle, die mit Gruppen arbeiten. Mit vier Fallbeispielen. Hamburg: Windmühle Verlag.

Reiser, Helmut & Lotz, Walter (1995). Themenzentrierte Interaktion als Pädagogik. Mainz: Grünewald Verlag.

Riemann, Fritz (1997). Grundformen der Angst: eine tiefenpsychologische Studie. München: Ernst Reinhardt Verlag.
Eine tiefenpsychologische Studie über die Ängste des Menschen, ihre Entstehung und ihre Überwindung. Hilfreiche Information zum Verständnis von Unterschieden in der Wahrnehmung, dem Verhalten und den Bedürfnissen während Gruppenprozessen.

Rothschild, Berthold (1990). Seele in Not – was tun? Psychische Notsituationen verstehen, helfen und damit umgehen. Zürich: Oesch Verlag.
Auch für Laien gut zu lesen.

Ryffel, Christiane & Dechmann, Birgit (1995). Soziologie im Alltag. Eine Einführung (5. Auflage). Weinheim: Beltz-Verlag.

Eine am Alltagsleben orientierte, gut strukturierte Einführung in die Soziologie.

Schattenhofer, Karl (1992). Selbstorganisation und Gruppe. Entwicklungs- und Steuerungsprozesse in Gruppen. Opladen.

Schmidbauer, Wolfgang (1992). Wie Gruppen uns verändern. Selbsterfahrung, Therapie und Supervision. München: Kösel Verlag.
Dieses Handbuch für die Arbeit mit Gruppen beschreibt die geschichtlichen und gesellschaftlichen Hintergründe, die aktuellen Möglichkeiten und die psychologischen Gesetzmäßigkeiten von Gruppenprozessen, Trainings-, Selbsterfahrungs- und Supervisionsarbeit.

Schmidbauer, Wolfgang (1994). Der neue Psychotherapie-Führer: die wichtigsten psychotherapeutischen Methoden. Informationen für Interessierte und Betroffene. München: Goldmann Verlag.

Schmidt, Eva Renate & Berg, Georg (1995). Beraten mit Kontakt. Handbuch für Gemeinde- und Organisationsberatung. Offenbach: Burckhardthaus-Laetare Verlag.

Schnelle-Cölln & Schnelle, Eberhart (1997). Visualisierung in der Moderation. Eine praktische Anleitung für Gruppenarbeit und Präsentation. Hamburg: Windmühle Verlag.

Schreyögg, Astrid (1992). Supervision – ein integratives Modell. Paderborn: Junfermann Verlag.

Schreyögg, Astrid (1998). Coaching. Eine Einführung für Praxis und Ausbildung, Frankfurt: Campus Verlag.

Schütz, Klaus (1989). Gruppenforschung und Gruppenarbeit. Mainz: Grünewald Verlag.
Ein kurzgefasster Gesamtüberblick über die sozialpsychologische Diskussion zur Gruppenforschung und Gruppenarbeit.

Schulz von Thun, Friedemann (1991). Miteinander reden 1 – Störungen und Klärungen. Reinbek: Rowohlt Taschenbuch Verlag.
Analyse typischer Störungen und Anleitungen zur Selbstklärung, zur Sach- und Beziehungsklärung.

Schulz von Thun, Friedemann (1991). Miteinander reden 2 – Stile, Werte und Persönlichkeitsentwicklung. Reinbek: Rowohlt Taschenbuch Verlag.
Systematische Darstellung der unterschiedlichen Kommunikationsstile samt den aus ihnen folgenden Verwicklungen und darauf abgestimmte Möglichkeiten der Persönlichkeitsentwicklung.

Schulz von Thun, Friedemann (1998). Miteinander reden 3 – Das «innere Team» und situationsgerechte Kommunikation. Reinbek: Rowohlt Taschenbuch Verlag.

Shaffer, John B. P. & Galinsky, David (1977). Handbuch der Gruppenmodelle. 2 Bände. Gelnhausen: Burckhardthaus-Verlag.
Übersicht über diverse Gruppenmodelle, deren Wurzeln und Anwendungsbereiche. Das zweibändige Werk bietet einen Überblick über 10 Gruppenarbeitsmodelle, die konzeptgetreu dargestellt werden. Der Leser kann entscheiden, welche dieser Ansätze er für sich vertiefen und anwenden möchte.

Simon, Fritz (1997). Die Kunst nicht zu lernen. Heidelberg: Carl Auer Systeme Verlag.

Simon, Fritz & Rech-Simon, Christel (1999). Zirkuläres Fragen. Systemische Therapie in Fallbeispielen. Ein Lernbuch. Heidelberg: Carl Auer Systeme Verlag.

Stewart, Ian & Joines, Vann (1994). Die Transaktionsanalyse. Eine neue Einführung in die TA. Freiburg: Herder Verlag.
Grundlagenwerk der Transaktionsanalyse, das die verschiedenen Ansätze zusammenführt zu einem in sich geschlossenen Gesamtkonzept. Mit Übungen und Hinweisen für die Praxis.

Stollberg, Dietrich (1990). Lernen weil es Freude macht. Eine Einführung in die themenzentrierte Interaktion. München: Kösel Verlag.
Eine Einführung in die TZI mit Schwerpunkt auf die Balance-Faktoren.

Thomann, Christoph & Schulz von Thun, Friedemann (1998). Klärungshilfe. Handbuch für Therapeuten, Gesprächshelfer und Moderatoren in schwierigen Gesprächen. Theorien, Methoden, Beispiele. Reinbek: Rowohlt Taschenbuch Verlag.
Leitlinien und praktische Ratschläge aus kommunikationspsychologischen Einsichten mit zahlreichen Beispielen.

Vopel, Klaus (1978). Interaktionsspiele, Teil 1–6. Hamburg: Iskopress.
Sammlung von Übungen.

Vopel, Klaus (Hrsg.) (1984). Anfangsphase. Experimente für Lern- und Arbeitsgruppen. Band 1 und 2. Hamburg: Iskopress.
Zahlreiche Übungen für die Anfangsphase von Gruppen wie Kennenlernen, Klärung der Ziele und Erwartungen.

Vopel, Klaus (1994). Handbuch für Gruppenleiter/innen. Zur Theorie und Praxis der Interaktionsspiele. Hamburg: Iskopress.
Sammlung von Übungen.

Vopel, Klaus (1997). Führungsqualitäten. Gruppenexperimente in der Personalentwicklung im mittleren Management. Hamburg: Iskopress.
Sammlung von Übungen.

Wimmer, Rudolf (Hrsg.) (1995). Organisationsberatung. Neue Wege und Konzepte. Wiesbaden: Gabler Verlag.

Sachregister